관계에
능숙해지는 법

릭 핸슨(Rick Hanson) Ph.D. 지음

김윤종 옮김

쿨하고
단단한
인간관계를
위한
신경심리학자의
지혜

관계에 능숙해지는 법

불광출판사

"당신의 관계에서 사랑과 자발성, 활력은 만족스러운 방식으로 계속해서 발전할 수 있다. 심리학자이자 지혜롭고 사랑이 넘치는 저자는 모든 관계에 신선한 생명을 불어넣는 강력하고도 실천 가능한 연습이 가득 담긴 놀라운 가이드를 제공한다."

— **타라 브랙**(『받아들임』 ·『호흡하세요 그리고 미소지으세요』 ·『끌어안음』 저자)

"릭 핸슨은 실용적인 지혜의 깊은 원천을 지녔다. 인류에 대한 사랑과 연민으로 엮인 이 짧은 글들은 간단하면서도 힘을 주는 메시지로 가득하다. 이는 우리의 내면과 외면이 모두 발전하는 데 도움을 준다."

— **대니얼 J. 시겔**(『아직도 내 아이를 모른다』 ·『알아차림』 저자)

"모든 사람은 늘 관계 '속에' 있다. 하지만 대부분 관계 속에서 '어떻게' 잘 지낼 수 있는지 알지 못한다. 또 자신이 그렇지 못하다고 너무나 자주 느낀다. 저명한 심리학자이자 작가인 릭 핸슨은 이 책을 통해 인간관계를 어떻게 접근하고, 철저히 관리할 수 있는지 알려 준다. 이 책을 읽어 본 사람이라면, 이 주제에 통달한 사람의 손에 의해 쓰였음을 알게 될 것이다. '건강한' 관계를 원한다면, 저자가 제공하는 많은 기술들이 얼마나 효과적인지에 대해 신뢰해 보길 권한다."

— **하빌 헨드릭스 · 헬렌 라켈리 헌트**(『세계 최고의 커플테라피 이마고』 공동 저자)

"누군가와의 대화 속에서 뭔가 잘못 흘러가고 있다고 문득 깨달아 본 적이 있는가? 이 책은 할 말은 다 하고, 들을 말은 충분히 다 듣는 법을 알려 주는 훌륭한 안내서이다. 릭 핸슨은 각각의 장마다 개별적이든 통째로든 독자들이 가져갈 수 있는 자신의 경험과 통찰을 제공한다. 누군가는 붓다의 조언만 가져가고 싶을 테지만, 그 외에도 놓치기엔 너무 좋은 것들이 많다!"

_ 샤론 샐즈버그(『분노를 다스리는 붓다의 가르침』 저자)

"릭 핸슨이 우리에게 실용적인 지혜와 안내, 영감이라는 보물을 건네주었다. 그가 다년간 어렵게 얻은 통찰이 페이지마다 빛을 발하며, 이는 마치 잊었던 옛 친구나 자애로운 할아버지의 목소리처럼 느껴진다. 자신의 인간관계를 개선하길 원하는 사람들에게 이보다 더 좋은 책은 없다."

_ 오렌 제이 소퍼(『마음챙김과 비폭력대화』 저자)

"릭 핸슨은 소음과 혼란을 뚫고 실용적이고 효과적인 전략과 실현 가능한 지혜를 제공해 관계를 즉시 개선할 수 있는 뛰어난 능력을 가지고 있다."

_ 마리 폴레오(『믿음의 마법』 저자)

"저자는 평소의 따뜻함과 실용적인 초점을 유지하며, 가정과 직장에서의 관계를 개선할 수 있는 50가지 간단하고 강력한 방법을 제공한다. 자신의 의견을 효과적으로 주장하거나 친밀한 우정을 심화시키는 방법을 포함해, 싸움에서 벗어나고, 자신의 필요를 존중하며, 평화를 느끼는 방법을 보여준다. 이 책은 영양가 있고 유용하며 시기적절한 지침서이다."

_ **로리 고틀립**(『마음을 치료하는 법』 저자)

"이 뛰어난 책은 관계의 어려움을 헤쳐나가는 데 도움을 주는 과학적인 도구들을 제공한다. 릭 핸슨은 모든 관계 속에서 독자 자신이 정말 원하는 것을 얻을 수 있게끔, 어떻게 자신과 친구가 되는지, 어떻게 다정함을 기르는지, 그리고 더 능숙하게 소통할 수 있는지에 대해 깊이 있고 실용적인 방법들을 제공한다."

_ **네이트 클렘프 · 케일리 클렘프**(『The 80/80 Marriage: A New Model for a Happier, Stronger Relationship』 공동 저자)

"우아함과 유머, 친절로 쓰인 보기 드문 결과물. 신경생물학, 마음챙김 실천이 조화를 이루는 이 책은 우리의 최고의 자아를 위한 실용적인 지침서이자 우리의 더 나은 본성을 위한 운영 매뉴얼이다. 이 책을 읽으면 당신의 삶과 관계가 바뀔 것이다."

_ **테런스 리얼**(『US』 저자)

내 모든 친구와 동료들,

내가 함께 작업했던 모든 분들,

내게 가르침을 주었던 모든 분들,

그리고 그 어디에 있든 연민을 품은 모든 분들을 위해

차 례

1부 나 자신과 친구가 되어라

8

2부 뜨거운 가슴으로

3부 평화롭게 함께하라

4부 자신을 위해 나서라

5부 지혜롭게 말하라

6부 세상을 사랑하라

우리의 기쁨과 슬픔은 대부분 다른 이들과의 관계에서 비롯된다. 그래서 많은 사람들은 건강하고 충만한 관계를 원한다. 그럼 가정 또는 직장에서, 가족, 친구, 또는 당신이 좋아하는 사람들 -어쩌면 당신이 싫어하는 사람들- 과 **'어떻게'** 그런 관계를 만들 수 있을까? 어떻게 하면 서로 간의 충돌을 능숙하게 다루고, 오해를 풀어내며, 더 존중받고, 낭만적인 연인 관계를 강화하고, 타인과 함께할 때 편안하고, 각자가 품은 사랑을 보여 줄 수 있을까?

많은 이들은 어떤 관계에 있어 정체되어 있거나 심지어는 옴짝 달싹하지 못한다. 교활한 직장 동료, 최악의 룸메이트, 육아에서 맡은 역할을 할 생각이 없는 배우자, 소원해진 친지들, 지나치게 깐깐한 직장 상사, 또는 멀어져만 가는 연인…, 그런 속에서 희망이라곤 보이지 않는다.

하지만 여기 좋은 소식이 있다. 수천 건의 과학적 연구들은 인간관계란 타고나는 것이 아니라 **'만들어지는'** 것이라고 말한다. 이는 우리에게 관계를 개선할 수 있는 힘이 있음을 의미한다. 과거 이런 우화를 들을 적이 있다.

한 노인에게 어떻게 하면 그처럼 행복하고 지혜로우며, 사랑과 존경을 받으며 살 수 있는지 물었다. 그녀는 대답했다.

"내 마음속에 늑대 두 마리가 살고 있는 걸 알기 때문이야. 한 마리는 사랑의 늑대이고, 다른 하나는 미움의 늑대이지. 모든 것은 매일 어느 녀석에게 먹이를 주느냐에 달려 있다네."

아마 이와 비슷한 이야기를 들어 본 적 있을는지 모르겠다. 너무나 희망적인 이 조언은 매일 어떤 생각, 어떤 말을 하느냐에 따라 스스로 가치 있다는 느낌, 내적 자신감은 물론 타인에 대한 연민을 점진적으로 쌓아나갈 수 있다고 말한다. 더불어 타인과의 관계에 있어 더 편안할 수 있고, 더 인내할 수 있으며, 더 효과적일 수 있다고 조언한다.

심리학자로서, 남편이자 아버지로서 -어릴 적엔 수줍고 겁 많은 아이였고, 어른이 된 지금도 때로 인간관계로 힘들어하는 사람으로서- 그간 인간관계에 있어 무엇이 악영향을 미치며, 이를 개선키 위해 할 수 있는 것은 무엇인지 배워 왔다. 이 책에서는 온갖 종류의 상황 속에서 효과적인, 간단하지만 강력한 소통 방법 50가지를 보여 주려 한다. 스스로를 주장하기, 자신의 깊은 감정 표현하기, 패자뿐인 다툼을 멀리하기, 자신이 원하는 것을 말하기(얻기), 관계를 필요에 따라 재조정하기, 자신과 타인을 용서하기, 매사를 덜 사적으로 받아들이기, 진정으로 사랑받고 있음을 느끼기 -이 외에도 많다. 이것들은 내 오랜 세월 경험의 정수(精髓)이다. 어떻게 하면 좋은, 아니, 건강한 인간관계를 만들어나갈 수 있는지 알고 싶어 하는 모든 이들에게 내가 주고 싶은 모든 것이 여기 들어 있다.

　우리를 둘러싼 바깥세상을 바꾸기 위해서는 대개 만만치 않은 시간이 들지만, 내면의 변화는 그보다 훨씬 빨리 일어날 수 있다. 오래된 상처를 치유하기 위해, 기존의 관계 속에서 든든한 지지와 행복을 찾아내기 위해, 그리고 그 관계를 더욱 발전시키기 위해 밟아 나아가야 할 단계들은 온전히 자신의 힘에 속한다. 이는 **그 어떤** 관계에서도 근본을 이루며, 어떤 상황에도 적용할 수 있다.

　이 책을 집필하며 여러 상황에서 신속히 쓸 수 있는 핵심을 짧은 단락으로 전달하는 데 초점을 맞췄고, 때로는 수많은 커플과 가족을 상담해 온 심리학자로서 십수 년에 달하는 경험에서 우러난 단도직입적인 현실적 조언도 수록했다. 이야기를 써나감에 있어 내게도 고유의 배경 −상대적으로 꼰대인데다, 전문직이고, 백인이라는− 이 있기에 어떤 중요한 관점이나 주제에 대하여 부득이 지나쳤을 수 있다. 그러니 부디 각자의 필요나 상황에 맞게 내 조언을 이해해 주길 바란다.

　우리는 1부와 2부에서 스스로를 지지하고 타인에 대해 따뜻한 마음을 갖기 위한 필수적인 토대를 세울 것이다. 3부와 4부에서는 도발적인 사람들과 분쟁을 다루기 위한 기초 작업을 한다. 5부에서는 효과적인 소통 방법에 대해 상세히 살펴볼 것이다. 여기에는 점점 긴장이 고조되는 상황을 어떻게 풀어나가면 좋을지도 포함된다. 6부에서는 관계의 지평을 자신의 공동체, 삶의 모든 것, 나아가 이 아름다운 세상 전부로 넓혀 보고자 한다.

　각각의 장은 그 자체로 완결된 수행법으로 구성되어 있다. 이는 모두 서로 연관되어 있지만, 자신의 상황에서 가장 도움이 되는 부분을 먼저 읽는 것도 좋다. 때로 학문적 연구 내용에 대해 언급하기도 하는데, 내 책 『Hardwiring Happiness』와 『Neurodharma』에 수록된 참고문헌이나 온라인을 통해 쉽게 확인이 가능하다.■

다른 어딘가에서 내가 말한 내용을 이 책에서도 본다면, 그것을 더 깊이 살펴보거나 건너뛰어도 상관없다.

이 책에서는 몇몇 중요한 주제들, 가령 재정 문제, 성 문제, 자녀 양육 문제, 사이버 폭력, 직장 내 괴롭힘, 더불어 성차별, 인종 차별, 기타 여러 편견으로 인해 관계에 부담이 가중시키는 이러저러한 상황에 대해선 이야기할 수 없었다. 또한 성 중립적인 용어를 주로 사용했다. 가령 '그' 또는 '그녀' 대신 '그들'이라고 하는 식이다.

우리는 날마다 배우고, 치유하고, 성장할 기회를 부여받는다. 우리는 그저 계속 최선을 다하고 있을 뿐이다. 어떤 장에 대해 누군가는 매우 세속적이라 생각할 수도 있겠다. 가령 「원하는 바를 말하라」(43장)나 「주변부터 챙기라」(24장) 같은 부분이 그렇다. 중요한 건 우리는 긍정적인 방향으로 계속 나아가고 있다는 점이다. 늘 완벽해야만 한다고 느낄 필요는 없다.

이 책에서 우리는 다른 사람들과 함께 또는 자기 내면을 통해 할 수 있는 많은 것들을 만나게 될 것이다. 간단히 설명하면, 그것 대부분을 지시문의 형태로 적었는데, 본인에게 효과가 없는 것은 편하게

■ [편집자 주] 저자의 다른 저서 『Hardwiring Happiness』는 2015년 『행복 뇌 접속』으로, 『Neurodharma』는 2021년 『뉴로다르마』로 번역되어 국내에 출간되었다.

무시하고 넘어가도 좋다. 어떤 것들은 너무 뻔하거나 쉬워 보이고, 또 어떤 것들은 더 많은 노력과 지속적인 탐구가 필요할 수 있다. 자신에게 이로운 것들은 찾아내고, 나머지는 그냥 두어도 좋다.

이 책은 혼자 읽을 수도, 관계를 개선하고 싶은 누군가와 함께 읽을 수도 있다. 다만 이 책이 다루고 있는 건 치료 요법이 아니며, 육체적·정신적 건강 상태를 다루기 위한 전문가적 처방을 대체할 수도 없다. 나는 이 책을 마치 친구와 대화하듯 쓰려고 애썼다. 인간관계의 열쇠가 되는 주제들을 함께 탐구하고, 즉각적으로 도움이 될 법한 아이디어와 도구들을 제공하는 대화 말이다. 이 책에서 되도록 많은 것을 얻기를, 그리고 무엇을 얻든 그것이 물결처럼 세상에 퍼져 다른 사람들 또한 이롭게 했으면 하는 바람이다.

1부

_____

나 자신과
친구가 되어라

1

자신에게 충실하라

∞

수년 전 내 친구 노만과 함께 요세미티 국립공원에 있는 페어뷰 암벽을 등반 중이었을 때다. 가파른 정상에 내가 먼저 도달했고, 작은 암석 돌출부에 앵커를 박고는 뒤따르는 노만의 자일을 단단히 걸었다. 순간 그가 줄을 놓치면서 당황하는 표정과 함께 팔을 크게 허우적거리며 뒤로 추락하기 시작했다. 친구의 무게로 나도 아래쪽으로 확 당겨졌지만 앵커가 잘 버텨 주었고, 자일을 잡아 추락을 막을 수 있었다. 친구는 십년감수한 표정 후 씩 웃으며 올려다보았고, 이내 바위 틈새로 손을 끼워 넣으며 다시 오르기 시작했다.

그는 내가 추락하는 자신을 구해 줄 것임을 분명히 알고 있었고, 만약 다른 날 추락하는 게 나였다면 친구가 반드시 구해 주리라는 것을 나 또한 알고 있었다. 대개 이 정도로 드라마틱한 경우는 아니더라도 우리는 서로에게 충실하다. 우리는 위험에 대해 함께 경계하고, 서로에 대한 관심으로 상대방을 경청하며, 승리에 함께 감사하고, 패배에 함께 눈물 흘린다. 그는 나를 챙기고, 나도 그를 보살핀다.

이처럼 우리는 대개 어떤 타인에게 충실하다. 그런데 자기 자신에게 충실한 이는 얼마나 될까? 타인을 향한 존중과 지지, 그리고 격려를 자기 자신에게 얼마나 자주 주는가?

　　내 경험에 비추어 볼 때, 많은 이들이 적어도 어떤 영역에서만큼은 자신에게 충실하지 못하다. 가령 일을 할 때는 자기 자신을 잘 돌보지만 개인적인 인간관계 속에서는 스스로 자신의 입장에 충실하지 못하는 것이다. 치료사로서, 자신의 과거사와 현재의 관계들 속에서 납득할 만한 이런저런 이유로 인해 꽤 불행한 이들을 종종 만날 수 있었다. 하지만 그들은 자신이 느끼는 바에 대해 마치 그것이 부끄럽거나 개인적 결점인 듯 과소평가하거나 아예 무시하곤 했다. 스스로의 아픔에 대해 어깨를 한번 으쓱하고 마는 것이다. 해결을 위한 이런저런 일에 대해 내게 말을 할 수는 있었지만, 실천을 위해 스스로를 도우려는 움직임은 전혀 없었다. 내면의 관성과 두려움에도 불구하고 앞으로 나아가기 위해서는 자신의 행복과 안녕을 향한 꺾이지 않는 충실한 헌신이 필요하다.

　　자기 자신에 대한 충실함은 다른 사람에 대한 충실함과 별반 다르지 않다. 우리는 어떤 사람에게서 선함을 본다. 그리고 열정과 지지를 마다하지 않는 충실한 동맹이 된다. 이러한 입장을 스스로에게 적용하는 것은 자신의 이익에 부합하는 선한 행위의 기초이다. 이는 점화용 불씨와 같다. 만약 그것이 없다면 '연료'가 ―우리가 앞으로 살펴볼 인간관계를 개선시킬 수 있는 모든 것이― 아무리 많아도 소용이 없다. 하지만 그것이 있다면 무엇이든 가능하다. 당신 자신을 위할 때, 당신의 거칠고도 소중한 삶(your one wild and precious life) ―시인 메리 올리버(Mary Oliver)의 표현처럼 - 은 유의미해진다.

　자신에게 충실하라는 말은 이기적으로 행동하라는 뜻이 아니다. 자신을 위해 진정으로 가장 좋은 것이 무엇인지 알아차릴 때, 받기 위해서는 먼저 주어야 함을 알게 된다. 타인뿐 아니라 자신의 이익을 위해 타인을 자신의 마음속에 보듬어야 함을 알게 된다. 현명한 충실함은 맹목적이지 않다. 그것은 명료한 시야를 갖는다. 스스로를 돕기 위해서, 다음엔 어떻게 해야 더 잘할 수 있는지 이해할 필요가 있다(선禪 수행자들을 위한 스즈키 로쉬의 조언을 빌리면, "여러분은 있는 그대로 완벽합니다. 그러니 단지 아주 조금씩의 개선이면 충분하죠"). 현명한 충실함은 큰 그림을 보며 장기적인 관점을 취한다. 예를 들면 모두가 패자인 의미 없는 싸움에서 벗어나게끔 돕는 것이다.

　누군가 당신에게 충실하다면 좋은 기분을 느낀다. 당신이 스스로에게 충실할 때도 이와 똑같은, 아니, 더 좋은 기분을 느낄 수 있다. 자신의 깊고 진정한 관심사에 변함없이 헌신하고, 갈등 속에서도 스스로에게 감정적 지지를 보내며, 매일 같이 삶의 가치를 소중하게 느껴 주는 이가 바로 당신 자신이라면 이보다 더 좋은 인간관계가 가능할지 상상해 보라.

How

우리 각자가 신뢰하는 누군가에게 충실한 모습을 마음속에 떠올리는 것이 그 시작점으로 좋다. 이 경험은 무엇인가? 아마도 그 사람의 연약하고도 소중한 내면을 이해하는 동시에, 가슴 따뜻해지는 지지와 그들의 나은 삶을 위한 확고하고도 변치 않는 응원이 떠오를 것이다. 이와 같이 다른 누군가에게 충실할 때 어떤 느낌인지 알아야 한다.

그다음 이런 태도를 자기 자신에게 적용한다. 그 사람과 당신이 나란히 앉은 모습을 상상해 볼 수도 있다. 그리고 그 사람에게, 다음으로 눈앞의 당신에게 말한다. "난 당신에게 충실합니다.", "당신을 지지할 것입니다.", "당신에게 무엇이 진정으로 가장 좋을지 생각합니다.", "당신의 삶이 내게는 정말로 중요합니다." 이런 말을 하면 어떤 느낌이겠는가? 혹 다른 사람에게 이런 말을 하는 건 쉽지만, 스스로에게는 어려운가?

다음 단계로 아래의 문장을 크게 소리 내어 말하고, 그것이 어떤 느낌인지 알아차려 본다. "다른 사람들에게 맞서려는 것이 아니야. 단지 나 자신도 위할 뿐이지. 나의 필요와 욕구도 중요해. 비록 두려울지라도, 나 자신에게 이로운 것을 하기로 결심했어."

어떤 특정 사안에 맞춰 선언할 수도 있다. 가령 "앞으로는 직장에서 나 자신을 지지할 거야.", "가정에서 내 필요와 욕구도 중요해.", "아무리 겁이 나도 그때 다투었던 문제에 대해 친구와 이야기해 봐야겠어."라고 말이다.

어떤 사안에 감정적으로 마음이 가는지, 그리고 무엇이 스스로에게 중요한지 직감적으로 판단해 보라.

장애 다루기
이 연습은 자신의 마음을 어느 정도 깊이 있게 탐구해 보는 것에 의미가 있다. 거기에서 무엇을 발견하게 되는지 알아차려야 한다. 특히 어떤 주저함, 자기 편을 드는 게 허락되지 않았다는 느낌, 그런 지지를 받을 자격이 없다는 느낌은 없는지 살펴보라. 스스로에 대한 충실함을 가로막는 장애는 흔하다. 예를 들면 이렇다.

- 다소간 '규칙에 어긋난다', 이기적이다, 부당하다, 혹은 그냥 잘못된 것이라는 신념
- 수치심, 남으로부터든 자신으로부터든 그런 친절과 지지를 받을 자격이 없다는 느낌
- '어쨌든 소용이 없을 텐데 무엇하러?'와 같은 허망함, 절망, 어찔 도리가 없는 느낌
- 모멸감, 무관심, 심지어 자신의 일부분에 대한 잔인함

앞으로 이런 종류의 장애를 헤쳐나갈 많은 방법들에 대해 탐구해 볼 것이다. 단순히 그런 장애들을 알아차리는 것만으로도 매우 도움이 된다. 그것들을 **명확히 감별해낼 수는 없을지라도** 단순히 인지하고 호기심을 느낄 수 있다. 이후 그 장애들이 어디에서 기원했는지 알수 있다. 가령 어릴 적 양육에 문제가 있었다던가, 다른 사람들이 당신을 대한 방식의 문제였다는 식이다. 우리는 너무나도 사회적인 존재이기에, 다른 사람들이 자신에게 해 왔던 것들을 자연스럽게 내면화하여 스스로에게 적용한다. 특히 어릴 때는 더더욱 그렇다.

우리는 그런 장애를 공고히 하는 신념들에 대해 대항해 볼 수 있다. 이렇게 질문해 보자. "이것이 정말로 진실인가? 이런 일이 실제로

얼마나 자주 일어나는가? 다른 사람들에게 충실한 것이 내게 아무렇지도 않다면, 다른 사람들이 나에게 충실한 것에 그들 또한 괜찮다면, 내가 나 자신에게 충실한 것이 왜 잘못이라는 말인가?"

스스로에게 무엇이 진실인지 말할 수 있다. 가령 다음과 같다. "지금까지는 학교에서의 괴롭힘을 막지 못했어. 하지만 오늘 난 무기력하지 않아. 나 자신을 위해 용감하게 나서겠어.", "삼촌이 나에게 저지른 일에 대한 수치심은 그가 느껴야지, 내가 부끄러울 일이 아니야.", "난 망가지지도, 물들지도 않을 거야. 나는 사랑받을 자격이 충분해."

이러한 대응을 통해 어떤 장애로부터 벗어나는 느낌을 가질 수 있다. 더 이상 그것에 동조하지도, 그것을 강하게 키우지도 않는다. 그저 그것이 스러지게 놔두고 지나가게 둔다. 그 장애가 마음속 '저편 어딘가'에 남아 있을지라도 당신의 중심은 명확히 그것과 분리되어 있다. "너에겐 더 이상 나를 좌지우지할 힘이 없어."라고 그것에 말해 보라. "잘 가. 다신 보지 말자."라고 작별을 고해 보라.

자신에 대한 충실함 강화하기

나 자신을 위하여 스스로에게 충실했던 때를 떠올려 보자. 아마도 어떤 끔찍한 상황이나 힘든 관계를 헤쳐나가기 위해 깊이 파고들어야만 했던 순간이었는지도 모르겠다. 그때 내면의 힘을 강화함에 있어 어떤 느낌이었는지 다시 한 번 떠올려 보자. 당시 당신의 눈빛, 표정은 어땠는가? 자기 자신에게 충실했던 방식에 감사하고, 가령 부모님께 무언가 중요한 일에 대하여 어렵게 말씀드려야만 했을 때 그 일을 실행할 수 있도록 한 힘, 그 용기의 이익에 대해 인식하라.

지금 당신은 스스로에게 충실할 때의 감각이 어떠했는지 기억할 수 있다. 육체적인 느낌을 포함하여 그것을 경험하고 살펴보라.

스스로 자신의 편에 설 때 나에게 의미 있고 중요한 것이 무엇인지 알아차려 보라. 그리고 그것을 즐겨라! 자신을 위한 존재감에 마음을 열고, 그것이 그대로 스며들도록 하라.

자기 자신에 대한 헌신을 성스러운 수준으로까지 만들어낼 수 있다. 당신은 결코 스스로 포기하도록 두지 않는다. 자신에 대해 언제나 믿음을 견지한다. 자신을 다른 이들 위에도, 그리고 아래에도 두지 않는다. 스스로 존중하고, 삶의 긴 여정 속에 자기 곁을 지킨다. 자신을 위하며, 모든 길음마다 스스로 함께한다.

2

집착도, 저항도 없이 있는 그대로

∞

스트레스를 느끼는 건 정상이다. 불편함을 느끼고, 상처받으며, 걱정하는 것도 정상이다. 어릴 적 상처가 긴 그림자를 드리우고, 과거의 상실감과 상처가 오늘의 우리에게 영향을 주는 것 또한 자연스러운 일이다. 삶이란 울퉁불퉁한 비포장도로를 달리는 것과 다르지 않고, 세상은 꽤 무시무시하게 보인다. 타인은 실망스럽고, 무심하고, 적대적이기까지 하며, 때론 더 최악이기도 하다.

이 모든 일에 대한 우리의 반응은 충분히 이해할만하다. 그런데 이러한 반응들은 대뇌의 부정편향성에 의해 다듬어지고 강화된다. 그리하여 나쁜 경험에 대해서는 벨크로처럼 들러붙고, 좋은 경험에는 테플론처럼 미끄러진다.

우리는 무엇을 할 수 있을까?

선택지 중 하나는 아무것도 하지 않는 것이다. 늘 그렇듯 울컥 하거나, 휩쓸리거나, 폭발하거나, 아니면 그냥 얼어붙는 것. 나 또한 매우 그런 편이었다. 누군가에게 극도로 화가 나서 끔찍한 말들을 퍼붓거나, 너무나 상처받아 움직일 수조차 없을 때도 있었다. 이렇듯 격렬한 순간이 아니더라도, 우리는 걱정하느라, 오래전의 언쟁과 후회되는 것들을 곱씹느라 많은 시간을 허비한다. 한편 만성적으로 불안하거나, 까칠하거나, 우울해진다. 말 그대로 스스로의 마음에 치여 꼼짝하지 못하는 것처럼 느껴진다.

다른 선택지는 자신의 생각과 느낌, 욕망과 행동을 대상으로 **연습하는 것**이다. 이는 그것들에 휩쓸리는 대신, 거기에서 한 발짝 물러나 서서히 더 나은 방향으로 나아간다는 것을 의미한다.

나는 화목하고 넉넉한 가정에서 자랐지만, 대학에 진학할 즈음에는 너무나 불행했고, 내면으로부터 뒤틀린 상태였다. 그래서 엄청나게 많은 연습이 필요했고, 수년에 걸쳐 임상심리학, 명상적 지혜, 뇌과학에서 도움이 될 만한 것들을 찾았다. 이렇게 마음을 다루는 연습에 대해 배워 온 거의 모든 것은 세 가지 범주로 정리할 수 있었다. '지금 이 순간 경험하는 것과 함께 있기', '해롭고 고통스러운 것들을 줄이기', 그리고 '이롭고 즐거운 것을 늘리기', 이게 전부다. 자신의 마음을 하나의 정원이라고 상상해 보자. 당신이 할 수 있는 건 오직 바라보기, 잡초 뽑기, 꽃 기르기, 이 세 가지뿐이다. 요약하면 그대로 두거나, 집착 없이 놓아주거나, 저항 없이 받아들이는 것뿐이다.

이런 연습 없이는 내면의 감정 폭풍을 마주할 때 무기력해질 수밖에 없다. 반대로 연습을 통하여 우리는 **선택할 수 있다**. 그리고 그 길은 치유와 행복으로 통한다. 그 방법은 무엇인지 한번 살펴보자.

How

있는 그대로

첫째, 있는 그대로의 경험에 머물 수 있다. 열린 마음으로 그것을 관찰하며, 그 안에서 무엇을 발견하든 수용하고 친절하게 대할 수 있다. 이건 마치 자기 마음이라는 영화의 화면에 갇히는 것이 아닌, 스크린으로부터 스무 줄 떨어져 보는 것과 같다. 그렇게 함께하는 동안 경험은 변화한다. 예를 들어 치밀었던 화의 느낌이 점차 옅어진다. 하지만 그 경험에 직접적으로 영향을 주고자 노력하지 않는다.

이를테면 누군가가 당신을 비난한다고 해 보자. 이때 내면의 다양한 반응, 예를 들어 '당황스럽다', '짜증나는군', '어떻게 그런 말을 할 수 있지?', '마음이 상했어', '시원하게 받아치고 싶군' 등을 단순히 알아차리는 것으로 시작할 수 있다. 연구에 의하면 의식의 흐름 속을 부유하는 이런저런 잡동사니에 단지 이름을 붙이는 것만으로도 대뇌 속의 '비상벨'인 편도체를 진정시키는 데 도움이 된다고 한다.

같은 경험을 다른 측면에서 알아차릴 수도 있다. 예를 들어 아랫배가 조여 오는 느낌이라든지, 내가 옳고 상대가 틀린 이유에 대한 생각 같은 것이다. 분노와 같은 표면적 반응 아래에는 상대적으로 부드러운 감정, 예를 들어 슬픔 같은 것이 있을 수 있다. 이는 어린 시절 상처받은 내면의 좀 더 깊은 일부에서 기인했을지도 모른다. 과거에 있었던 정신적 상처, 또는 사건 사고에 영향을 받았거나, 현재의 편견과 편향, 아니면 재정적인 어려움 등의 현재적 요인으로 인한 것이라는 이해가 떠오를 수도 있다.

지금 이 순간의 경험과 함께할 수 있음은 다른 모든 연습의 기초가 된다. 가끔은 그것이 할 수 있는 전부일 수도 있다. 당신이 큰 충격을 받았거나, 사랑하는 이를 잃은 경험을 떠올릴 때마다 깊은 슬픔 또는 애도의 감정이 휩쓸 것이다. 하지만 당신이 치유하고 성장함에 따라, 온갖 경험이 의식을 관통해 지나가도 끈질기게 다시 회복하는, 그저 괜찮다는 근원적인 느낌에 점점 더 의지하게 될 것이다.

하지만 마음과 함께 머무는 연습만 있는 건 아니다. 가끔은 그것과 **협업**이 필요할 때도 있다. 고통스럽거나 해로운 생각, 느낌, 습관, 그리고 욕구 등은 신경 구조 안에 각인되어 작동하기에 적극적인 노력이 없다면 대개 바뀌지 않는다. 그리고 당신이 내면에 계발하고 싶은 것들 -소통의 기술부터 자존감, 고요함, 행복 같은 일반적인 느낌들까지- 또한 대뇌 안에 특정한 물리적 변화를 만들어내려는 의식적인 노력으로 더욱 촉진된다.

새가 날기 위해 두 개의 날개가 필요하듯, 마음의 연습도 두 가지가 필요하다. **마음과 함께 머물기**와 **마음과 함께 작업하기**, 이 두 가지로 당신도 날아오를 수 있다.

흘려보내기

당신이 어떤 경험을 아주 잠깐 동안, 혹은 몇 분, 또는 며칠에 걸쳐 했고, 그것을 다루어야겠다는 마음이 들었다고 치자. 어쩌면 오래된 아픔에 점점 빠져들어 지금 이 순간만이라도 벗어나고 싶었을지 모른다. 나의 경우 이러한 작업으로 아주 조금씩 슬픔을 줄여나가 오랜 시간이 걸렸다. 한편 너무나 익숙한 반응이 올라와서 그것을 살펴보는 작업이 더 이상 가치가 없을 수도 있다. 이럴 때 흘려보내기가 좋다. 떠오르는 생각과 감정에 저항하지 않고, 부드럽게 **놓아주는 것**이다.

누군가 당신을 비난하는 상황을 가정했을 때, 당신은 아래와 같이 대처할 수 있다.

- 아랫배의 긴장을 의식적으로 이완한다. 복식호흡과 함께, 배를 부드럽고 편안하게 만든다.
- 떠오르는 생각들에 반론을 제기한다. 예를 들면 스스로 다음과 같이 반론할 수 있다.
  - "이 부분은 진실이 아니야. 그렇다면 이에 대해 내가 걱정할 필요는 없지 않아?"
  - "비난의 일부는 사실이군. 그 부분은 참고해서 개선하면 되잖아?"
  - "내가 멍청하다거나, 실패작이라거나, 사랑받을 자격이 없다고 생각한다면, 이렇게 말해 주겠어. '당신은 틀렸어! 어떻게 봐도 난 실제로 똑똑하고, 성공했고, 확실히 사랑받을 자격이 있어!'"
- 감정이 바깥으로 흘러 사라지는 느낌을 갖는다. 적절한 감정적 환기를 시도한다(이때 힘을 보태는 것이 아닌, 그저 놓아버리려는 의도를 갖는다). 가령 보낼 생각 없이 편지를 써 본다던가, 그저 잠시 눈물이 흐르도록 내버려 둔다. 특정 감정들, 이를테면 아픔이나 분노가 매 호흡마다 자신으로부터 흘러나가는 상상을 해 보라.

- 아마도 자신에게 또는 타인에게 좋지 않을 욕구, 가령 나중에 후회할 만큼 과민하게 반응하고 싶은 욕구를 알아차린다. 그것들이 좋지 않은 이유를 자신에게 이야기한다.
- 과거에 사로잡히지 말고 현재에 집중한다. 반응을 마치 돌멩이처럼 손에 쥐고 다시 펴 그것을 놓아버린다고 상상한다.

이 모든 연습이 전부 필요한 건 아니다! 하지만 이 중 하나라도 효과가 있다면, 무엇이 자신에게 이완의 느낌, 밝고 명료한 느낌을 주는지에 대해 자연스러운 지혜를 갖게 된다.

받아들이기

이제 무엇이 유용하고 즐거운 것인지에 집중하고, 그것을 강화할 차례이다. 한때 잡초뿐이었던 마음의 정원에 꽃을 심는 것이다.

가령 자신이 비난받고 있다면 다음과 같이 수행해 보라.

- 나도 모르게 방어적으로 움츠리고 있다면 자세를 살짝 바로하며 가다듬는다.
- '현명한 생각'을 두세 가지 정도 떠올려 본다. 그리고 그것을 반복하고, 스스로 **믿는다**.
  - "누구나 실수는 있는 법이지. 그렇다고 세상이 망하는 것도 아니잖아."
  - "매일같이, 나도 많은 일들을 효과적으로 똑 부러지게 하고 있어."

- "난 정말 좋은 의도로 그랬던 거야!"
- 긍정적인 느낌을 부드럽게 불러일으킨다. 특히 비난이 만들어 내는 느낌에 해독제가 될 만한 종류의 것이면 좋다. 비난은 위축되고 거부당하는 느낌을 줄 수 있으므로, 당신에게 고마워 하고 가치 있다고 느끼게 해 주는 사람들과 함께했을 때의 느낌을 떠올려 본다.
- 앞으로 당신이 지지할 만한 의도나 계획이 있는지 살핀다. 비난일지라도 좋은 교훈이 있을 수 있다. 여기엔 부당하게 대우하는 사람들과는 거리를 두라는 교훈도 포함된다.

받아들이기를 경험하며, 그것에 한 호흡 또는 그보다 좀 더 길게 머물러 본다. 그것이 몸에서는 어떤 느낌으로 다가오는지도 알아차려 본다. 또한 그것에 의미 있거나 즐거운 점이 있는지 알아차려 본다. 이러한 행동은 경험이 대뇌 안에 각인되는 데 도움을 준다. 신경계에 그러한 변화가 없다면, 특정 경험이 순간 좋게 느껴질지라도 결국 그 경험을 통해 어떤 학습도 일어나지 않는다. 그럼 치유도, 능숙해짐도, 회복력도, 행복도 얻을 수 없다. 단순한 경험을 넘어, 그로부터 성장할 수 있는 것이다.

또한 만약 어떤 특정 **내적 자원**, 이를테면 자신감을 계발하는 것이 자신에게 도움이 되리라 생각했다면, 그것을 느낄 수 있을 만한 경험을 계속 찾을 것이다. 그렇게 되면 그 자질은 당신 내면에 깊이 각인되어 자신의 일부가 된다. 당신이 어딜 가든 자신감이 함께하는 것이다('좋은 것을 취하기taking in the good'의 실용적인 신경과학적 접근은

『Hardwiring Happiness』를 참조하길 바란다).

마음의 정원에서

어떤 것이 고통스럽거나 스트레스를 줄 때, 거기에는 이따금 자연스
러운 리듬이 존재한다. 있는 그대로 머물렀다가 자연스레 흘러나간
뒤 저항 없이 받아들여지는 흐름이다. 하지만 그것이 특히나 화가 치
미는 상황, 가령 오래된 정신적 상처를 들추는 경우라면, 처음부터 저
항 없이 받아들이는 데 초점을 맞추는 것이 유용할 수 있다. 누군가로
부터 사랑받고 있을 때 느낄 수 있는 감정이나 고요한 힘은 그런 경험
속에서 도움이 된다. 고통을 마주할 때 열정적이고, 응원을 아끼지 않
으며, 용기를 북돋아 주는 친구들이 함께하고 있다는 상상을 할 수도
있다.

　마음을 가지고 연습을 하다 보면, 스스로에 대해 흥미롭고 유용
한 것들을 많이 배우게 된다. 다른 사람들과 함께할 때 점점 더 느긋
하면서도 효율적이게 되고, 갈등 속에서도 중심을 잡고 머물 수 있게
되며, 화가 났다가도 금방 차분하게 되돌아올 수 있게 된다. 열린 마
음을 유지하는 게 점점 더 쉬워지고, 나아가 맞서야 할 상황에서조차
가능해진다. 과거의 일에 부정적인 영향을 받지도 않는다. 불완전한
세상 속에서의 불가피한 스트레스와 부당함도 점점 더 능숙하게 다
룰 수 있게 된다. 자신의 마음을 연습시키고 그 책임을 다한다는 것이
어떤 의미인지 알면, 당신은 -적절한 상황이라면- 다른 이들에게도
똑같이 할 것을 요구할 수 있다.

　실천이란 대개 얼마나 오랜 시간 동안 작은 발걸음을 지속하는

가의 문제이다. 그렇기에 매우 혹독한 상황 속에 있을지라도 늘 가능하다. 실제로 상황이 나쁠수록, 실천의 가치는 높아진다. 바깥 환경이 시궁창 같을지라도, 내면에서 치유와 성장이 매일 조금씩 일어나게 할 수 있다. 한 호흡씩, 한 마디씩, 우리의 신경계에 각인된 꺾이지 않는 안녕을 점진적으로 쌓아나갈 수 있다.

3

고요한 힘 속에 쉬다

∞

지난 40년의 개인사를 돌아보면 결혼을 하고, 두 아이를 키우고, 친구, 가족, 동료와 수많은 관계를 맺어 왔다. 하지만 고통스러웠던 경험과 인간관계에 있어 저지른 실수의 대부분이 내가 스트레스를 받고 있거나 난처한 상황에 처해 있을 때 일어났다는 점은 분명하다.

당신은 어떤가? 당신도 똑같다고 말하겠는가?

어떤 중대한 필요가 충족되지 못했다고 느낄 때 우리는 스트레스를 받고 곤경에 처한다. 생물학적 특성으로 인해, 우리 각자는 (대체로) 안전, 만족, 그리고 연결의 기본적인 욕구를 갖는다. 그리고 이들 필요가 충족되었다 느낄 때, 육체는 자연스럽게 안정되고 스스로를 복구하고 재충전한다. 이때 마음에는 고요하고, 감사하고, 우호적인 느낌이 의식이라는 배경 위로 떠오른다. 이것이 바로 건강한 휴식 상태이다. 나는 이를 '그린 존(Green Zone)'이라고 부른다. 그린 존 한가운데에서라면 육체적이거나 감정적인 고통과 얼마든지 함께할 수 있다. 그러면서도 그것에 압도되거나 침해받지 않을 수 있는 것이다. 자

37

기 확신과 연민의 자리에 머무르면서도 얼마든지 인간관계의 문제들을 다룰 수 있다. 좀 더 적극적이고 공격적이어야만 하는 상황에서조차 말이다.

하지만 어떤 중대한 필요가 충족되지 못했다 느낄 때, 육체는 투쟁, 도주, 또는 얼어붙음이라는 스트레스 반응을 시작한다. 한편 필요가 무엇이냐에 따라 마음은 다음과 같은 느낌을 갖는다.

- 육체적으로 또는 감정적으로 안전하지 못하다 느낄 때 – 두려움, 분노, 또는 무력감
- 결코 만족스러워질 수 없다고 느낄 때 – 좌절, 실망, 무료함, 사로잡힘, 또는 중독
- 다른 사람과 긍정적인 방식으로 연결되어 있지 못하다 느낄 때 – 상처, 수치심, 부적절함, 질투, 원망, 또는 적대감

이것은 '레드 존(Red Zone)'이다. 이는 때로 직장에서 누군가와 상처를 주고받는 관계에 사로잡히는 것같이 미묘할 수도 있고, 한창 부부싸움 중일 때처럼 강렬할 수도 있다. 하지만 레드 존의 경험은 제아무리 순한 강도의 것이라 할지라도 그것이 반복될 때 육체적·정신적 건강을 갉아먹는다. 예를 들어 전 미국 공중보건위생국장을 지낸 비벡 머시(Vivek Murthy) 박사에 따르면 만성적인 외로움으로 인한 평균 수명 단축은 담배를 하루 반 갑 흡연했을 때와 같다고 한 바 있다.

How

그린 존에서 최대한 더 머무르고, 레드 존에서 가능한 한 덜 머무르기 위한 처방은 간단하다.

1. 심리학적 자원을 계발하고 이용한다. 투지, 자기 존중, 인간관계 기술 등으로 레드 존을 거치지 않고도 효과적으로 자신의 필요를 충족시킬 수 있도록 한다.

2. **바로 지금** 필요가 넉넉하게 충족되었다 느낄 때 −예를 들어 관계가 완벽한 것은 아니지만, 그럼에도 꽤 친밀하고 충분한 배려를 받고 있다는 느낌을 받을 때− 그 순간을 놓치지 말고 천천히 해당 경험을 음미해 내면화시킨다. 그럼 마음속에 아주 조금씩, 평화로움과 충족감, 사랑의 느낌을 든든한 배경처럼 기를 수 있다.

이 책은 전체가 위의 1번, 즉 관계에 있어 계발해 사용할 수 있는 심리학적 자원들에 관한 내용이고, 때때로 2번 항목의 수행을 해 볼 것을 권한다. 외부 세상과 자신의 내면 상태를 개선시키는 작업도 분명 도움이 된다. 하지만 그런 방법으로의 변화는 더딜 수 있다. 반면 고요한 힘을 토대로 더 나은 인간관계를 촉진하는 태도와 능력은 빠르게 쌓아나갈 수 있다.

중심 잡기

사람들은 어떤 면에서 마치 바람과 같아, 때로 따듯하고 부드럽지만, 때로 차갑고 거칠다. 그러므로 튼튼한 나무와 같이 뿌리 깊은 감각을 가지고 있는 게 좋다. 그럼 아무리 강한 바람이 몰아쳐도 쓰러지지 않고 버틸 수 있다. 이와 같이 우리 몸에서 중심을 잡고 고요한 느낌을 만들어내는 것이 **부교감신경계**(parasympathetic nervous system, PNS)이다. 호흡을 몇 차례 하며 날숨을 길게 가져가 보자. 그리고 어떤 느낌이 드는지 알아차려 보자. 우리는 지금 부교감신경계를 경험 중이다. 그것은 숨을 내쉬고 심박수를 낮추는 것에 관여한다. 신체를 스캔해 어느 부위에 긴장이 있는지 체계적으로 파악해서 의도적으로 긴장을 풀어낼 수 있다. 이것 또한 부교감신경계의 작용이다. 이러한 소위 **이완 반응**은 여러 번 반복하면 일종의 (아주 좋은) 습관이 되며, 심지어 당신의 뇌에서 회복탄력성을 증진시키는 유전자 발현이 일어나게 할 수도 있다는 게 연구 결과 밝혀졌다.

만약 자신이 지금 막 레드 존으로 진입한다는 느낌이 있다면, 내쉬는 숨을 길게 가져가며 심호흡을 몇 차례 해 보라. 이는 부교감신경계의 활성도를 증가시켜 스트레스 상황에서 반응하는 **교감신경계**(sympathetic nervous system, SNS)의 활성도를 떨어뜨린다. 이들 두 갈래의 자율신경계는 마치 시소처럼 연결되어 있다. 다시 말해 한쪽이 올라가면 다른 한쪽은 내려가는 것이다.

숨을 쉴 때 공기가 들어오고 나가는 내적인 느낌, 폐가 확장되고 수축되는 느낌에 집중해 보라. 이는 자신이 육체에 단단히 뿌리내려 내면으로부터 안정되어 있다는 느낌을 준다. 다른 사람들로부터 거친 바람이 불어 닥치기 시작할 때라도 말이다.

지금 이 순간 아무 문제 없음을 알아차려라

뇌로 들어오는 정보의 많은 부분이 육체에서 비롯된다. 거대한 육체적 또는 정서적 아픔을 경험하는 것이 아닌 한, 그 신호들은 마치 야경꾼이 당신에게 보고하는 것과 같다. "다 괜찮아, 다 잘 돌아가고 있어." 숨 쉴 충분한 공기가 **있고**, 심장은 뛰고 **있고**, 장기들은 각자 자기 일을 하고 **있다**. 마음도 잘 작동하고 **있고**, 의식도 계속 유지되고 **있다**. 비록 상황이 완벽함과 거리가 멀다 해도, 당신은 기본적으로 아무 문제가 없다. 과거가 어떠했든, 그리고 미래가 어떠하든, **지금 이 순간** 당신은 기본적으로 아무 문제가 없다.

이를 알아차리는 것은 매우 유용하다!

이는 걱정을 없애고 마음을 진정시키는, 불안에 대한 즉각적인 해독제이다. 지금 아무 문제 없음이 진실일 때 ―대개 그러하므로― **현재**의 기본적인 문제 없음을 발판으로 삼을 수 있다. 그 발판을 벗어나면 슬픔과 고통, 해결해야 할 현실적인 문제들이 있을 수 있다. 하지만 당신은 존재의 중심에서 본질적으로 아무 문제가 없다. 이를 알아차리고 진심으로 느낀다는 것이 당면한 위험을 외면하거나 자위하는 것을 의미하지 않는다. 그것은 자신과 타인에게 해로운 것들에 대항해 행동을 취해야만 하는 순간, 실제로 자신을 더 강하게 만들어 준다.

한번 시도해 보자. 한 호흡의 과정 동안, 자신이 기본적으로 아무 문제가 없다는 **사실**을 줄곧 알아차려 본다. 그리고 거기에서 오는

41

어떤 안정감을 느껴 보고 긴장감이나 불편함을 놓아 본다. 마음이 과거나 미래로 가서 헤맨다면 아주 정상적이다. 단 다시 현재로 주의를 돌리고, 지금 이 순간 아무 문제가 없음을 알아차려라. 지금, 지금, 지금.

스스로 강하다는 걸 알라

많은 이들은 자신이 얼마나 강한지 알지 못한다. 많은 사람들의 결심은 강철 같고, 목표는 분명하며, 마음은 따뜻하다. 투지, 인내심, 침착함을 갖추는 데 있어 꼭 보디빌더 같은 모습일 필요는 없다.

잠시 내면의 힘을 느끼는 데 집중해 보라. 지금 생생하게 살아 있는 자신의 육체 내부, 호흡에서 고유의 생명력을 느낄 수도 있다. 스스로의 힘을 느꼈던 때를 떠올려 보자. 거친 자연 한가운데서 묵직한 도구를 들고 일을 할 때, 어쩌면 요가 자세를 취하고 있을 때일 수도 있다. 길을 걷다가 무언가에 걸려 넘어졌을 때 순간 다시 벌떡 일어났던 일을 기억해 보라. 이러한 회복력이야말로 진짜 힘이다. 이들 경험에서의 느낌을 지금 자신의 육체에서 재현해 보라. 거기에서 어떤 느낌이 나는지 의식해 보라.

어려운 인간관계로 마음이 힘들 때, 지금 기억한 강인한 느낌을 떠올려 보라. 다른 사람들이 당신을 비난하거나, 이런저런 요구를 하며 다그치듯 말할 때, 가슴속 깊은 곳으로부터 이런 강인한 느낌을 견지하고 있다고 상상해 보라. 필요할 때마다 이러한 힘의 느낌으로 되돌아오고 강화시켜라. 불안하거나, 확신이 없거나, 슬플 때 ─다른 한편으로 깊이 뿌리내려 흔들리지 않는 온전한 자신의 힘을 느껴 보는

것이다. 딱 이것 −도전적인 상황에서 단순히 내면의 힘을 느끼는−
하나만으로도 온갖 비상사태가 난무하는 이 세상 속에서 고요히 머
무를 수 있다.

4

충분한 보살핌 속에 있다는 느낌

∞

우리는 모두 다른 누군가를 돌보는 것이 어떤 느낌인지 알고 있다 – 그 대상은 친구, 연인, 혹은 애완동물일 수도 있다. 그것에는 무언가 좋은 것이 자기 자신으로부터 상대방에게로 흘러가는 따듯한 유대감이 있다.

자기 자신이 보살핌받고 있다는 느낌도 중요하다. 인정받고, 관심받고, 감사받고, 연결되어 있고, 사랑받는 느낌이다.

보살핌받는 느낌을 원한다는 것은 조금 당혹스러울 수 있다. 하지만 이것은 사회적 동물인 우리의 생물학적 특성에 기인한 아주 정상적인 욕구이다. 2억 년 전 최초의 포유류 조상으로부터 시작하여, 우리의 선조들은 상호 간 보살핌이라는 특성을 발전시킴으로써 진화의 우위를 점해 왔다. 우리 인간은 지금까지 30만 년간 존속해 왔으며, 그중 대부분의 시간 동안 40~50명 사이의 작은 수렵 채집 집단으로 있었다. 이때 무리에서의 추방은 곧 사형 선고나 다름없었고, 따라서 타인을 돌보는 일은 생존에 필수적이었다. 보살핌 속에 있다는 느낌을 그다지 신경 쓰지 않는 사람들은 자신의 유전자를 후대에 남기기 어려웠다. 그러니 다른 사람들이 우리를 돌봐 주길 바라는 마음은 전혀 놀라운 일이 아니다!

오늘날, 이해받고, 인정받고, 보살핌받는다는 게 죽느냐, 사느냐의 문제는 아닐 것이다. 하지만 연구에 의하면 보살핌받는다는 느낌은 스트레스를 낮추고, 긍정적인 정서를 증가시키며, 희망적이게 만들고, 회복탄력성을 증가시키는 것으로 밝혀졌다. 불행하게도 우리 중 많은 이들이 버림받음, 거절, 놀림, 또는 학대를 −특히 취약한 아동기에− 경험했다. 다행히 과거의 경험이 **상처** −악의 존재− 를 남기지 않았다 하더라도 심각한 **결핍**은 피하기 어렵다. 무언가 중요한 것이 상실되어 있다. 바로 신(善, good)의 부재인 것이다. 우리 모두는 환영받고, 인식되고, 양육받는 느낌이 필요하다. 좋은 음식이 물질적 몸을 길러내듯 이와 같은 **사회적 공급**은 정서적 몸을 키운다. 예를 들어 나는 괴롭힘이나 학대를 당한 적이 없지만, 학교 다닐 때 상대적으로 어리고 부끄럼이 많은 데다 부모님 두 분이 모두 바쁘셨기에, 내가 받는 사회적 공급은 마치 건더기가 거의 없는 스프 같았다. 결국 나는 가슴에 커다란 구멍이 난 것 같은 느낌을 가질 수밖에 없었다.

오래된 고통을 완화하기 위해서든 일상의 삶을 헤쳐나가기 위해서든, 보살핌받고 있다고 느끼는 것이 중요하다. 이러한 점은 나의 치유 과정에서 핵심적인 부분이었다. 과거에 얼마나 비참했든 현재 삶이 얼마나 힘들고 소외되어 있든 상관없이, 자신이 진정으로 보살핌받고 있다고 느낄 수 있는 길을 언제든 찾을 수 있다. 그리고 이를 통해 가슴에 난 어떤 구멍이든 전부 서서히 채울 수 있다.

어려운 부분부터 시작해 보자. 보살핌받고 있다는 느낌은 역설적이게도 보살핌받지 못했던 과거의 경험을 떠오르게 한다. 부모 또는 배우자가 자신을 방임했거나, 반대로 너무 간섭이 심한 편이었을 수도 있다. 겉보기에 별일 아닌 듯한 잠깐의 따돌림, 실망, 또는 무시가 종종 고통스러운 흔적을 남긴다. 그 흔적을 있는 그대로 느끼고 수용해 보자. 넓디넓은 의식의 공간에 비하면 그것들은 작은 부분에 지나지 않으므로 그렇게까지 압도적이지는 않을 것이다.

다음으로 심호흡을 한 번 하고, 그 진실의 다른 면을 살펴보자. 과거 당신이 보살핌받았고, 오늘날 보살핌받았을 때의 방식과 시간을 돌아보자. 놀랍게도 그러한 보살핌이 실제 존재함을 알 수 있을 것이다! 사실 모든 사람은 살면서 보살핌을 받는다. 물론 강도의 정도는 있다 ─옅은 것에서부터 강렬한 것까지, 받아들여지거나, 관심받거나, 감사받는 것에서부터 호감이나 사랑을 받는 것까지 다양하다. 그것이 완벽하거나 지속적이지 않을 수 있다. 그래서 충분하지 않다는 생각이 들 수도 있지만 허기진 정서적 몸에 있어 그것은 진정한 자양분이 되어 준다.

정서적 기억 저장소 만들기

자, 그럼 하루 동안 당신이 얼마나 배려를 받는지 **팩트체크**해 보자. 그러한 경우는 대부분 아주 짧게 지나간다. 누군가 진정성 있고 사려 깊게 대해 주거나, 친절하거나, 걱정해 주는 그런 순간들 말이다. 비록 작을는지 모르지만 그것들은 엄연히 실제하고, 당신은 그것들로부터 보살핌받고 있다는 **느낌**을 알아차릴 수 있다. 박자를 늦추고 경험에 머물러 보라. 받아들여진다는 건 어떤 느낌인가? 보살핌받거나 감사를 받는 느낌이란? 배려받는다는 것은 육체적으로 어떤 느낌인가? 누군가의 호감을 받을 때 느낌, 사랑받을 때 느낌은 어떠한가?

이런 작업을 통해 실망하리라는, 심지어 개인의 과거사에 근거해 배신당할 거라는 두려움까지도 날려버릴 수 있다. 보살핌받는 느낌을 갈구하지만, 또다시 상처받을까 두려워 감정을 애써 외면하는 건 정말이지 애처롭고 슬프다. 이러한 의심과 두려움이 있다면 자신을 향한 배려가 진실로 얼마나 많은지 팩트체크해 보아야 한다.

지금도 유지되는, 자신을 향한 보살핌의 자원을 알아차려 보라. 예를 들어 거기에 속해 있다고 생각하면 기분이 좋아지는 어떤 집단을 떠올려 볼 수 있다. 또는 직장에서 자신을 존중해 주는 누군가, 아니면 열정적인 친구들과 가족, 애완동물도 있다. 그들은 당신에게 진심으로 고마워하고, 당신을 진심으로 좋아하며, 당신이 진심으로 잘되길 바란다. 한두 번 심호흡을 하고, 이제 이 느낌에 마음을 열 수 있는가?

과거에 경험했던 배려를 기억해낼 수도 있다. 쿠키를 구워 주시던 할머니, 팀 동료와 학교 선생님, 부모님과 스승, 그리고 당신 내면에서 선함을 발견하고, 자신들의 마음을 열어 당신의 앞길을 축복했던 그 모든 사람들. 이들 중 몇몇은 이제 당신의 삶 속에 더 이상 존재하지 않고, 그렇기에 약간의 슬픔도 느껴질 수 있다. 그럼에도 불구하고 과거에 자신을 진심으로 보살폈다는 사실을 떠올리면 지금도 다시 그런 보살핌, 배려를 느낄 수 있다.

보살핌받는다는 것이 어떤 느낌인지 알아야 한다. 경험과 함께 머무르며, 그것에 자신을 열고, 거기에 어떤 좋은 느낌이 있는지 알아차려라. 이 따뜻하고 기분 좋은 느낌이 오래된 아픔의 치유를 위한 연고처럼 어루만지도록 허용할 수 있다. 어쩌면 그것이 당신의 더 깊은 층에 있던, 어린 시절 잃어버린 무언가를 되돌려 줄 수도 있다. 잠들기 전, 보살핌을 받는다는 느낌을 떠올리고, 그 느낌 속에서 잠들라. 그것은 당신의 숨결과 육체, 그리고 꿈까지 스며든다. 이로써 당신은 정서적 기억 저장소에 비축하고 있는 것이다. 삶이 험난하고 타인이 도무지 답이 없거나 매정하다면, 그 창고를 열어 과거에 그리고 지금까지도 보살핌받았던 그 느낌들에 집중하라 −그 어떤 일이 일어나든.

당신의 보살핌 위원회

누구든 내면에 평소와 다른 성격, 가치관, '목소리'나 '에너지'를 가지고 있다. 이에 대해서는 다음 장에 더 깊게 다루어 볼 것이다. 가령 자신의 일부는 아침 일찍 일어나 운동을 하기 위해 알람을 설정한다. 하지만 다음 날 아침 또 다른 나의 일부가 이렇게 말한다.

"아니야, 오늘은 아니야. 더 자야겠어."

어떤 일부는 우리 마음을 찢는다.

"그건 정말이지 엄청난 실수였어. 넌 정말이지 일을 망치기만 하는구나. 아무도 널 진짜 사랑하지 않을 거야."

반면 다른 일부는 현실적인 조언, 연민, 친절함으로 우리를 북돋운다. 어떤 일부는 서로 연합하여 일종의 내면의 적이 되는 반면 다른 일부는 내면의 지지자가 된다. 그런데 불행하게도 많은 사람들에게 있어 내면의 적은 거대한 공룡 같지만, 내면의 지지자는 아기 사슴처럼 작다.

내면의 적을 있는 그대로 인식하는 것은 도움이 된다. 선의에 의한 것일 수도 있지만 허용 범위를 훨씬 넘어선 것일 수 있다. 거기에서 한걸음 뒤로 물러나 그것과의 동일시를 피해 보자. 일말의 유용한 점이라도 있는지를 살펴보고, 다른 곳으로 주위를 돌린다. 마치 온라인상의 성가신 악플러를 무시하듯 그것과의 언쟁을 피하고, 대신 내면의 지지자를 키워나가는 것에 집중한다.

내면에 **보살핌 위원회**를 만드는 것은 이를 실행하는 훌륭한 방법이다. 그것은 온갖 방법으로 당신을 도울 수 있다. 내 개인적인 위원회는 나를 아꼈던 사람들에 대한 내면화된 느낌이다. 좋은 친구들, 엄하지만 따뜻했던 코치들, 그리고 영적 스승들이 여기 포함된다. 나는 괴짜 같은 상상력을 보태어 〈스타워즈〉에 등장하는 오비-완 케노비의 느낌, 〈반지의 제왕〉에 등장하는 마법사 간달프의 느낌, 그리고 〈잠자는 숲속의 공주〉에 나오는 요정 대모들의 느낌도 넣었다. 어떤 방식 ─당신 말을 진심으로 경청하거나, 훌륭한 조언을 해 주거나, 용기를 북돋아 주거나─ 으로든 당신을 보살피는 사람들과 함께할 때, 속도를 늦춰 그 경험들이 내면으로 받아들여지고, 그래서 내면의 지지자들의 신경학적 토대가 점차 강화되도록 유도한다.

상처받거나 외로울 때면 자신의 일부인 이 내면의 지지자들에 초점을 맞춰 보라. 그들 말에 귀 기울여 정서적인 지지를 얻고 현명한 조언을 받는 등, 마치 내면에 좋은 친구가 존재하듯 상상해 보라. 이 보살핌 위원회가 똘똘 뭉쳐 내면의 적에 대항하는 모습을 떠올려 보라. 일종의 강력한 연습으로서 그들과의 대화를 글로 써 볼 수도 있다. 보살핌 위원회가 우리 모두에 존재하는 내면의 여러 부분, 그 어리고, 여리고, 상처받기 쉬운 부분들을 보호하며 양육하고 있다고 느낄 수도 있다.

이처럼 다양한 방법으로 보살핌받고 있다는 느낌을 강화할수록, 당신도 자연스레 점점 더 다른 이들을 보살피게 된다. 놀랍게도 보살핌받는 것은 그들에게도 이익이 된다.

5

자신을 받아들여라

∞

만약 영유아기의 아이들과 시간을 보내면 자신의 수십 년 전 모습을 볼 수 있다. 우리는 온전하게, 모든 것 ─가능한 모든 범위의 감정과 욕망─ 이 갖추어진 상태로 태어났다. 마치 모든 방의 문이 열려 있는 상태의 큰 저택과 같다.

그러고는 삶이 일어난다. 수많은 상황과 사람들, 즐거움과 아픔… 이제 문들이 서서히 닫히고, 그 안의 내용물은 봉인된다. 15개월 ─내 박사 논문에서 '유아기'라고 정의한─ 정도가 되면, 이 자그마한 사람들에게서 무언가 분명하게 다른 점들이 보인다. 일부 아이는 여전히 개방적이고 심리학적으로 잘 통합되어 있다. 하지만 어떤 아이들은 이미 특정 감정들을 억압하고 있고 내적으로 분열되어 있다 ─이는 나에게 일어난 일이기도 하다. 아마도 2살 이후의 것일 나의 가장 오래된 기억들은 주위 사람들의 눈치를 많이 보았다는 것이다. 수년의 시간이 지나는 동안, 나는 많은 감정들, 특히 더 부드럽고 더 취약한 감정을 느끼지 못하게 되었다. 타인과 가까이 지내길 갈망했

51

지만, 내가 경계를 풀었을 때 그들이 날 어떻게 볼지 두려웠다.

자신의 일부를 억압하거나 부인하면, 자기 자신에 대한 불쾌한 느낌이 어렵지 않게 따라온다. 마치 내면에 나약하고, 못돼먹고, 수치스럽고, 정떨어지는 무언가가 있는 것 같은 느낌이다. 그 많은 것들을 짊어지고 다니자니 어색하기도, 긴장되기도 한다. 용납할 수 없는 자신의 일부를 주위 사람들에게 숨기기 위해 결국 소극적이고 왜소한 모습일 수밖에 없다.

How .

마음의 저택 내부의 어떤 방들에는 규제가 필요한 충동과 욕구가 존재한다. 하지만 그런 방에 적어도 창문을 두어야 안에 무엇이 있는지 알 수 있다. 좋든 좋지 않든 자신의 모든 면을 파악하면 자신을 좀 더 현명하고 적절하게 외부에 드러낼 수 있게 되며, 이로 인해 더 큰 자신감과 자존감이 길러진다. 이제 타인에게 자신 ─더 개방적이고, 덜 방어적이며, 더 본래 모습인─ 을 있는 그대로 보여 주어도 편안하다. 사회적 가면도, 입마개도 필요 없다. 남들의 평가와 인정에 연연하지 않는다.

자신의 경험 받아들이기

우리는 2장에서 의식에 상영되는 모든 것들을 평가 없이 겪어내는 방법을 살펴보았다. 자기 마음에 그것을 적용하면, 이른바 경험이란 것의 다섯 가지 주요 형태를 알아차리게 된다.

- 생각 – 신념, 해석, 관점, 이미지, 기억
- 인지 – 감각, 시야, 소리, 맛, 냄새
- 감정 – 느낌, 태도
- 욕망 – 소망, 욕구, 필요, 갈망, 꿈, 가치, 의도, 계획
- 행위 – 몸의 자세, 표정, 제스처, 행동 습관

스스로 자문해 보자. **위에 나열된 경험의 면면들과 나는 제대로 연결되어 있는가? 무시하거나, 제쳐 놓거나, 부정하는–가령 분노나 어릴 적 특정 기억– 경험은 없는가?** 나의 경우, 성인이 될 무렵 목 아래쪽은 없는 것이나 마찬가지였다. 머릿속 생각들은 늘 주시하고 있었지만 그 외 몸의 상태나 느낌은 마치 접근이 금지된 영역인 듯했고, 결국 원래 상태로 조금씩 되돌리는 작업이 필요했다. 반복적으로, 느리지만 확실하게, 간단한 연습을 지속하는 것이 도움이 된다. 아래 나열된 연습을 해 보길 권한다.

1. 원하면 언제든 –이완되어 있을 때든 무언가가(또는 어떤 이가) 성가시게 할 때든– 살짝 속도를 늦추고, 심호흡을 몇 차례 한 후, 고요한 힘과 보살핌받는 느낌을 불러낸다.
2. 이 순간 나는 무엇을 경험하고 있는지 자문한다. 한 발 뒤로 물러서 당신의 생각을 관찰한다. 몸 전체의 감각들, 슬픔 같은 부드러운 감정과 분노 같은 딱딱한 감정들, 욕망들, 점잖은 요구

와 격렬한 갈망, 행위들, 습관적인 몸의 자세, 표정, 행동. 이 순간에 머물고 지금 경험되는 것들을 목격하며 이완한다. 그것들과 함께하되, 거기 휩쓸리지는 않는다.

3. 무엇인가에 저항하거나, 과민하거나, 거부하는지 살핀다 —그리고 이를 흘려보낼 수 있는지 본다. 긴장을 풀고 마음을 열어 지금 이 순간의 자신과 주변을 인식한다. 그저 있는 그대로 상황이 흘러가도록 허용한다. 더 깊고, 더 미숙하고, 더 도발적이고, 더 화가 치밀게 하고, 더 나약한 것에도 열린 마음을 유지한다.

감당하기 힘든 상황일 때, 한 발 물러나 열린 마음의 고요한 힘을 새삼 느끼며, 그것을 차분하게 바라볼 수 있는지 살펴라. 이 형태의 경험에서 저 형태의 경험으로 계속 옮겨 다녀도 좋다. 간략하게 이름표를 붙이면 도움이 될 수 있다. 예를 들어 상처받는 느낌, 아랫배의 긴장감, 억울함, 복수심, 타인에 대한 실망감, 어린 시절 기억 등이다.

경험을 있는 그대로 받아들여 보라. 좋거나 나쁘다고, 옳거나 틀리다고 판단하지 말라. 그것은 고통스러울 수도, 즐거울 수도 있다. 어느 쪽이 되었든, 그것이 지금 여기의 인간 경험이다. 다양한 원인과 조건이 있겠지만, 그중 많은 부분이 당신을 넘어 다른 사람들, 다른 시간, 다른 장소에까지 미친다. 부드럽게 스스로에게 말한다.

"_____의 느낌을 받아들이겠어."

"_____를 원한다는 걸 받아들이겠어."

"_____라는 생각을 받아들이겠어."

심리학자이자 마음챙김 스승인 타라 브랙(Tara Brach)의 말을 빌리면 이런 혼잣말도 좋다.

"이 또한 나인 걸(This, too, belongs).”

경험을 받아들인다는 것이 어떤 느낌인지 알아차려 본다. 모든 것의 중심인 듯, 모든 것과 하나인 듯, 이완되고 평화로운 무언가 좀 더 확장되는 느낌을 알아차린다. 의식에 떠오르는 모든 것에 마음을 열 수 있게 용기와 힘을 낸 자신을 칭찬하라.

자신의 모든 부분을 받아들이기

뇌는 과학이 다루는 대상 중 가장 복잡하다. 머릿속엔 약 850억 개의 신경세포가 1,000억 개의 지지세포와 함께 서로 다른 구역 ─전전두엽 피질, 편도체, 중뇌피개─ 으로 조직되어 각각의 기능을 수행한다. 전형적인 신경세포는 다른 신경세포들과 하나당 수천 개의 연결을 갖는다. 이 연결을 '시냅스(synapse)'라고 하는데 하나하나가 일종의 마이크로프로세서(microprocessor) 역할을 한다. 전체 시냅스는 약 100조 개에 달하며 이를 통해 광범위한 신경망이 만들어진다. 신경과학자 찰스 쉐링턴(Charles Sherrington)이 뇌를 '마법의 베틀'이라고 부른 것은 결코 과장이 아니다. 끊임없이 의식이라는 직물을 엮어내고 있으니 말이다.

뇌에 많은 부분이 있으니, 당신도 마찬가지로 많은 부분으로 나뉘는 게 당연하다. 어떤 부분은 바짝 긴장해서 안절부절한다. 또 어떤 부분은 상대적으로 느긋하고 용감하다. 어떤 부분은 질서정연함을 좋아하고, 어떤 부분은 혼란을 갈망한다. 어떤 부분은 수다스러운 반면 어떤 부분은 말보다는 이미지나 느낌을 선호한다. 어떤 부분은 어른스럽고, 또 어떤 부분은 미숙하다. 어떤 부분은 특정 분자를 먹거나, 마시고, 피우고 싶어 하고, 어떤 부분은 타인에 대한 분노를 끝까지 붙잡고 있으려 한다. 그리고 이것저것 비판적으로 투덜거리는 부분도 있다. 반면 어떤 부분은 깊은 내적 통찰을 제공하기도 한다. 어떤 부분이 다른 사람들과 어울리기를 원할 때, 다른 한편은 밀쳐내려 한다.

그런 부분 가운데 칭찬받고 보상받는 부분은 계속 발달하며, 이는 우리가 세상에 주로 내보이는 특성이 된다. 어릴 적 우리를 곤경에 빠뜨렸던 부분은 대개 그림자 속에 버려지고, 보통 그에 대해 수치심을 느낀다. 그것은 또한 점점 커지는 분노가 되기도 한다. 누군가에게 과민 반응을 보인다면, 이는 **우리 내면에서** 추방하고 불태워버렸던 무엇인가를 그들에게서 발견했기 때문이다.

이러한 내면의 복잡성은 셰익스피어('죽느냐 사느냐')와 프로이트('이드, 에고, 슈퍼에고')에서 리처드 슈바르츠(Richard Schwartz)의 '내적 가족 체계(internal family systems)' 이론까지, 오래전부터 알려져 있었다. 시인 월트 휘트먼(Walt Whitman)이 말했듯, '나는 다층적이다'. 이는 **정상**이다. 그리고 이것이 당신에게 사적으로 문제가 되지 않음을 아는 것은 자신을 더 완전히 받아들이기 위한 하나의 커다란 발자국이다 (극단적인 내면의 충돌, 자기 파편화, 그리고 이른바 해리성 정체 장애 수준은 이 책의 범위 밖이므로 전문가적인 도움을 받아야 한다). 당신의 모든 부분은 당신을 돕고자 애쓴다. 비록 방향이 잘못되었을지라도 말이다. 당신은 자신의 감각을 확장하여 당신 모두를 포함할 수 있으며, 이로써 내적 갈등의 긴장을 풀어 주고, 각각의 모든 부분의 유용한 측면을 드러내며, 인간관계를 쉽게 만들고, 내면의 통합에서 오는 평화로운 느낌을 가져다 준다. 이에 대해 세 가지 경험적인 방법으로 알아보자.

목록, 그림, 또는 상상 속에서, 자신의 수많은 부분 중 해당되는 것이 있는지 살펴본다

각각의 부분에 단어나 문장으로 이름 붙인다. 가령 나는 내 부분들에 다음과 같이 이름표를 붙일 수 있었다. '반항적인 아이', '강압적인 부모', '나무꾼', '승려', '억센 노동자', '분노에 찬 전사', '장난스러운 멍청이', '세상의 슬픈 목격자', '격려하는 자', 그리고 '상처뿐인 패잔병'. 이는 개인의 입맛대로 창의적으로 만들 수 있다. 내면의 '지혜 나무', '아테나 여신', '뱀', '사기꾼', 또는 '록스타' 등을 상상해 보라. 한켠에 치워 놓거나, 억압하거나, 거부당했을 수도 있었던 자신의 아름답고, 중요하고, 가치 있는 부분들 −자질, 의도, 성향, 직관, 능력들− 을 알아차려 보라. 다른 사람들에게 더 많이 드러내고 싶은 자신의 부분들을 인정하라. 그것이 무엇이든, 전부 당신이다!

다음으로, 이 모든 부분들이 커다란 원형 탁자에 조용히 둘러앉은 모습을 상상해 본다. 여기서 그 느낌을 잡아 본다. 자신의 핵심, 의식, 선한 마음, 지혜, 결단의 중심, 바로 '나'의 정수이다. 이제 이 중심점에 서서, 각각의 부분들을 둘러보며 마음속으로 이렇게 말해 본다.

"[부분의 이름], 난 너를 잘 알고 있어. 너는 나의 일부이지. 넌 너만의 방식으로 나를 도우려 애쓰고 있어. 너를 나에게 포함시킬게. 너를 받아들일게. 고마워."

다양한 자신의 부분들에 대한 당신의 반응에 유의한다. 특히 당신이 내친 부분을 조심해야 한다. 각각의 부분들을 있는 그대로 받아들여 보려 노력한다. 아무리 고삐를 잡아야 할 부분일지라도, 온전한 당신은 진심으로 그 부분을 포함시킨다는 것을 인정하라. 휩쓸림 없이 자신의 부분들을 받아들일 수 있음을 기억하라.

부분과의 대화를 탐구한다

간단한 방법은 자신의 핵심이 어떤 부분과 대화하는 상상을 하는 것이다. 설득하거나 바꾸려 하지 말고, 그저 경청하라. 한 예시로 여기 '영혼이 자유로운 아이'와의 대화를 보자.

> 핵심 '나' : 안녕, 영혼이 자유로운 아이야. 너와 진심으로 이야기하고 싶어. 나랑 대화해 볼래?
>
> 영혼이 자유로운 아이 : 좋아요! 그런데 지겨운 이야기는 싫어요!
>
> 핵심 : 알겠어, 노력해 볼게. 너는 노는 거 좋아하니?
>
> 아이 : 네!
>
> 핵심 : 제일 하고 싶은 게 뭐지?
>
> 아이 : 하루 종일 일 안 하고 여기저기 뛰어다니고 싶어요.
>
> 핵심 : 너는 내가 일을 많이 하면 슬프거나 화가 나니?
>
> 아이 : 네. 둘 다예요.
>
> 핵심 : 이야기해 주어서 고맙다. 더 할 말은 없니?
>
> 아이 : 어, 지금은 없어요. 슬슬 지겨워지네요.
>
> 핵심 : 그래, 그럼 그만하자. 나랑 이야기해 줘서 고마워.

기억할 점은 당신의 핵심은 부분이 말하는 것에 반드시 따르거나 동조할 필요가 없다는 점이다. 고요한 힘의 느낌을 세워 중심을 잡을 수 있다. 자신의 각기 다른 부분의 태도와 욕구에 마음을 열어 보라. 흥미로운 점은, 자신의 부분들에게 목소리를 내게 허용할수록 그것들은 점점 차분해지며 서로 간에 연결되고 균형을 맞춘다는 것이다.

자신의 일부라는 개념을 특정 분쟁이나
통상적으로 불편한 관계에 적용할 수 있다

배우자의 비난으로 인해 지금 막 언쟁을 벌였다고 해 보자. 몇 분의 시간을 들여 스스로에게 이런 질문을 해 본다(괄호 안에 약간의 예상 답안이 있다).

"이로 인해 나의 어떤 부분이 자극받았는가?"

[상처받은 부분, 화난 부분, 사랑받고 싶은 부분]

"그래, 이제 이야기를 들어보자고. 말하고 싶은 게 뭐야?"

[상처받은 부분: "나 정말이지 슬프다고.", 화난 부분: "이건 부당해. 그냥 뛰쳐나가버리자!", 사랑받고 싶은 부분: "난 단지 배려받는, 상처받지 않는, 무시당하지 않는 느낌을 원했을 뿐이야."]

"더 이야기할 부분 있어? 이 관계에 대해 더 할 말은?"

[사랑받고 싶은 부분]

"혹시 내가 휩쓸리지 않기 위해 염두에 두어야 할 부분이 있을까?"

[화난 부분]

"흠, 이제 이 각각의 부분들을 위해 여유 공간을 만들었군. 이제 어떻게 느껴지지?"

[아마도 좀 더 진정되고 수습이 된 느낌]

"이 모든 부분을 고려할 때, 나는 어떻게 해야 할까? 여기서 가장 좋은 경로는 무엇일까?"

[화내거나 비난하지 않고, 우리가 원하는 게 무엇인지 들어보기를 진심으로 원한다고 이야기함]

이런 식의 연습을 통해, 내면의 '목소리들'과 반응들을 서로 경쟁시킴으로써 나쁜 상황으로 끌려가는 느낌을 최소화할 수 있다. 이는 다른 사람들 사이에서 당신이 더 개방적이고 솔직할 수 있게끔 돕는다. **전체로 통합된** 더 큰 자아라는 느낌과 함께, 자신의 어떤 특정 부분에 덜 휩쓸리고 덜 동일시하게 된다.

6

자신의 필요를 존중하라

∞

삶은 의존적이다. 육체적 생존, 행복, 사랑, 그 밖에 원하는 그 모든 것을 완수하기 위해서는 수많은 것들이 필요하다. 매 순간, 우리 목숨은 산소에 의지한다. 산소는 식물이 배출하지만, 식물은 태양에 의존하여 광합성을 하고, 애초에 산소 원자 자체가 수십억 년 전에 일어난 별들의 폭발로 인해 생겨났다. 우리의 시작인 수정란부터가 타인을 필요로 한다. 당신과 나를 포함한 모든 사람은 스러질 듯 여리고 약해, 작은 것에도 상처받고 사랑에 굶주린다. 이 보편적 사실을 받아들인다면, 자신에게 -그리고 다른 사람들에게도- 그리 야박하게 굴 이유가 없다.

많은 사람들이 자신의 처지, 자신의 필요와 깊은 욕구를 부끄러워한다(필요와 깊은 욕구를 굳이 구분하지 않겠다. 나는 그 둘을 동의어로 생각하고 쓴다). 하지만 필요란 정상적인 것이다. 우리 모두가 무언가를 필요로 한다. 단순히 이를 깨닫는 것만으로 자책감이 완화되고 차분해짐을 느낄 수 있다. 타인에게 자신의 필요를 충족시켜 주길 더 잘 요청할 수

61

있게 만드는 첫 번째 단계는 **스스로** 자신의 필요를 존중하는 것이다.

How

한 가지 작은 실험을 해 보자. 마음속으로, 아니면 크게 소리 내어, 또는 종이 위에, 또는 신뢰하는 친구에게 다음의 문장을 말하거나 써 본다.

"나는 _____가 필요해."

위 문장의 빈칸을 채워 본다. 그리고 그것을 계속 반복한다. 마음속에 무엇이 떠오르든, 심지어 좀 바보같이 느껴지더라도 말이다. 반복해서 문장을 완성해나가다 보면 점점 더 깊어져, 보다 근본적인 필요에 다다를 수 있다. 적어도 당장은 충분히 할 말을 했다고 느껴지면, 다른 문장으로 바꾸어 해 본다.

"나는 정말로 _____를 원해."

"_____를 느끼는 게 내겐 중요해."

"내게 필요한 것을 얻을 때, 나는 _____."

다음으로, 어떤 특정 인간관계에 초점을 맞춰 이 연습을 다시 해 본다.

이제 자신의 필요 중 하나를 고르고, 스스로에게 이렇게 말해 본다.

"나에겐 정말로 _____가 필요해."

"나에겐 _____가 정말 소중하다는 걸 인정해."

"_____는 나한테 너무나 중요해."

"네게 _____가 필요한 건 정상이고 괜찮아."

마음을 부드럽게 풀어 주고 그런 필요를 느껴도 괜찮다는 느낌을 음미한다.

다음 단계로 표면적인 것 아래에 더 깊은 필요가 있는지 자문해 본다. 예를 들면 '배우자로부터 더 많은 칭찬을 듣기를 원해.'라고 느낄 수 있다. 하지만 칭찬은 더 깊은 필요에 도달하기 위한 방편에 지나지 않는다. 가령 자존감을 느끼고 싶은 필요 말이다. 최종적인 필요로 향하는 수단에 불과한 표면적인 충족에만 사로잡히면, 남들이 특정 단어나 행동을 해 주는 것에 집착하게 된다. 이렇게 되는 이유 중 하나는 더 깊고 부끄러운 진짜 필요 대신 이런 '대용품'을 요구하는 게 더 안전하다고 느끼기 때문이다. 예를 들어 우리 아이들이 어렸을 무렵, 나는 내가 퇴근해 집에 들어설 때 꼭 안아달라고 아내에게 부탁했다. 당연히 이런 애정 표현은 좋지만, 내게 진짜 필요했던 것은 공동양육자로서가 아닌 한 사람의 남자로서 여전히 아내에게 중요한 사람이라는 느낌을 받는 것이었다. 물론 그 말을 입 밖으로 꺼내는 건 상당히 낯간지러운 일이다. 하지만 당신이 누군가에게 요구해 받은 것이 체면이나 상황에 '적절한' 것이었다 할지라도, 직설적이고 솔직하게 표현하지 않았다면 표면 아래 더 깊은 필요가 채워졌다는 느낌을 받을 수 없다.

자신의 깊고 은밀한 필요를 알아차렸다면, 그것을 더 온전하고 당당하게 만들기 위해 어떻게 할 수 있는지 생각해 보라(이 과정을 다른 필요들에도 반복할 수 있다). 필요가 깊고 은밀할수록, 그것을 충족시키기란 어려워 보인다. 하지만 실제로, 가장 깊은 필요는 대개 본인에게 중요하고 의미 있는 **경험**에 대한 것이다. 사랑받고 충족되어 평화로운 느낌 말이다. 현실적이고 표면적인 방식 −칭찬받거나 얼싸 안아 주는 등− 에서, 내면에서 어떻게 느끼고 싶어 하는가 쪽으로 초점을 옮겨 보면, 대개는 원하는 경험을 자력으로 할 수 있는 길이 많다. 이는 굉장한 해방감을 준다!

스스로 자문해 보라.

"다른 사람들이 내가 원하는 말이나 행동을 해 줄 때, 나의 깊은 곳에서는 어떤 느낌인가?"

그다음 이렇게 결정적인 질문을 던진다.

"어떻게 하면 다른 사람들이 해 줘야만 하는 상황에 종속되지 않고 스스로 그런 경험을 할 수 있을까?"

예를 들어 더 많은 자존감을 느끼고 싶다면, 사람들에게 말해 달라고 하는 대신 그들이 자발적으로 고마워하고 당신의 가치를 인정하게 만들 방법을 찾는 것이다. 일상에서 당신이 실행할 수 있는 많은 것들 중 몇 가지를 선택해 얼마든지 할 수 있다는 그 느낌을 즐기며 실천한다. 일어나기 직전, 그리고 잠들기 직전에 자신이 근본적으로 친절하고 남들을 아낀다는 사실을 상기해 볼 수도 있다. 이 모든 것들은 전적으로 당신 자신의 힘이다. 여기에는 남들과 −그들의 필요에 대한 것을 비롯하여− 능숙하게 대화하는 능력이 포함되어 있다. 이에 대한 약간의 조언을 원한다면 4부와 5부의 내용을 참조하길 바란다. 한편 필요가 충족되지 못하는 느낌을 받는 경우도 흔하디흔하다. 왜냐하면, 당신도 알다시피, 올바르게 행동하지 않는 사람들도 많기 때문이다! 그러면 무기력감과 실망감을 느낄 수 있다. 자신의 필요를 좀 더 온전히 존중하기 위해선 자신만의 계획이 필요하다. 특히 필요를 가볍게 보거나 인색하게 다루었던 어린 시절을 보냈다면 말이다. 남들이 자신의 필요를 충족해 주길 기다리는 대신, 깊고 은밀한 필요가 충분히 충족되게끔 할 수 있는 모든 것을 다하는, 스스로에 대한 책임감을 갖는 것이 더 활기차고 희망적이게 만든다. 스스로 해결하는 책임감을 갖추게 되면, 우리 모두가 타인에게 의존해야 함은 피할 수 없으므로 이후 시간이 흘러 다른 사람에게 필요를 충족시켜 달라 부탁해야만 할 때 더 능숙하게 할 수 있다.

마지막으로, 당신이 의지할 또 하나의 대상은 바로 **당신이다**. 오늘의 나는 과거 수많은 버전의 내가 크든 적든 무수히 많은 방법으로 길러낸 특성들의 결과물이다. 오늘의 나는 마치 기나긴 이어달리기 시합의 선수들처럼 다음 날 아침에 일어나 달릴 나에게 매일같이 바통을 건네준다. 과거에 어떤 실수를 저질렀을지라도, 그 외에 스스로의 삶에 기여한, 다른 수많은 자신이 해낸 것들을 생각해 보라. 문제를 해결하고, 목표를 달성하며, 관계를 발전시키고, 교훈을 배워 왔다. 이런 과거의 나를 떠올리며 감사한다면 어떤 느낌이 드는가?

이제 앞을 내다보자. 미래의 나는 오늘 내가 어떻게 하는지에 달려 있다. 미래의 내가 지금 이 순간의 나에게 전적으로 의지한다는 사실을 부드럽게, 하지만 부담스럽지 않게 음미해 보라. 앞으로 되어갈 나에게는 무엇이 중요할까? 미래의 그 사람이 안전하고, 건강하며, 행복하고, 편안하게 살기 위해서 올해, 오늘 나는 무엇을 할 수 있을까?

7

스스로에게 연민을 가져라

∞

친구 또는 낯선 이가 고통받고 있다고 해 보자. 가령 긴 하루 일과로 지쳐 있거나 자녀 문제로 걱정하고 있다. 혹은 만성 질환과 씨름하고 있거나 돈 문제를 고민할 수도 있고, 아니면 이성을 갈구하며 외로워할 수도 있다.

그들의 아픔을 알고 있다면, 아마도 그들에게 어느 정도 연민을 느낄 것이다. 그들이 겪어 온 것들에 공감하고, 진심 어린 걱정과 관심을 보이며, 할 수만 있다면 돕고 싶을 것이다.

하지만 고통받는 이가 당신일 때, 스스로에게 얼마나 자주 연민을 느끼는가? 대부분의 사람들은 자신에게보다 타인에게 공감하고 지지하는 걸 더 쉽게 느낀다.

다수의 연구 결과는 자기 연민에 수많은 이점이 있음을 알려 준다. 크리스틴 네프(Kristin Neff) 교수의 획기적인 논문으로 시작해 보면, 자기 연민은 사람들을 더 탄력적이고, 자신감 있고, 야심차게 만들어 준다고 한다. 그것은 스트레스를 낮추고, 가혹한 자기 비난을 줄이며, 자존감을 높인다. 불편한 관계 속에서, 상대방이 자신에게 미치는 영향은 물론 화를 완화시키고, 좀 더 당당하고 진정성 있는 태도로 관계에 임할 수 있도록 돕는다. 이는 값싼 자기 동정심에 빠져 있는 것과 다르다. 다시 말해 우리를 더 강하게 만들지, 결코 약하게 만들지 않는다. 어느 날 삶에 치여 쓰러졌다면, 자신을 위한 연민을 시작으로 일어서 보라. 그럼 앞으로 무엇을 해야 하는지 그려낼 수 있다.

How

고통이란 미묘한 것으로부터 격렬한 것까지, 육체적·정신적 아픔을 아우르는 넓은 표현이다. 모든 이에게 있어 삶의 일정 부분은 분명 고통이다. 불행한 건 그런 고통이 많은 사람들에게 매우 크게 작용한다는 점이다. 정신적 고통에는 슬픔, 두려움, 상처받음, 분노, 스트레스, 부담감, 무감각함, 외로움, 좌절, 실망, 죄책감, 수치심, 부정적 회상, 자기 비난, 그리고 기본적으로 무언가 잃어버렸거나 잘못되었다는 느낌이 포함된다. 그런 삶이란 모든 이에게 무겁다. 우리 모두는 그 무게를 짊어진다. 이를테면 우리 모두 사랑하는 이를 잃는다. 또한 우리 모두가 늙고, 병들고, 죽는다.

　잠시 시간을 내어 자신의 고통에 귀 기울여 보자. 그건 만성 피로감이나 하루하루 해야 할 일을 완수해야 한다는 부담감, 또는 특정 관계에 따른 미약한 가슴앓이 등일 것이다. 다만 그것이 무엇이든 간에 그것은 거기에 존재하고, 누군가의 현실이다.

고통은 내적이든 외적이든 수많은 것들의 결과이다. 그 원인을 불문하고 고통은 고통이며, 그 이유가 무엇이든 간에 그에 대한 연민을 가져올 수 있다. 자신의 고통에 일정 부분 책임을 느낀다 해도 자기 연민은 가능하다.

자신의 고통을 파악했다면, 그것을 회피하지 않고 허용할 때 그에 대한 지지와 배려의 느낌을 가져올 수 있다. 연민이란 본래 달콤 씁쓸한 것이다. 부드러운 걱정과 위로의 달콤함이 고통의 씁쓸함과 함께한다. 다만 우리는 씁쓸함을 인식하면서, 주로 달콤함에 집중해야 한다. 만약 우리가 아픔에 끌려가거나 자신과 다른 이들을 비난하려 두리번거린다면, 다시 걱정과 위로 쪽으로, 필요하다면 반복해 되돌려라.

우리가 연민을 느낄 때, 고통을 완화하기 위한 방법을 찾는 자연스러운 움직임이 생긴다. 할 수 있는 게 아무것도 없을 때도 있다. 하지만 연민이란 진지해서 '바로잡을' 수 있는 것이 아무것도 없을지라도 스스로의 기준에 따라 작동한다. 아무리 다루기 힘든 -가령 당신의 형제자매가 당신과의 연을 끊었다든가, 건강보험을 유지하기 위해 힘든 직장을 다녀야만 하는- 상황에 처해 있어도 자신에 대한 따뜻함과 존중을 가져올 수 있다.

불편한 관계 속에서 예민해졌거나 화가 치밀어 올랐다고 가정해 보자. 아래 자기 연민의 확장된 연습을 시도해 보라.

고요하고 강해진 느낌에서 시작해 보자. 배려받고 있다는 느낌도 함께. 다음, 자신이 보살피는 누군가를 떠올려 본다. 그들이 받는 고통을 알아차린다. 그에 대한 연민을 발견한다. 그리고 자애심을 갖는 것이 어떤 느낌인지 안다.

그러고는 지금 이 불편한 관계 속에서 당신이 경험하는 바에 의식을 둔다. 자신의 감정과 느낌, 그리고 욕구에 대해 주로 집중하되, 과거의 사건들을 되풀이하여 떠올리지 않도록 주의한다. 자기 고통의 면면에 부드럽게 이름을 붙여 볼 수도 있다. 예를 들면 '슬픔', '짜증', '어리둥절함', '피곤함', '걱정됨', '위장이 묵직해짐', '교장실에 불려 간 아이 같은 느낌', '목메임', '고교 시절 무리에서 내쳐진 기억', "'이렇게 말했어야 했어'라는 마음의 소용돌이', '내 편을 들어 주는 사람은 왜 아무도 없지?', '너무 화가 난다', '가슴이 아파. 이건 정말이지, 가슴에 못이 박히는군' 등이다.

지금 자신의 느낌을 확인하는 동안, 스스로에 대한 이해와 따듯함을 찾아보라. 본인이 친구에게 하듯 말이다. 또 다른 내가 바로 앞 의자에 앉아 있는 상상을 해 볼 수도 있다. 또는 마음속 아픈 자리가 어딘지 느껴 볼 수도 있다. 적당하다고 느껴지는 어떤 방법으로든, 배려와 부드러운 염려, 지지가 그 고통을 향해 흘러 들어간다. 마음속으로 부드럽게 이런 말들을 할 수도 있다.

"그래, 이건 만만치 않아.", "그래, 이건 아프지.", "이렇게 느껴도 괜찮아.", "다른 사람들도 그렇게 느낀다고.", "이런 고생은 하지 않으면 좋겠는데.", "좀 더 편해지면 좋겠어.", "편안했으면 좋겠다."

우리 모두가 인간이기에 느끼는 고통이니 '보편적인 인류애'를 느낄 수도 있을 것이다. 지금 이 순간에도 세상의 어딘가에 자신과 비슷한 느낌을 느끼는 수많은 이들이 있으니 외롭지 않다고 생각될 수도 있다.

마치 온기와 선의가 자신으로부터 물결처럼 퍼져 고통을 적시는 듯 느낄 수도 있다. 연민이 고통과 접점을 만들어냄을 느껴 보라. 아니면 적어도 상상해 보라. 내면으로 침잠하여 상처받은 부위를 어루만지거나 마음속 어린 시절 자신과 소통하는 식으로 말이다. 등을 토닥이고 뺨을 어루만져 주거나 껴안아 주며, 이 모든 느낌을 더 심화해나간다. 이제 살짝 주의를 돌려 연민을 스스로 **받아들이는** 느낌을 탐구해 보라. 그것은 어떤 느낌인가? 그것이 자신에게 흘러들도록 허용할 수 있는가? 다른 말로 인식되고, 이해받고, 지지받는 느낌을 가질 수 있는가 −남 없이 자기 혼자라도?

자기 연민 연습을 끝내며, 이 불편한 관계에 대해 어떤 직감적이고 의도적인 능숙한 행동이 자신의 마음과 말투, 또는 행위에 갖추어지고 있음을 느낄 수도 있다. 이러한 것들을 받아들이고 그 이로움을 경험하며, 이것이 자신과 타인의 안녕을 위한 단계라 여기며 힘을 내는 자신을 상상해 보라.

8

자신이 선한 사람임을 알라

∞

나는 기본적으로 좋은 사람이라 믿는 이들이 생각보다 많지 않다. 당신은 열심히 일하고, 무언가를 배우며, 다른 이들을 돕지만 마음속 깊이 자신이 진정 좋은 사람이라고 확신하는가? 전혀 그렇지 않을 것이다!

우리는 아주 다양한 방법으로 자신이 좋은 사람이 **아니라는** 느낌을 받아 왔다. 어린 시절부터 실수를 지적당하고, 망신을 당하고, 도덕적으로 질책당하는 등의 경험을 수없이 해 왔다. 물론 누군가는 어른이 되어 더 많은 비난을 받았을 수도 있다. 또 죄책감과 후회를 동반해 무가치하고, 부족하고, 사랑받지 못하는 취급을 받은 경험을 했을 수도 있다. 나를 포함한 거의 모든 사람이 무언가 나쁜 행동, 나쁜 말, 나쁜 생각을 한다. 하지만 우리 대부분은 스스로를 좋은 사람이 아니라고 여길 만큼 중대한 범죄를 저지르진 않는다.

물론 건전한 후회도 있다. 하지만 우리가 완전치 못했던 그런 순간에도 평소의 선함은 드러난 악행 아래 스며들어 여전히 존재한다.

71

깊이 들여다보면, 거의 대부분의 의도는 긍정적이었다. 비록 그 표현이 문제를 일으킬만한 식이었을지라도 말이다. 고통, 상실, 또는 두려움에 잠식당하지 않을 때, 인간의 뇌는 차분함과 만족감, 그리고 배려를 근본적인 설정값으로 삼는다. 그리고 신비롭고 심오한 느낌을 주는 방식들로, 인간 존재의 핵심에서 선천적인 -그리고 아마도 초개인적인- 사랑과 자비심을 느낄 수 있다.

당신은 본래 정말로, 진실로, **실제적**으로 선한 사람이다!

자기 자신의 본래 선함을 느낄 때, 선한 방식으로 행동하게 될 가능성이 더욱 높아진다. 자신의 선함을 알 때, 다른 사람들 안에서도 그것을 더 잘 알아차린다. 자신과 타인 안에서 선함을 볼 때, 우리가 공유하는 이 세상 속에서 선을 쌓아나가기 위해 필요한 일을 더 잘 찾아 할 수 있게 된다.

------------------ **How** ------------------

자신의 선함을 느낄 수 있는 다섯 가지 방법이 있다. 이 외에 다른 방법을 알고 있다면 마음 편히 추가하길 바란다.

1. 배려받을 때 그 선함을 느낀다

소속감을 느끼거나, 관심받거나, 감사를 받거나, 유대감을 느끼거나, 사랑받을 때, 한두 호흡 정도의 시간 동안 그 경험을 음미하며, 그것이 자신의 몸과 마음을 채우도록 허용한다. 자신의 내면에 그것이 충분히 안착하도록 놓아둔다.

2. 자신의 생각, 말, 행위에서 선의를 알아차린다

예를 들면 비록 늘 결과가 성공적이지 않을지라도, 자신의 의도가 긍정적이었음을 눈치챈다. 화를 참아내거나, 중독적인 충동을 추스르거나, 타인에게 연민과 도움을 펼칠 때 그렇게 할 수 있었음을 알아차린다. 근성, 결단력, 친절함, 용기, 관대함, 인내, 그리고 기꺼이 진실을 보겠다는 마음, 그 어떤 선한 품성이든 그것에 감사해 본다. 당신은 지금 자신의 **실제 모습**을 알아 가고 있는 중이다. 마음속에 이런 앎을 위한 안식처를 창조하고, 그 앎을 타인을 업신여김으로써 우월감을 느끼는 사람들로부터 보호하리.

3. 자기 존재의 핵심 속에 있는 선함을 느껴라

그것은 모든 이의 내면에 존재한다. 때로 보거나 느끼기 어려울지라도 말이다. 그것은 친밀함으로, 혹은 어쩌면 신성함으로 느껴질 수도 있다. 그것은 마음속 어떤 힘, 전류 같은 흐름, 원천이다.

4. 타인 안에서 선함을 보라

그들의 선함을 알아차리면 자신의 선함을 느끼는 데에도 도움이 된다. 타인에게서 공정하고 친절한 작은 행동들, 그리고 정직한 노력을 매일같이 목격할 수 있다. 그들의 눈동자 뒤편 더 깊은 곳에서 예의 바르고 사랑스럽기를, 누를 끼치기보다 도움이 되기를 원하는 그 내적 열망을 느껴 보라.

5. 선의에 내맡기라

점차적으로 '자신의 본성 중 더 선한 천사'로 하여금 삶의 활력소가 되게 하라. 당신이 왜 본래 선한 사람인지에 대하여 진심을 다해 스스로에게 보내는 편지를 쓸 수도 있다. 때때로 그것이 생각날 때마다 꺼내어 읽어 본다. 그리고 그것에 믿음을 갖는다. 어려운 상황이나 관계 속에 있을 때, '선한 사람으로서 어떻게 하는 것이 적절할까?'라고 자문한다. 이렇듯 선함에 기초해 행동하며, 자신이 선한 사람이라는 앎이 점점 깊어지도록 허용한다.

이토록 생생하고 진실된, 이 아름다운 선량함을 즐기라.

9

자신을 신뢰하라

∞

나는 커 오면서 집에서, 학교에서 나 자신으로 있는 것이 위험하다고 느꼈다. 때로 실수하고, 반항적이며, 성질내고, 때로 떠들썩하게 바보짓을 하며 돌아다니는, 혹은 때로 당황하고 나약해지는 온전한 나 자신 말이다. 많은 이들이 직면하는 폭력에 대한 두려움은 없었지만, 다른 방식으로 벌을 받거나, 거부당하거나, 소외당하거나, 모욕당하는 것을 위험하다고 느꼈다.

그리하여 보통 아이들이 그렇듯 가면을 쓰기 시작했다. 문을 걸어 잠그고, 주위를 감시하며 '나'를 연기했다. 마치 내 목에 밸브가 달린 듯했다. 내면 깊은 곳의 나의 생각과 느낌을 알고 있었지만, 세상에 드러내는 것은 극히 일부였다.

바깥에서 보면 내가 다른 사람들을 신뢰하지 않는 것처럼 보였다. 하긴 몇몇 사람들 사이에 있을 땐 주의가 필요하기도 했다. 하지만 대부분의 경우, 내가 믿지 못했던 것은 **나 자신**이었다.

나는 진정한 나 자신이 충분히 선하고, 사랑스럽다는 신뢰가 없었다. 그리고 설사 내가 일을 망친다 해도 여전히 괜찮다는 확신도 없었다. 내 안에 이미 선함과 지혜, 그리고 사랑이 있음을 자신할 수 없었다. 엄격한 통제 없는 삶을 신뢰하지 않았다. 나 자신을, 나의 가치를, 나의 가능성을 의심했다.

그렇게 학교 생활도 그럭저럭 잘하고, 때로 행복해하기도 하며 지냈지만, 그것은 주로 무감각함과 고통 사이를 오가며 억지로 쥐어짠 삶이었다.

에릭 에릭슨(Erik Erikson)이 말한 인간 발달의 여덟 단계를 보면, 그 첫 번째, 기초적인 단계가 '기본 신뢰'에 관한 것이다. 그는 외부세계(그중에서 특히 사람들)에 대한 신뢰-불신에 집중했고, 이는 확실히 중요하다. 그러나 종종 **세상이 믿을 수 없는 곳**으로 보여도 그 아래의 근본에 깔려 있는 생각은 **그것을 다루는 나를 신뢰할 수 없다**는 것이다.

돌이켜보면 삶이란 나 자신에 대한 확신을 점점 더 키워나가는 여정이었다. 힘을 내고, 긴장을 풀고, 때로 흔들리고, 기회를 잡고, 실수하면 수습하고, 거기에서 무언가를 배우고, 자신을 너무 심각하게 생각하지 않는 그런 것들 말이다.

물론 때로는 자신을 더 신뢰할 때 일이 잘못된 방향으로 갈 수도 있다. 하지만 자신을 덜 신뢰한다면 **진정** 잘못된 방향으로 나아가거나 잘못된 곳에 머물 수도 있다.

누구도 완벽하지 않다. 완벽하게 이완할 필요도 없고, 자신이 진짜 느끼는 바를 완벽하게 말할 필요도 없으며, 살면서 매사에 혼신의 힘을 다할 필요도 없다. 가장 중요한 것은 큰 그림, 넓은 시야이다. 엄격한 통제를 통한 관리와 잘 만들어진 페르소나(persona)가 단기적인 이득이 된다는 것은 인정한다. 하지만 길게 보면 스트레스, 솔직할 수 없는 우울함, 내면의 소외감 등 그 대가는 훨씬 크다.

상냥함과 자기 연민을 갖고 자신을 한번 보라. 혹 당신은 자신을 의심하며 나쁘게 보이거나 실패할까 두려워 핵심적인 관계에서조차 뒷걸음치지는 않는가? 온전히 자신을 드러내면 거부당하거나, 오해받거나, 놀림당할 거라 생각하는가?

아마도 다른 사람들의 비판을 내면화하며, 자신에 대해 잘못되었다고 생각하는 것에만 집중해 왔을 수 있다. 그럼으로써 옳았던 수많은 부분을 놓치고 있었던 것이다.

마음을 편히 먹고 그저 자연스러운 나 자신으로 있게 스스로 허용하면 어떨까? 다른 사람들이 어떤 반응을 보일까? 자기 자신을 신뢰할 때, 집에서 또는 직장에서 당신의 능력은 어디까지일까?

물론 바깥세상에 대해 신중해야 할 때도 있는 법이어서, 무언가를 허용하거나, 위험을 감수하거나, 입 밖에 내는 것이 현명치 못한 경우를 구분해야 한다. 모든 생각이나 느낌 또는 욕구를 드러내거나 실행해도 괜찮은 건 아니란 점을 알고, 자신의 내면세계를 마치 자애로운 부모처럼 인도해야 한다.

한편 당신이 나와 같다면, 혹은 내가 알고 있는, 자신을 깊이 신뢰하기로 마음먹은 모든 이와 같다면, 자신의 내면에 수많은, 올바른 부분이 있다는 점을 알게 될 것이다. 무엇이 중요하고, 무엇이 진실인지에 대한 수많은 앎, 수많은 삶과 마음, 발현되기를 기다리는 수많은 재능, 수많은 힘들 말이다. 어떤 중요한, 어쩌면 까다로울 수 있는 관계에 대해 생각해 보고, 자신에 대해 더 깊이 신뢰할 때 그 관계가 어떻게 더 좋아질 수 있을지 생각해 보라.

온전한 나 자신이 되어라. 신뢰할 수 있는 건 나 자신뿐이다. 오늘, 이번 주, 이번 생에 진짜 내가 되어, 본래의 자신으로 행동하면 어떤 일이 일어나는지 보라. 팬들이 잘 받아줄 것이라 확신하고 무대 아래로 몸을 던지는 가수처럼, 온전한 자신을 향해 몸을 던져 보라.

10

자신에게 선물하라

∞

누군가에게 무언가 선물했던 때를 기억하는가? 어쩌면 명절 선물일 수도, 헬러윈 사탕일 수도, 아니면 친구를 돕기 위한 것이었을 수도 있다. 그때 어떤 느낌이었는가? 연구자들은 우리가 무언가를 주는 행위를 할 때 자극받는 신경망이 우리가 육체적인 쾌락을 느낄 때 활성화되는 신경망과 동일하다는 것을 알아냈다.

또한 **받는 행위**도 있다. 누군가 당신에게 무언가를 주었던 때를 기억하는가? 그것이 실질적인, 손에 쥘 수 있는 것이었을 수도 있고, 따뜻한 말 한마디나 사과의 한마디였을 수도, 아니면 자신의 이야기를 주의 깊게 계속 들어주는 것이었을 수도 있다. 어떤 형태이든, 그것은 당신에게 어떤 느낌이었는가? 아마도 꽤 좋았을 거다.

그렇다면 만약 당신이 당신 스스로에게 선물을 한다면 어떨까? 그것은 한 번에 두 배의 효과를 가져온다! 거기엔 또한 수동적이기보다 적극적으로 행동한다는 내재된 보너스가 존재한다. 이는 어떤 형태로든 '학습된 무력감', 즉 무언가를 더 좋게 만드는 데 자신이 할 수 있는 것이 거의 없다는 허무함과 패배감을 감소시키는 데 도움을 준다. 이 학습된 무력감은 쉽게 만들어지는 데다가 결국 우울증으로 발전한다는 연구 결과가 있다. 또 하나의 보너스는 자기 자신을 스스로 중요하다 여기게 한다는 점인데, 이는 어린 시절 자신이 다른 사람들에게 충분히 중요하다고 느끼지 못했을 때 특히 효과를 나타낸다.

여기서 더 나아가, 자기 자신에게 많이 베풀수록 다른 사람들에게 줄 것도 점점 많아진다. 자신의 잔이 넘치기 때문이다. 사람들은 더 큰 행복을 경험할수록 친절과 인내, 협력과 같은 성향이 늘어난다.

──────────── **How** ────────────

자신에게 선물하는 방법은 많고도 많다. 그중 많은 경우가 일상에서의 무형의 것들, 작은 순간들이다. 예를 들어 이 글을 쓰는 동안 나 자신에게 주는 간단한 선물은 책상머리에서 조금 떨어져 느긋하게 등을 기대고, 크게 한 번 호흡하고, 창밖을 내다보며 휴식을 취하는 것이다. 충분히 할 만한 선물이다.

무언가를 **하지 않는 것** 또한 자신을 위한 중요한 선물이다. 예를 들면 세 번째 잔의 맥주를 마시지 않는 것, 늦도록 텔레비전 앞에 앉아 있지 않는 것, 불필요한 언쟁에 휘말리지 않는 것, 운전할 때 서두르지 않는 것 등이 있다.

일상에서 간단하지만 아름답고 강력한 선물을 자신에게 줄 기회가 얼마나 많은지 알 수 있다. 정기적으로 "지금 이 순간 내게 줄 수 있는 선물은 무엇일까?" 또는 "내가 할 수 있는 범위 안에서 지금 내가 원하는 선물은 무엇이지?" 또는 "이 관계 속에서 내가 나에게 줄 수 있는 가장 큰 선물은 무엇일까?" 스스로 자문해 보자. 그러고는 실제로 그것을 실천해 본다.

더 긴 시간을 상정하고 스스로 자문한다. "이번 주에 어떻게 나를 도울 수 있을까? 올해에는?" 나아가 "이번 생에는?" 의식의 끝없는 공간 속에서 그 질문이 계속 울려 퍼지도록 허용하고 그 대답을 기다려 보자.

정성을 다해 보살피는 어떤 존재를 상상하고, 만약 그라면 나에게 어떤 것들을 줄지 곰곰 생각해 본다. 그리고 그것을 자신에게 기꺼이 선물한다.

평소 자신이 얼마나 자비롭고 타인에게 무언가를 주고 있는지 안다면, 그 마음을 자신에게도 쓸 수 있지 않을까? 남들에게 베푸는 그 친절과 지혜, 지지와 응원이라는 선물을 이 세상에 하나뿐인 존재, 당신이 가장 힘을 미칠 수 있는 그 존재, 그렇기에 가장 잘 돌보아야 할 의무가 있는 그 존재에게 베풀라. 그는 당신의 이름을 가진 자이다.

11

자신을 용서하라

∞

모든 사람은 때로 엉망진창이다. 나, 당신, 이웃들, 마더 테레사, 마하트마 간디, 모두 다.

실수를 인지하고, 적절한 반성을 거쳐, 그로부터 배움을 얻고 실수가 다시 일어나지 않게끔 하는 것은 중요하다. 하지만 대부분의 사람들은 그 유용한 정도를 넘어 도가 지나치게 스스로를 학대한다.

우리 각자에게는 일종의 내면의 비판자와 내면의 보호자가 있다. 내면의 비판자는 언제나 투덜거리며, 무엇이든 트집 잡을만한 것이 없는지 두리번거린다. 그것은 작은 실패를 크게 확대 해석하고, 이미 오래전 일을 빌미삼아 당신에게 벌을 주며, 개선을 위한 당신의 노력에 눈길조차 주지 않는다.

당신이 나 그리고 내가 아는 대부분의 사람들과 같다면, 자신을 편들어 줄 내면의 보호자가 꼭 필요하다. 그것은 자신의 약점과 잘못을 다른 관점에서 봐 주고, 이따금 일어나는 실수에도 불구하고 당신의 선한 자질에 더 관심을 쏟으며, 간혹 다른 길로 나아가면 다시금 다른 길로 되돌아가도록 용기를 주는, 나아가 내면의 비판자에게 물러서라고 말해 줄 수 있는 보호자이다.

내면 보호자의 지지와 함께라면 끔찍한 느낌에 빠질 수도 있다는 두려움 없이 자신의 실수를 명료하게 바라볼 수 있게 된다. 그리고 엉망으로 만들었던 것을 최선을 다해 수습하고, 계속 전진할 수 있다. 죄책감, 부끄러움, 또는 후회의 이로운 목적은 처벌이 아니라 다시금 같은 실수를 하지 않기 위한 **배움**이다. 배움에 관한 것이 아니라면 그 어떤 것도 불필요한 고통일 뿐이다. 게다가 자신을 '나쁜' 사람으로 만드는 자기 학대는 '좋은' 사람이 되기 더 어렵게 만든다. 과도한 죄책감이 에너지, 분위기, 자신감을 갉아먹기 때문이다.

실수를 분명히게 인지하고, 그에 대한 책임을 받아들여 적절한 후회와 함께 최선을 다해 사태를 수습한 뒤, 그 문제에 대해 편안한 마음으로 대하라. 이것이 자신을 용서한다는 말의 의미이다.

How

상대적으로 작은 문제부터 적용해 본다. 아래 방법 중 한두 가지를 해 본다. 다소 세세하게 적어 놓았지만 당신은 핵심적인 부분들만 추려 수 분 안쪽의 시간 내로 해 볼 수도 있다. 그런 후 원한다면 더 심각한 문제에 적용해 본다.

시작해 보자.

- 누군가가 돌봐 주고 있다는 느낌을 가지고 시작한다. 친구나 배우자, 영적 존재, 애완동물 또는 과거의 어떤 인물일 수 있다. 이 존재의 면면을 편안하게 느껴 본다. 당신을 돌봐 준다는 점을 포함하여, 자신의 내면의 보호자로 마음속에 받아들인다.

- 보살핌의 느낌을 계속 가지며, 자신의 선한 자질들을 나열해 본다. 내면의 지지자에게 당신에 관하여 물어볼 수도 있다. 이는 사실들이고, 아첨이 아니다. 인내, 결단, 공정함, 또는 친절 같은 선한 자질들을 갖는 데 있어 후광이 필요한 것도 아니다.

- 죄책감을 느끼는 무언가를 고르고, 그에 대한 사실들을 인지한다. 무슨 일이 일어났는가? 그때 자신의 마음은 어땠으며, 관련된 맥락과 사연은 어떤 것이 있었고, 그래서 자신과 다른 사람들에게 일어난 결과는 무엇이었는가? 마주보기 어려운 사실들이 있는지 눈치채 본다. 예를 들어 어떤 어린아이에게 소리 질렀을 때 아이의 눈동자에 비친 모습, 그럼 특히 그 부분에 대해 마음을 연다. 그것들이 바로 자신을 꼼짝 못하게 얽어매는 부분이다. 언제나 진실이 우리를 자유롭게 하는 법이다.

- 무슨 일이 일어났었는지 세 가지 유형으로 정리한다. 도덕적 실수, 미숙함, 그리고 그 밖의 것들이다. 도덕적 실수는 일의 수습은 물론, 죄책감, 후회, 수치심의 크기와 비례하는 책임이 따른다. 하지만 미숙함은 단지 고치면 된다. 이 점이 매우 중요하다. 사안을 어느 쪽으로 분류할지에 대해 당신이 실수했던

사람들을 포함하여 다른 이들에게 의견을 물을 수도 있지만, 마지막 결정은 혼자 한다. 가령 누군가에 대한 험담을 하는 도중 그들의 실수에 과장을 보탰다고 해 보자. 거기에 포함된 거짓말이 후회할 만큼 도덕적인 실수였다고 판단할 수도 있겠지만, 사실 일상의 수다는 단순히 미숙함에 의한 결과일 가능성이 높아서 그냥 고치면(예를 들어 다시는 그러지 말아야 하는) 되는 것이지 굳이 그에 대해 처절한 반성을 할 필요는 없다.

- 정직하게, 자신의 도덕적 실수와 미숙함에 책임을 진다. 마음속으로든, 입으로 소리 내어서든 (또는 글로 쓰든) 말해 보자.

  "_____, _____, 그리고 _____은 나의 책임이야."

  그것을 온전히 느껴 본다.

- 그리고 스스로 이런 것도 부언해 본다.

  "하지만 _____, _____, 그리고 _____는 나의 책임이 아니야."

  예를 들어 다른 사람이 사실을 곡해하거나 과잉 반응했다면 그건 당신 책임이 아니다. 게다가 어떤 사람이 당신을 거슬려 하거나 당신에게 화가 났다고 해서 당신이 **본질적으로** 무언가를 잘못했다는 의미가 될 수는 없다. 당신의 잘못이 **아닌** 것에 대해서는 안도하라. 어떤 것에 대해 '책임이 없다'는 판단을 내릴 권리를 갖는 것은 '책임이 **있다**'고 판단한 다른 것에 진심을 다할 수 있도록 해 준다.

- 일을 바로잡고 수습한 그 경험으로부터 교훈을 얻기 위해 자

신이 이미 했던 노력을 인정한다. 그리고 그것을 음미한다. 이 모든 것을 실천한 나 자신에게 감사한다. 다음으로 혹시라도 처리해야 할 일이 −마음속에 또는 바깥세상에− 남아 있는지 평가한다. 만약 있다면 실천한다. 끝까지 책임을 다하고 있음을 음미하고, 이에 대해서도 자신에게 감사한다.

- 이제 내면의 보호자를 만나 이야기해 본다. 내가 마주할 또는 해야 할 것이 아직 남아 있는가? 비난의 욱신거리는 모욕과는 사뭇 다른, 고요하고 차분한 양심의 목소리를 듣는다. 아직 해야 할 일이 남아 있다고 진심으로 느끼면, 그것을 행한다. 그렇지 않다면 배워야 할 것을 충분히 배웠고, 해야 할 일을 충분히 했음을 마음 깊이 이해한다.

- 이제 적극적으로 자신을 용서한다. 마음속으로든, 입으로 소리를 내든, 글로 쓰든, 또는 다른 사람에게 말하든 이렇게 선언한다.

"나는 _____, _____, 그리고 _____ 에 대해 나 자신을 용서한다. 그것들에 대해 책임을 다했고, 바로잡기 위해 할 일을 다했다."

내면의 보호자에게 용서를 구할 수도 있다. 자신이 잘못을 저지른 사람을 포함해, 다른 사람에게 용서를 구할 수도 있다. 이 단계에서는 충분히 시간을 갖는다.

- 자신을 진정으로 용서하기까지 위의 단계들을 여러 번 반복해야 할 수도 있다. 물론 거기엔 아무런 문제도 존재하지 않는다. 용서받는 경험이 충분히 각인되도록 허용하라. 그것에 몸과

마음을 활짝 열고, 자신을 용서하는 것이 자신은 물론 다른 사람들에게도 얼마나 도움이 되는 일인지 돌아본다.

그리하여 평화가 함께하길.

2부

뜨거운 가슴으로

12

사랑의 늑대를 길러라

∞

서문에서 밝힌 우화를 기억하는가? 모든 것이 매일 어느 늑대를 키우는가에 달려 있나는 이야기 말이다. 나는 그 이야기를 떠올릴 때마다 소름이 돋는다. 마음속에 사랑의 늑대와 증오의 늑대를 가지고 있지 않은 사람이 우리 중에 누가 있을까?

내 안에 두 마리 늑대가 모두 있음을 나는 안다. 누군가에게 화를 내거나, 업신여기거나, 지배하려 들 때 증오의 늑대가 나타난다. 그것이 내 마음속 일일 뿐일지라도, 그것은 분명 때때로 바깥으로 새어 나온다!

우리가 두 마리 늑대를 갖게 된 이유는 그것들을 **진화시켰기** 때문이다. 작은 수렵 채집 집단에 속했던 우리 조상들이 희소한 자원을 두고 다른 집단과 경쟁하며 생존하기 위해서는 그 둘 모두가 필요했다. 결과적으로 집단 **내부로는** 협력하고 집단 **사이에는** 공격성을 보이는 유전자들이 전달되어 내려왔다. 다시 말해 사랑의 늑대와 증오의 늑대가 함께 인간의 DNA에 각인된 것이다.

상대를 '우리 부족이 아니다'라고 보는 순간, 그것이 집이든, 직장이든, 아니면 저녁 뉴스 속 대상이든, 즉각 증오의 늑대가 고개를 들고 위험을 감지하기 위해 두리번거린다. 그러다가 위협받거나 부당한 취급을 받거나 필사적인 상황이라 느끼면, 증오의 늑대는 벌떡 일어나 짖어댈 대상을 찾아 나선다.

석기시대에는 이 증오의 늑대가 유용했을지 모르나, 오늘날에는 불신과 분노, 위궤양과 심장 질환, 그리고 가정과 직장에서 타인과의 갈등을 불러올 뿐이다. 오늘날과 같이 촘촘히 상호 연결된 세상에서 '그들'을 따돌리고, 겁을 주고, 공격하면 그것은 대개 부메랑처럼 '우리'에게 돌아온다.

How

증오의 늑대를 증오하면 더 강해질 뿐이다. 그 대신 그것을 달랠 수 있다. 자기 방어와 주장이라는 건전한 형태로 그 화를 분출할 수 있게끔 통로를 개척하는 것이다. 그러면 두려움과 분노라는 먹이를 주는 실수를 피할 수 있다.

한편 사랑의 늑대를 기르는 것이 너무나 중요하다. 연민, 친절, 관계의 기술을 기를수록 자연스럽게 더 강해지고, 더 끈기 있고, 덜 자극받고, 덜 원망한다. 이는 의미 없는 분쟁을 피하고, 사람들에게 더 잘해 주고, 타인에게 덜 위협적이게 돕는다. 결과적으로 **그들이** 당신을 더 잘 대해 줄 가능성이 높아진다.

사랑의 늑대는 타인뿐만 아니라 자신을 위한 것이기도 하다. 이미 살펴본 것처럼 자신과 친구가 됨으로써 사랑의 늑대에게 먹이를 줄 수 있다. 가령 인지되고, 감사받고, 호감을 받고, 사랑받는 소소한 일상의 경험에서 좋은 느낌을 받아들인다. 자신에게 연민을 갖는다. 자신이 얼마나 예절 바르고 친절한지 느껴 본다. 기본적으로 자신이 선한 사람이라는 걸 알라는 말이다.

뒤에서 알아볼 방법들로 다른 이들을 배려함으로써 늑대를 키울 수도 있다. 가령 그들의 고통을 보고 잘되기를 기도할 수도 있다. 그들 안에서 선함을 발견할 수도 있다. 모든 존재에 대해 비폭력적인, 근본적인 태도를 가질 수도 있다. 이들 경험이 내면화되어 가슴속에 사랑의 늑대가 머물 공간을 만들 수 있다.

세상에서 선함을 보고, 우리가 **함께** 만들어 갈 미래에서도 선함을 볼 수 있다. 비록 뉴스의 헤드라인을 독차지하는 것이 증오의 늑대일지라도, 훨씬 더 강력하고 설득력이 있는 것은 실제로 사랑의 늑대이다. 이 지구상 인류의 대부분의 시간 동안 무리 내 다른 사람들과의 일상은 연민과 협동에 기반을 둔 것이었다. 이것이 폴 길버트(Paul Gilbert) 교수가 **배려와 나눔**(caring and sharing)이라고 칭한 것이다. 이는 우리의 선천적인 권리이자 가능성이다.

우리는 말하자면, 가슴으로 그리고 희망으로 사랑의 늑대를 키운다. 다른 사람들 내면의 선함, 우리 자신 안의 선함, 세상 속에 이미 존재하는 선함, 그리고 함께 만들어 갈 세상 속에 더 많은 선함이 있음을 굳게 견지함으로써 늑대를 길러나가는 것이다.

굳게 버티며 이것을 해나갈 필요가 있다. 위협과 상실에 초점을 맞추는 대뇌의 경향성에도 불구하고, 또한 더 많은 부와 권력을 위해 증오의 늑대가 좋아하는 두려움과 분노를 주로 이용하는 다양한 집단의 오랜 조작에도 불구하고 무엇이 진실인지에 대해 믿음을 잃지 말아야 한다.

그렇게 굳건히 버티자. 우리 주위에, 또 내면에 존재하는 선함을 믿자. 굳건히 버티고 서로에 대한 믿음을 가져 보자.

13

눈동자 너머의 존재를 보라

∞

사람들이 개미나 물고기처럼 서로 상호 작용하는 세상을 상상해 보라. 직접적인 접촉이 없으면 상대의 내면에 대해 의식하지 않는다고 상상해 보라.

그야말로 공감이 없는 세상이다.

공감은 다른 사람들의 느낌, 생각, 의도를 알아차리게 한다. 한편 댄 시겔(Dan Siegel) 교수의 놀라운 표현처럼, 다른 사람들의 공감은 당신에게 '느껴지고 있다는 느낌(feel felt)'을 준다. 공감 능력이 무너지면 인간관계의 근간이 흔들린다. 오해를 받았던 때, 더 심한 경우 누군가 당신을 이해하는 것 따위엔 전혀 신경 쓰지 않았을 때를 한 번만 떠올려 봐도 바로 알 수 있다. 가령 어린이의 경우처럼 취약한 사람인 경우 특히나 더 공감이 필요하고, 부족하면 매우 불안해진다.

공감은 대상을 달래고, 진정시키며, 나와 대상 사이에 유대를 만든다. 그것이 있으면 서로 간의 일을 훨씬 더 쉽게 처리할 수 있다. 공감은 상대방이 무엇을 가장 중요시 하는지, 무엇을 가장 꺼리는지와 같은 많은 유용한 정보를 제공한다. 심리치료사로서 나의 경험상, 공감 부족은 나쁜 인간관계에 있어 핵심적인 문제이다. 그것이 없다면 좋은 일이 일어날 거라는 기대는 접는 것이 좋다. 이와 달리 나와 상대방 모두에게 공감 능력이 있다면, 가장 심각한 상황일지라도 개선이 가능하다.

평소 강심장인 내 친척 중 한 명은 때로 일을 지나치게 밀어붙여 나를 힘들게 만드는데, 나는 결국 그녀와 함께 있는 것이란 가시넝쿨로 만들어진 창문을 통해 모닥불을 구경하는 것과 같다고 상상하기 시작했다. 다만 그 가시넝쿨은 무시하고 창문에만 집중해 그곳을 통해 빛나고 있는 그녀의 고유한 사랑에 공감하고자 했다. 이 상상은 우리 둘 모두에게 많은 도움을 주었다.

당신의 공감이 가장 깊은 수준에 다다르면, 상대방은 −마틴 부버(Martin Buber)의 관계 모델에서 언급하였듯− 자신이 '그것'이 아닌 당신과 '동등한 존재'로 대해진다고 느낀다. 상대방의 눈동자 너머로 고통과 즐거움을 느끼고, 노력하고 분투하며 좀 더 나은 삶을 기원하는 자신과 다를 바 없는 한 인간이 있음을 알아차리는 것이다. 자신을 인정받는 이 느낌이야말로 대개의 사람들이 가장 원하는 것이다. 이것이 테이블 위에 올려진 그 어떤 문제보다 더 근본적이다.

How

공감은 전적으로 타고난 품성이다. 진화를 거듭하며 뇌는 타인의 내면세계를 느낄 수 있도록 해 주는 세 가지 영역을 계발했다.

- **행위에 대한 공감** – 뇌의 측면에 있는 **측두엽**과 **두정엽** 사이의 연결점을 포함하는 **거울상 네트워크**(Mirror-like Networks)는 컵에 손을 뻗는 것과 같은 의도적인 행동을 할 때 활성화된다. 그런데 다른 사람이 같은 행위를 하는 것을 보는 것만으로, 심지어 상상하는 것만으로도 똑같이 활성화된다.
- **감정에 대한 공감** – **뇌섬엽**이라 부르는 부분(측두엽 안에 있다)이 자기 인식에 관여한다. 여기에는 내면의 느낌과 직감 등이 포함된다. 어떤 경험, 가령 슬픔을 느낄 때 뇌섬엽이 활성화된다. 또한 다른 누군가의 슬픔을 인지할 때도 역시 뇌섬엽이 활성화된다. 그렇기 때문에 타인의 감정이 마치 '자기 안에서 느껴져 나오는' 듯한 감각을 주게 된다.
- **생각에 대한 공감** – 서너 살 즈음이 되면, **전전두엽 피질**(이마 뒤편)에서 다른 사람이 무슨 생각을 하는지, 어떤 계획인지 추론한다. 우리는 이 능력을 사용하여 타인의 내면세계에 관해 소위 **마음의 이론**이라는 것을 형성한다.

일상에서 간단한 연습을 통해 이 내재적 능력들을 계발할 수 있다. 긍정적 신경가소성에 의해, 공감에 해당하는 신경 회로망을 반복해서 가동할수록 그것을 강화시킬 수 있다.

공감의 기반

공감은 동의나 승인이 아님을 기억하라. 가령 자신에게 상처를 주거나 성가시게 하는 누군가에게 공감할 수 있다. 하지만 그것이 당신의 권리를 포기한다는 의미는 아니다. 또한 누군가에게 공감한다고 해서 그 사람의 문제를 해결해 주어야만 하는 것도 아니다. 또한 타인의 **긍정적인** 마음 상태에도 공감할 수 있다. 예를 들어 사업의 성공으로 행복해하거나 손자가 태어나 기뻐할 때 그 마음을 나누는 것이다.

우리는 심호흡을 몇 번 하고 더 고요하고 강해진 느낌으로 시작할 수 있다. 연구에 따르면, 역설적이게도 약간은 무심한 느낌이 다른 이들에게 실제 더 개방적이고 수용적일 수 있게끔 만들어 준다고 한다. 이는 상황이 점점 심각해질 때일수록 더 그렇다. 옛말 중에는 좋은 담장이 좋은 이웃을 만든다는 말이 있다.

만일 타인과 갈등의 한가운데 있다면 잠깐 동안만이라도 분노에 근거한 판단을 유보해 보라. 그럼 더욱 공감할 수 있게 될 것이다. 그들 내면의 존재를 느껴 보자. 어쩌면 당황하고 방어적이며 문제를 일으킬만한 방식으로 행동할지라도, 속으로는 단지 행복을 갈구하고 삶에서 어떻게 해서든 앞으로 나아가려는 것뿐일 수도 있다.

공감을 강화하기

특히 잘 알고 있는 사람들과 함께일 때, 호기심 어린 태도로 시작하라. 당신이 그들의 호흡, 자세, 몸짓, 행동에 집중할 때 무슨 일이 일어나는지 보라. 그리고 비슷하게 흉내 내어 몸을 움직일 때 어떤 느낌일지 상상해 보라.

그들의 감정에 주파수를 맞춰 보자. 과격하게 표현된 자세나 분노 아래 숨어 있는 좀 더 부드러운 감정까지 포함해서 말이다. 자신의 직감을 이용하면 다른 사람들과 공명(共鳴)할 수도 있다. 자신이 그들이라면 어떤 느낌일지 자문해 보자.

그들의 생각과 기억, 기대와 필요, 그리고 의도에 호기심을 가져 보자. 그들에게 무슨 일이 일어나고 있는지 마음속으로 작은 가설을 만들어 본다. 당신을 포함한 그들의 개인사에 대해 당신이 아는 것을 고려하고, 그들의 기질, 우선순위, 발작 버튼도 염두에 둔다. 자신의 가장 깊은 내면의 존재를 느껴 보고, 다음으로 다른 이들의 내면에도 똑같은 중심이 있음을 상상해 본다. 그것은 잠들지 않는 의식, 살아 있는 느낌, 그리고 때때로 삶이 만만치 않은 어떤 존재일 것이다.

얼굴을 주시하기

세상 사람들은 대개 주위 사람들의 얼굴을 잘 쳐다보지 않는다. 혹여 쳐다보더라도 간략하게 할 뿐 자세히 살피지는 않는다. 가깝게는 가족들의 얼굴에 점점 더 익숙해져, 관심을 끊고 딴 곳만 쳐다보며 추정에 근거한 얼굴만 기억한다. 행여 화내거나, 슬퍼하거나, 당신이 하는 말에 지루해하는 표정을 보게 될까 불편하기 때문이다. 텔레비전이나 다른 매체를 통해, 우리는 수많은 얼굴로 폭격을 당하고 있고, 넘쳐나는 얼굴에 점차 무감각해지거나 무관심해진다.

이는 충분히 이해가 가지만, 그 대가를 치르기도 한다. 다른 사람들에 대한 중요한 정보를 놓치고, 따라서 친해지고 협력할 기회를 놓치며, 잠재적인 문제들이 표면화될 때에야 너무 늦었다는 것을 안다.

그러니 사람들의 표정에 각별히 주의를 기울여 보라(물론 너무 빤히 쳐다보거나 공격적이지 않게 말이다). 표정에는 여섯 가지 근본 감정들, 즉 행복, 놀람, 두려움, 슬픔, 분노, 그리고 혐오에 해당하는 보편적인 신호가 표현된다. 그뿐만 아니라 문화적으로 그리고 개인적으로 고유한 표정도 있다(예를 들어 남편이 점점 더 과식하고 있다고 생각할 때 아내의 얼굴에 스치는 아주 독특한 표정을 나는 알고 있다!). 재빠르고 미세하게 지나가는 눈 주위의 작은 움직임들에 주의를 기울여 보자. 인간의 눈은 다른 어떤 종보다 더 풍부한 표정을 만들어낸다.

평소보다 더 진지하게 다른 사람을 받아들이고, 허용하며, 인정하는 느낌을 가져 보라. 이때 혹시 불편한 느낌은 없는지 알아차린다. 공감으로 촉발된 유대감은 매우 강렬할 수도 있어서 그럴 때는 약간 불안해지기도 한다. 때로 그것이 보다 큰 유대감을 갈망하게 하여 고통스럽게 느껴질 수도 있으며, 혹여 실망할지도 모른다는, 납득할 만한 두려움이 생길 수도 있다. 과거에 관련된 경험이 있었다면 더욱 그렇다. 타인을 받아들이는 느낌이 아무리 강하게 느껴져도 여전히 나 자신으로 굳건히 존재함을 늘 기억하라. 가령 관계에 있어서 확실한 경계를 설정하는 것과 같은 어떤 적절한 행동이 자신의 공감과 분명 별개임을 기억하라.

공감을 드러내기

공감 능력이 뛰어난 사람은 내가 지금 공감하고 있다는 말 한마디조차 할 필요가 없다. 다들 느껴 봤을 것이다. 하지만 그렇지 않은 경우에는 바라건대 자연스러운 방식으로 그것을 공유하는 편이 적절하다. 가령 동감을 표현하는 웅얼거림이나 그들이 했던 말을 간략히 다시 말해 주는 식으로 말이다(예를 들면 "와, 이거 정말 꼬인 상황이었겠구나. 너 힘들었겠다."). 상대방이 어떤 질문을 하느냐에 따라 요령 있게 대처한다. 가령 이런 식이다.

"넌 어떻게 생각해?"

"너도 _____라고 느끼니?"

"너 _____를 바라니?"

"_____와 _____사이에 고민했던 게 느껴지니?"

상대를 설득하려 하거나 판단하려 하지 말고 존중하라. 공감을 표현할 때 자신의 주장이나 관점, 필요를 섞지 않도록 주의한다. 그런 부분은 나중에 하는 것이 적절하다(그 방법은 4부와 5부에서 다룬다).

당신의 공감이 상대와의 상호 작용을 어떻게 변화시키는지 알아차려 보라. 아마 그 상황을 더 부드럽고 특별하게 만들며, 더 나은 결과를 점잖고 재빠르게 도출할 수 있게 만들 것이다.

어떤 사람과 잘 맞는다고 느끼면, 상호 간에 ―또는 일방적으로― 인정받고 이해받는 느낌을 받을 만한 수준으로 관계를 격상시킬 수도 있다. 스스로에 대해서도 공감한다면, 자신이 무엇을 구하고 있는지 더 잘 알게 된다.

근본적으로 공감에 감사하고 옹호할 수 있다. 테이블 건너편, 심지어 바다 건너편에 있는 사람의 내면의 삶을 진정으로 알아차리는 것이 얼마나 가치 있는 일인지에 대해 옹호할 수 있다. 타인이 겉보기에 자신과 다르면 다를수록 ―가령 다른 국적, 종교, 또는 생활 양식― 그들에 대한 공감이 더욱더 중요하다. 모두가 하나인 이 세상에서, 공감은 인류를 한데 모아 하나의 직물로 짜낼 수 있는 한 땀 한 땀의 실이다. 오래전 세렝게티 평원에서 우리를 친구로, 가족으로 묶어 주었던 그 고대의 실타래를 다시 사용해 보자.

14

그들에게 연민을 품어라

∞

좌절과 불안부터 악성 종양이나 자식을 잃는 것 같은 극심한 고통에 이르기까지, 우리는 대개 자신의 고통을 잘 알고 있다.

하지만 다른 이의 고통을 인지하는 것은 흔하지 않다. 자연 재난, 살인, 그리고 너무나 슬픈 이야기들에 대한 계속되는 뉴스는 여기 그리고 지구 반대편의 고통에 무감각해지게 만든다. 가깝게는 집에서 같이 살고 있는 가족들의 스트레스와 긴장, 불안, 분노를 단순히 놓치거나 신경 쓰지 않게 되어버리기 쉽다.

사람들은 종종 누군가가 자신들이 겪는 고통의 목격자가 되어주는 것, 누군가가 단지 진정으로 그것을 **알아주기를** 간절히 원한다. 그렇지 못할 때 상처와 슬픔이 만들어진다. 더욱이 현실적으로는 남들이 그 고통을 몰라 줄 때 필요한 도움을 얻기가 어려워진다.

타인의 고통을 눈치채지 못한다면 우리 또한 해를 입는다. 마음을 열 기회는 물론, 타인에게 자신이 어떤 영향력을 미칠 수 있는지 알게 될 기회를 놓치는 셈이다. 그들의 아픔과 분노, 걱정을 눈치채지 못함으로써 보다 일찍 해결될 수 있을 문제를 더 자라고 번지게 만들수 있다. 수만 리 떨어진 곳에 있는 사람들의 고통은 머지않아 우리에게 닥칠 파장에 대해 중요한 것을 이야기해 준다.

연민의 핵심은 누군가가 고통을 겪지 않기를 바라는 마음이다. 그것은 동의도, 승인도, 자신의 필요와 권리를 포기함도 아니다. 누군가가 못되게 굴더라도, 올바르게 행동할 것을 요구하는 동시에 얼마든지 연민을 느낄 수 있다.

연민은 자신의 마음을 열고, 타인을 풍요롭게 만든다. 연민을 받은 사람은 그것을 준 당신에게 더 참을성 있고, 관대하며, 또한 연민을 가질 가능성이 높다. 연민은 모든 것이 촘촘히 서로 연결되어 있다는 지혜의 반영이다. 그렇기 때문에 우리 자신과 만물이 연결되어 있다는 느낌으로 자연스럽게 이끈다.

How

한번은 불교학자인 길 프론스달(Gil Fronsdal)에게 수행 중 무엇에 초점을 맞추는지 물어 보았다. 그는 잠시 생각하더니 커다란 웃음과 함께 다음과 같이 답했다.

"나는 고통을 멈춘다네."

고통에 열려 있기

일터, 가게, 또는 식당 테이블 너머로 사람들의 얼굴을 한 번 보라. 권태감, 방어적인 태도, 경계심, 예민함, 그리고 긴장을 알아차려 보라. 그들의 말 뒤에 숨은 고통을 느껴 보라. 그들의 삶이 나의 것이었다면 어떠할지 몸 안에서 느껴 보라.

이때 압도되지 않도록 주의한다. 짧게, 한 번에 몇 초씩만 시도한다. 필요하다면 자신을 보살피는 사람들과 함께 있다는 느낌을 떠올린다.

그러고는 다시 타인의 고통에 문을 연다. 자신은 뒷전이라 느끼는 어린아이, 분노에 휩싸인 커플, 승진자 목록에 누락된 직장 동료…. 다만 저녁 뉴스에서 보는 얼굴인 듯 쓱 훑어보지는 말라. 마주친 눈동자 속에서 고통을 보는 것이다.

가장 가까운 사람들을 살피고 경청하라. 거기엔 어떤 아픔이 있는가? 그들의 고통을 멈추려 노력하라. 심지어 그 원인에 자신이 포함된다 하더라도 말이다. 적절한 때에 약간의 질문을 던지고, 그 대답에 대해 이야기를 나누어라.

고통에 마음을 여는 건 어떤 느낌인가? 다른 사람들과 좀 더 가까워졌음을, 자신의 본성에 친절이 추가되었음을 알아차릴 수도 있다. 어떤 진실, 특히 타인을 위한다는 게 실질적으로 어떤 느낌인지 분명하게 알 수도 있다.

연민을 발견하기

연민은 자연스러운 것이다. 억지로 끌어올릴 필요가 없다. 그저 다른 사람들의 어려움, 분투, 스트레스, 부담감, 슬픔, 긴장에 마음을 열면 된다. 가슴을 열고 그저 마음 가는 대로 허용하면 연민은 자연스레 당신을 통해 흐를 것이다.

연민이 가슴에서, 목에서, 그리고 얼굴에서 어떻게 느껴지는지 살펴보라. 그것이 자신의 생각과 반응을 어떻게 부드럽게 만드는지 알아차려 본다. 그 느낌들을 기억하면 필요할 때 다시 연민으로 돌아갈 수 있게 된다.

인생을 살면서 연민의 순간들이 찾아온다. 어떤 친구가 자신의 상실감에 대해 이야기할 수도 있고, 누군가 화난 얼굴 뒤에 감춰진 상처를 알아볼 수도 있으며, 신문에 실린 기아에 허덕이는 어린아이를 볼 수도 있다. 델리에 사는 누군가, 버스 안의 이방인, 보도를 따라 흘러가는 대중들…, 당신이 알지 못하는 사람들에 대해서도 연민을 가져 보라.

명상 수행의 방편으로 연민을 탐구해 볼 수도 있다. 아래 예를 보자.

이완하고, 몸에 집중한다. 자신을 돌보는 누군가의 느낌을 떠올린다. 쉽게 연민을 느낄 수 있는 누군가를 떠올린다. 그들이 고통받지 않기를, 걱정 혹은 배려의 마음을 담아 진심으로 기원해 본다. 원한다면 다음과 같이 연민을 부드러운 생각들에 담아 본다.

"당신이 고통받지 않기를. 이 어려운 시기가 지나기를. 당신의 슬픔이 덜어지기를. 이 아픔과 함께함에도 부디 평화롭기를."

그리고는 연민의 동심원을 넓혀 다른 사람들을 포함시켜 본다. 하나씩 차례로 고려한다. 지지자(자신에게 친절했던 누군가), 친구, 어떤 중립적인 사람, 그리고 적대적인 사람까지. 지지자부터 시작해, 이 사람들을 하나씩 떠올리며 연민을 느껴 본다. 자신만이 줄 수 있는 어떤 고유한 것이 있는지 찾아보되, 거짓으로 느껴질 또는 본인의 능력 밖인 무엇인가를 억지로 하려고 하지는 말라. 어떤 사람에게만은 진심 어린 연민을 느끼기 힘들다 해도 괜찮다. 건너뛰어 좀 더 쉬운 사람으로 넘어간다.

모든 사람들에게까지 연민을 확장시킬 수 있는지 본다. 가족, 이웃, 도시, 지방, 국가, 세계의 모든 사람들, 옳든 그르든, 좋든 싫든, 알든 모르든, 누구도 버리지 않는다.

더 나아가 연민의 동심원에 모든 생명을 포함시킬 수 있을까? 모든 동물, 모든 식물, 모든 미생물, 크든 작든, 보이든 보이지 않든, 그수없이 많은 존재들까지 말이다.

몸과 마음에 연민이 배경처럼 안착하게끔 한다. 눈길에, 말에, 행동에 그것이 늘 담기게 하라. 단 한 사람도 빠짐없이.

15

다른 사람 안에 선함을 보라

∞

오늘날 상호 작용은 놀이공원에서 범퍼카를 타는 것과 같다. 웃거나 찌푸리거나, 상호 간에 정보를 교환하면서 좌충우돌 부딪히며 나아간다. 그런 가운데 우리는 상대의 내면에 무엇이 있는지, 특히 그들의 선한 본성을 느껴 보고자 얼마나 많은 시간을 할애하고 있을까?

사실 대뇌의 부정편향성으로 인해 우리는 다른 사람에게서 좋은 자질보다는 나쁜 자질을 더 빨리 알아차리는 경향을 보인다. 이를테면 우리를 걱정스럽게 만들거나 짜증나게 하는 것들, 또는 발작 버튼을 건드리는 것들 말이다.

불행하게도 당신이 누군가의 수많은 나쁜 자질, 기껏해야 중립적인 자질에 둘러싸여 있고, 좋은 자질은 겨우 알아볼 정도로 적은 상황에 처해 있다고 생각한다면, 자연스럽게 비관적이게 되고 지지받지 못한다고 느껴질 것이다. 거기에 더해 순환적으로, 당신이 그들 내면의 선함을 잘 보지 못한다는 것을 사람들이 느끼게 되면, 그들 또한 마찬가지로 시간을 내어 당신의 선함을 알아봐 주지 않는다.

그러므로 타인의 내면에서 선함을 보는 것은 더 행복하고, 더 자신감 있고, 다른 사람들과 더 편히 지낼 수 있게 만들어 주는 간단하지만 강력한 방법이다.

How

속도를 늦춰라

일단 범퍼카에서 내린다. 그리고 잠깐의 시간을 내어 인생에서 마주치는 사람들의 내면에 어떤 선한 자질이 있을지 관심을 가져 보는 것이다. 이는 장밋빛 색안경을 끼고 보라는 뜻이 아니다. 단지 뿌옇게 흐린 부정편향성의 안경을 벗어던지고 진실이 무엇인지 보라는 이야기다.

능력을 보라

학창 시절 내내 나는 너무 어렸고, 체육 시간에 팀을 나누면 언제나 마지막에 뽑혔다. 자신감과는 거리가 멀었다. 그러던 중 UCLA 1학년 때 교내 터치 풋볼팀에 시험 삼아 지원을 했다. 당시 팀에는 대단한 실력의 쿼터백이 있었는데, 그는 단지 키가 작아서 1부 리그 대학에 가지 못한 상황이었다. 어느 날 연습 후에 그가 내 옆을 지나며 말했다.

"너 잘하던데? 앞으로 너한테 더 많이 패스할게."

나는 감동했다. 이 경험은 실은 내가 꽤 괜찮은 운동신경을 가졌다는 걸 깨닫게 된 시발점이었다. 그의 인정이 나를 더 잘하도록 만들었고, 그건 우리 팀에도 이득이었다. 50년이 지난 지금도 그가 그 말을 해 준 것을 기억한다. 그는 자신이 했던 말의 영향력에 대해 전혀 모르겠지만, 나에게는 자존감을 높이는 커다란 기폭제였음을 부인할 수 없다. 이와 같이 우리가 다른 사람의 능력을 알아봐 줄 때, 보이지 않는 파문이 저 멀리까지 널리 퍼질 수 있다. 특히 열린 마음으로 그들을 인정해 줄 때 말이다.

긍정적인 성격 특성을 보라

온통 사회 부적응자와 소시오패스(sociopath)들에게만 둘러싸인 −그럴 리는 없겠지만!− 것이 아닌 이상 당신이 아는 사람들은 틀림없이 많은 장점을 가지고 있다. 가령 단호함, 관대함, 친절함, 인내력, 활기참, 근성, 정직함, 공정함, 자비로움 같은 것들이다. 잠시 다른 사람들의 장점을 살펴보라. 자신의 인생에 핵심적인 사람들이 가진 장점들로 목록을 만들어 볼 수도 있다. 물론 자신에게 적대적인 사람을 포함해서 말이다.

좋아할 만한 것을 찾으라

사람들은 마치 모자이크 같다. 일반적으로 '조각들' 대부분은 긍정적인 반면, 일부는 중립적이거나 부정적이다. 시간이 흐르면, 우리는 긍정적인 조각에 익숙해져 점차 그것들에 흥미를 잃는다. 한편 부정적인 조각이라면 어떤 것이든 전면에 부각되어 도드라져 보인다. 이런 현상은 당신이 사랑해 마지않는 사람들에게도 일어나는 걸 분명히 볼 수 있다. 수년 전 아내에게 그렇게 하고 있는 내 모습을 발견했다. 그래서 그녀에 대해 내가 좋아하는 것들을 의식적으로 찾아보기 시작했다(내 아내는 꽤 대단한 편이기에 그 작업이 어려운 일은 아니었다!). 이 작업은 나를 행복하게 만들어 주었고, 우리 관계를 위해서도 좋은 일이었다.

친구와 가족, 동료, 심지어 식당에 있는 모르는 사람에게까지 이 작업을 한번 시도해 보라. 아마도 그들이 기본적으로 예의 바르다거나, 아이들에게 상냥하다거나, 별다른 명분 없이도 당당한 열정을 가졌다거나, 독특한 유머 감각을 가졌다고 말할 수 있다. 당신은 그들의 이러한 점들은 좋아하는가?

지, 이제 도전적으로, 당신과 마찰을 빚고 있는 누군가에게 이 작업을 해 보자. 가령 쓸데없이 참견하는 친척이나 구제 불능의 직장 동료 같은 사람들 말이다. 그렇다고 당신이 좋아하지 않는 것을 애써 무시하란 말이 아니다. 실제로 그 사람들에게서 어떤 점이 좋은지 찾아보면 그들과 교류할 때 스트레스를 덜 느낀다. 그럼 어떤 문제로 그들을 상대해야만 할 때 도움이 된다.

전체적으로, 다른 사람들의 좋은 점을 찾다 보면 강력한 교훈을 얻을 수 있다. 그것은 우리가 삶을 경험하는 방식의 대부분이 거기에서 무엇을 보는가에 달려 있다는 것, 그리고 우리에겐 좋은 면을 의식적으로 더 많이 볼 수 있는 힘이 있다는 점이다. 이것은 그들뿐 아니라 나 자신을 위함이다.

16

그들의 숨겨진 욕구를 알아차리라

∞

내 박사 학위 논문은 20쌍의 엄마와 유아를 촬영해 분석한 것이었다. 내용인즉, 엄마가 문제시되는 욕구에 대하여 선택지를 줄 때 어떤 일이 일어나는지 알아보는 것이었다("나이프는 뾰족해서 안 된단다, 얘야. 이 커다란 스푼은 어때?"). 수백 시간 동안 눈을 벌겋게 만들며 지켜본 결과, 선택지를 제공하는 행위가 아이의 부정적인 감정을 줄이고, 부모와의 협력을 증진시킨다는 사실을 알게 되었다.

나는 새내기 부모이자 박사 과정을 끝내기 위해 필사적인 학생이라는 두 가지 입장 모두에 처한 사람으로서 이런 결과가 나왔다는 사실에 기뻤다. 아이들은 —성인도 마찬가지지만— 분명 자신이 욕망하는 바를 다른 이들에게서 얻길 원한다. 하지만 더 중요한 사실은 다른 사람들이 실제로 우리의 욕구를 알아차린다는, 그리고 더 근본적으로는 알아차리기를 **원한다는** 것이다.

직장에서의 누군가, 아니면 친구, 아니면 가족, 무언가 중요한 관계를 고려해 보자. 그들이 당신의 목적, 의도, 또는 요구를 곡해한다면 어떤 느낌이 드는가? 더 나쁘게는, 하고 싶거나 소중하고 중요하다 여기는 것에 대해 단순히 이해만 해달라고 함에도 거들떠보지도 않는다면 어떨까? 아플 것이다.

입장을 바꿔 보자. 다른 사람들의 숨겨진 욕구를 알아차릴 때, 그들은 관심과 이해를 받고 있다고 느낀다. 그리고 그런 행동으로 우리가 그들에게 같은 것을 요구하기 더 쉬워진다.

핵심은 그들의 숨겨진 선한 의도를 보라는 것이다. 한번은 허겁지겁 공항을 빠져나가는 도중 물을 한 병 사고 싶어 가게에 들르게 되었다. 냉장고 앞에 어떤 남자가 몸을 구부려 물병들을 채워 넣고 있었는데, 나는 그 사람 위로 팔을 뻗어 그가 방금 넣은 물 한 병을 집어 들었다. 그는 슬쩍 보더니 하던 일을 멈추고 다른 쪽 선반에 있는 물병을 집어 나에게 건넸다. 그러곤 짤막하게 말했다. "이쪽이 시원해요." 순간 잠시, 내가 뭔가 잘못했다고 말하는 건가 싶었지만, 금방 그가 도움을 주려 했음을 이해했다. 내가 미지근한 것을 집었음을 인지하고는 굳이 수고스럽게 시원한 것으로 바꿔 주는 배려를 보였던 것이다. 그는 간략한 방식으로 나의 안녕을 빌어 준 셈이다. 나는 고맙다는 인사와 함께 그가 권한 물을 집어 들었다. 단지 물 한 병이었지만 난 그의 선한 의도에 감동했다.

다른 사람에게서 선한 의도를 눈치채기가 어려울 수도 있다. 우리 뇌는 소설 쓰는 것을 좋아해서, 일상의 순간 대부분에 스며들어 있는 수많은 긍정적 의도를 무시하고 이따금 보이는 부정적인 것들만 강조해서 본다.

그러므로 다른 사람들 내면에 숨겨진 긍정적인 의도와 욕구를 적극적으로 **찾아** 나서야만 한다. 그럼 그것이 주위에 온통 널려 있음을 알게 된다.

How

친구든, 모르는 사람이든 누군가와 함께 있을 때 표면 아래 숨겨진 보다 깊은 욕구를 찾아보라. 거기엔 즐겁고자 하는 마음, 누군가에 대한 헌신, 안전에 대한 우선시, 삶의 희열, 자율권에 대한 중시, 혹은 사랑에 대한 욕구가 있을 수 있다.

다음으로 자기 자신을 살피면 그와 동일한 수많은 욕구가 발견된다. 결국 당신에게 소중하고 강력한 욕구는 그들에게도 존재한다.

아래로 깊이 내려가 보면 대부분의 욕구는 긍정적이다. 이들 목표에 도달하기 위한 **방법**이 그릇될 수는 있어도 근본적인 **목표** 자체는 대개 선한 것들이다. 아무리 끔찍한 행동일지라도 즐거움, 지위 또는 통제권과 같은 긍정적인 것을 얻기 위한 잘못된 노력일 뿐이다. 물론 숨겨진 의도가 선하다고 해서 나쁜 행동이 정당화되는 것은 아니다.

괜찮다면 과거의 후회되는 어떤 일을 되돌아보자. 자신의 행동이 추구했던 긍정적인 목적은 무엇이었는가? 이것을 알아차릴 때 어떤 느낌인가? 잘못된 행동 아래 숨어 있던 선한 목적을 볼 때 방어적인 태도는 누그러지고 적절한 반성이 일어난다. 또한 그 목적을 추구할 더 좋은 방법들을 찾게 된다.

친구들과 대화할 때 그들의 숨겨진 욕구에 주의를 기울여라. 그것들을 알아차리는 건 어떤 느낌인가? 당신이 배려하고 있는 사람들에게 이를 습관처럼 적용해 보라. 그럼 그들을 더 잘 이해하고 더 가까워지는 데 도움이 된다. 모르는 사람들 속에 있는 긍정적인 동기들을 찾아볼 수도 있다. 거기엔 일을 잘 해내려는 노력, 친구와 명분에 충실함, 정정당당함, 유익함 등 많은 것들이 존재한다.

자신이 상대하기 까다로운 사람들에게도 이것을 시도해 본다. 그들의 숨겨진 욕구를 찾아보고, 거기에서 무엇 때문에 당신을 괴롭히고 상처 주는지 힌트를 얻을 수 있다. 숨어 있는 긍정적인 목적을 알아차리면 그들이 그것을 충족시킬 덜 해로운 방법을 당신이 찾아줄 수도 있다.

지금 거울에 비친 자를 포함해, 모든 사람에게는 선의의 불씨가 남아 있다. 긍정적인 의도를 알아차리는 것은 마치 그 불씨에 입김을 불어넣는 것 같아서 그것이 자라나 따뜻하고 아름다운 화염이 되도록 만든다.

17

친절하라

∞

정다운 인사, 모르는 사람에게 문 열어 주기, 따뜻한 시선 보내기, 미소, 만남에서 누군가를 대화에 초대하기 등 다양한 방식으로 친절할수 있다. 연민이란 다른 존재가 고통받지 않기를 원한다는 의미이고, 친절이란 그들이 행복하기를 원한다는 뜻이다.

친절을 갖추면, 세상으로부터 물러나는 대신 세상으로 다가간다. 연구에 의하면 이는 긍정적인 분위기, 현실적인 낙관주의, 그리고 성공과 밀접한 관계를 보인다. 1부에서 이미 살펴보았듯, 자신에게 친절함은 타인에게 친절함을 유지할 동력이다. 나에 대한 친절은 곧 상대에 대한 친절이고, 상대에 대한 친절은 곧 나에 대한 친절이다. 그렇게 사랑스러운 상승 나선이 그려지는 것이다. 반대로 자신을 해치는 짓은 남을 해치고, 남을 해치는 짓은 결국 나 자신을 해친다. 고통의 하강 나선을 그리는 것이다. 친절은 불순한 의도와 남들이 고통받기를 바라는 마음을 무력화시킨다. 그것은 다른 사람이 당신에게 덜 방어적이고 덜 충동적이게끔 한다. 왜냐하면 당신은 지금 손과 마음을 열어 보이며 고대의 질문 -친구인가 적인가?- 에 답을 하고 있기 때문이다.

How

당장 자신의 친절을 오해하거나 공격하는 사람에게 계속 친절하기는 불가능하다거나, 나답지 않다거나, 혹은 적절하지 못하다 느낄 수 있다. 그런 경우만 아니라면 온갖 종류의 사람들에게 친절할 수 있다. 친근하든 생소하든, 동료이든 친척이든, 아기든 직장의 대표이든 상관없다. 인간이 아닌 동물에게도, 심지어 지구 자체에도 친절할 수 있다. 사람들은 각기 다른 스타일을 갖고 있지만 상관없다. 노스 다코타에 사는 내 친척들의 걸걸한 친절은 내 치료사 친구들의 나긋나긋한 친절과 다르다. 하지만 마음은 똑같다.

먼저 그들을 위하라

자기 자신을 먼저 챙기는 경향은 지극히 정상이다. 그러다 잠깐씩 다른 사람들에게 친절의 초점이 옮겨 갈 뿐이다.

수년 전, 나는 내 인생에서 가장 많은 관중들을 대상으로 기조연설을 맡게 되었고, 그것은 정말이지 큰 영광이었다. 그런데 앞서 발표한 전설적인 심리학자들이 내 생각과는 결이 다른 이야기를 하고 있었다. 순간 내가 분위기 파악을 잘못하고 있는 건 아닌가 하는 두려움이 느껴졌다. 나는 초조해지기 시작했다. 정말이지 초조했다.

117

뒷자리에 앉아 내 차례를 기다리며 사람들이 나를 어떻게 볼지 걱정하였다. 혹시 나를 대단한 사기꾼으로 생각하지는 않을까? 더 인상 깊게 보여 그들에게 인정받을만한 다른 방법은 없을지 전전긍긍했다. 내 마음은 오직 나에게만 고정되었다. 정말이지 비참했다.

어떻게 환기를 시킬 방법은 없을까 두리번거리던 중, 옆자리에 놓인 뉴스레터 한 장을 보게 되었다. 그것을 집어 들어 살펴보니 달라이 라마의 인터뷰가 실려 있었다. 그는 남들을 위해 봉사하고 그들의 안녕을 비는 것이 얼마나 행복한 일인지를 말하고 있었다. 그것은 정말 영감 어린 글이었고, 곧 차분함이 파도처럼 밀려왔다. 나는 '나'에 대한 집착을 멈추고, 부디 내 연설이 남들에게 도움이 되기만을 바라는 마음속에 그저 머물렀다.

그렇게 연설이 시작되었고, 연설 내내 어떻게 무사히 마칠지보다 청중들에게 어떤 것이 유용할지에만 초점을 맞췄다. 연설 내내 나는 훨씬 더 이완되고 평화로운 느낌에 머물렀고, 놀랍게도 기립박수를 받았다. 후에 그 아이러니에 대해 생각하면 쓴웃음이 나올 수밖에. 인정받고 싶다면, 인정받으려 하지 말라. 자신을 챙기고자 한다면, 남을 먼저 챙겨라.

친절을 기르라

친절은 천부적인 것이다. 그럼에도 불구하고 그것은 당신 내면의 특질로서 강화될 수 있다. 누군가에게 특히 친절했던 때를 떠올리고, 그때 상대를 대했던 태도와 느낌, 말과 행동을 기억해 보라. 그리고 이 모든 것의 느낌이 내면에 충분히 가라앉아 자신의 일부가 되게끔 한다. 다른 사람들과 함께, 뒤로 물러서는 자세가 아닌 몸을 조금이라도 앞으로 기울이는 전향적인 습관을 만들 수 있다. 가슴과 얼굴, 그리고 눈동자를 부드럽게 열어 주고, 상대의 선한 의도를 호흡하듯 말이다.

다음과 같이 생각해 보자.

'당신이 행복하기를. 당신의 삶이 편안하기를. 당신이 건강하기를. 당신이 성공하기를. 당신이 바라는 사랑을 찾기를.'

이런 생각들에 따뜻하고 다정한 느낌을 더한다. 그리고 마음을 여는 느낌을 갖는다. 가령 '사려 깊은', '도움 되는', '너그러운', '우호적인', '공손한', '선의의', '인도적인', '협조적인', '감사하는', '다정한' 등등, 친절의 또 다른 면면이 어떤 느낌인지 살핀다. 이들 친절의 다양한 면면이 어떻게 즐겁고 충만하게 느껴질 수 있는지 살펴보라. 이러한 작업은 신경계에 친절이라는 특질을 각인시키는 데 도움이 된다.

원한다면 시간을 내어 이것을 명상으로 삼아 실천해 본다. 시작은 자신이 친절을 쉽게 느낄만한 사람으로 한다. 그다음 좀 더 중립적인 사람들, 가령 직장에서 관계가 조금 먼 지인이나 동네 이웃 등을 대상으로 안녕을 기원해 본다. 이제 당신과 대적하는 사람들에게까지 진실된 친절을 확장할 수 있는지 본다. 이를 통하여 실제로 그들을 상대할 때 덜 스트레스 받고, 덜 화내며, 더 효과적으로 적절한 행동을 선택할 수 있다. 끝으로 모든 이들의 본성으로서 따뜻한 마음과 자비에 대한 느낌으로 명상을 마친다.

종합해 보면, 친절은 다른 사람들이 아닌 나 자신에 관한 것이다. '세상에서 무엇을 찾을까'가 아닌 '세상으로 어떻게 다가갈까'에 대한 것이다.

적극적으로 표현하라

일상에서 친절을 표현할 기회가 얼마나 많은지 살펴보라. 당신이 누군가에게 이따금 미소 지어 보이거나, 악수하거나, 고개를 끄덕이는 것으로 충분하다. 또는 누군가의 이야기를 잠시 들어주는 것일 수도 있고, 혹은 아침에 가벼운 포옹이나 밤에 잘 자라는 의미의 키스, 이메일에 살짝 추가한 따뜻한 표현일 수도 있다.

진정한 '나'라고 느끼는 범위 안에 머물면서도 얼마든지 자신을 확장시킬 수 있다. 친절이 동의나 허락을 의미하는 것이 아님을 기억하라. 자신만의 목표를 추구하면서 여전히 사람들에게 친절할 수 있다. 그 목표가 사뭇 다를지라도 마찬가지다. 관계에 문제가 있을지라도 여전히 그들이 잘되길 빌어 줄 수 있다.

자신과 가까운 사람들을 생각해 보자. 나의 경우 오랜 시간 부부들을 대상으로 상담을 해 왔는데, 장기적인 인간관계에 있어 기본적인 다정함이 사라지는 경우가 얼마나 많은지 지켜보면 마음이 아프다. 부모, 형제자매, 또는 자녀가 있다면 그들을 더 다정하게 대해 보길 권한다. 이들 관계가 가장 중요함에도 불구하고 바쁘다는 핑계로, 사소한 자극이나 상처를 핑계로, 일 때문에 너무 피곤하다는 핑계로 얼마나 쉽게 무심해질 수 있는지 알면 놀라울 뿐이다. 하지만 한 줌의 다정함을 곳곳에 심을 때 관계는 완벽히 변화한다. 단 한 번의 시도에도 말이다.

평소라면 그냥 지나치거나, 약간 쌀쌀맞게 굴거나, 또는 거리를 두던 사람들에게 조금만 더 친절해 보라. 가령 음식점 직원, 공항버스의 운전기사, 아니면 전화기 너머 서비스 센터 직원 같은 사람들

말이다.

압박과 스트레스를 느끼는 와중에도 여전히 친절할 수 있다. 정신적으로 어수선한 가운데 일지라도 따뜻하고 선량한 다정함을 발견해 보라. 이는 마치 폭풍우 한가운데서 풍경 소리를 듣는 것과 같다. 일정 시간이 지나면 친절함의 **존재**가 점점 커지는 것을 느낄 수 있게 된다. 정말이다! 그것은 당신의 본래 모습, 근본, 자연스러운 경향성이 될 것이다. 가슴속에 일렁이는 따뜻한 불꽃에 이 작은 장작 하나를 추가할 때 무슨 일이 일어나는지 보라.

18

마음속에서 그 누구도 제외하지 말라

∞

우리 모두는 다소 **공격적인** 사람들을 알고 있다. 거드름 피우는 상사일 수도 있고, 괜찮은 척 하지만 신뢰가 없는 친구일 수도 있다. 암 덩어리 같은 직장 동료일 수도 있고, 혹은 사이가 좋지 않은 배우자일 수도 있다. 아이러니하게도 인간으로서 좋은 관계를 더 많이 맺고 발전시킴에 있어 우리를 동요시킬 수 있는 사람들과의 연결이 조금이라도 생길 수밖에 없다. 그럴 때면 상처와 후회, 경멸이 함께하고, 나아가 그들과의 관계를 끊기도 한다. 하지만 그 결과는 어떠한가? 관계의 단절에 다다르면 우리는 긴장되고, 수축되며, 감정적으로 더 반응하게 되고, 그로 인해 문제가 악화될 수 있다.

때론 전화를 끊고, 페이스북에서 누군가를 차단하고, 친지를 방문했음에도 근처 모텔에서 자야만 하는 경우도 있다. 극단적인 상황이라면 누군가와 잠시 또는 영원히 거리를 두어야만 할 수도 있다. 그렇다면 스스로 잘 추스르며 무엇이 자신에게 최선인지 내면의 앎에 귀를 기울일 필요가 있다. 어쩌면 회사나 작업팀 내에서, 혹은 파티

122

초대 목록, 아니면 침대에서 누군가를 내쳐야만 할 수도 있다.

하지만 실질적으로 어떤 조치를 취해야만 하는지에 관계없이 스스로에게 물어볼 수 있다. "내가 이 사람을 마음속에서 반드시 지워야만 하는가?"라고 말이다.

How

마음이 열려 있다는 건 어떤 느낌인가? 몸에, 가슴속에 따뜻함과 이완이 느껴지는가? 정서적으로는 어떤 느낌인가? 아마도 공감, 연민, 그리고 고요함을 느낄 수 있을 것이다. 정신직으로는 어떨까? 가령 무언가에 대해 올바른 시각을 유지하고 선의를 갖는 것일 수 있다.

열린 마음, 온 마음, 보다 큰 마음일 때 그 안에서 느껴지는 힘을 알아차려라. 역설적이게도 겉보기에 연약하지만 어떤 관계에 있어 가장 열려 있는 사람이 가장 강한 사람인 경우가 많다.

마치 하늘처럼 넓고 포용성 있는 마음을 느껴 보라. 하늘은 온갖 구름을 허용하지만, 아무리 강력한 비구름이라도 그것을 해코지할 수 없다. 열린 마음을 가질수록 그를 화나게 만드는 일은 실제로 점점 더 어려워진다.

넓은 마음을 갖는다 해도 여전히 자신에게 무엇이 좋고, 무엇이 나쁜지 명확히 파악하고, 단호하게 확실한 선을 그을 줄도 알며, 직설적인 말도 가능하다. 마하트마 간디, 넬슨 만델라, 그리고 달라이 라마 같은 이들은 열린 마음으로 유명하지만, 그럼에도 적을 만났을 때는 **매우** 단호했다.

마음을 열라

넓고 열린 마음을 갖기 위해 헌신하라. 최선을 다해, 자비의 동심원에서 그 누구도 내쫓지 말라. 최선을 다해, 다른 사람을 '내게는 없는 사람'으로 만들지 말라.

마음에서 어떤 사람을 배제하는 것이 육체적으로, 감정적으로, 정신적으로 어떤 느낌인지 유의하라. 그것을 정당화하기 위해 뇌/마음에서 반응적으로 올라오는 온갖 합리화와 이유들을 조심하라. 그리고 스스로 질문한다. "이것들이 전부 사실인가? 이게 다 필요한가? 이것들이 내가 되고 싶은 부류의 사람에 부합하는가?" 자신이 감내했던, 또는 자신이 주었던 어떤 아픔이든 알아차리고, 거기 연민을 가져오라.

그다음 이 공격적인 상대에게 현실성을 부여하며 자문해 본다. 어떻게 하면 이 사람을 마음속에서 내쫓지 않고도 나 자신을 보호할 수 있을까? 예를 들면 이렇게 하는 게 도움이 될 수도 있다.

- 육체적·감정적으로 거리를 둔다.
- 가령 그들이 술에 확실히 취했을 경우 대화를 하지 않는 등 강력한 경계를 짓는다.
- 친구에게 하소연해서 마음의 짐을 좀 내려놓는다. 거기서 놓일 수도 있다.
- 자신이 할 수 있는 건 다 했음을 안다면, 당사자와 직접 대화

한다.

• 다시는 꼴도 보기 싫었던 누군가를 언젠가 이해해 주었던 적이 있다면 그 느낌을 떠올려 본다.

그다음 원한다면 마음속에서 지웠던 누군가에게 다시 한 번 마음을 열 수 있는지 시도해 본다. 이때 행동이나 관계에 꼭 변화가 따라야 하는 건 아니다. 그럼에도 분명 무언가 더 좋게 달라졌음이 **느껴질** 것이다.

'우리'는 모두 '그들'이다

이제 좀 더 큰 맥락에서 마음이 넓다는 것의 의미를 살펴보고자 한다. 수백만 년 동안 우리 선조들은 무리 안의 사람들 -'우리'- 을 배려한 반면, 이따금 무리 밖의 사람들 -'그들'- 을 두려워하고 공격하며 생존을 도모했다. 이러한 경향은 아주 오랜 시간 동안 이어졌다. 그러다 최근 만 년 동안 농업이 잉여 농산물을 만들어내며 더 큰 집단의 형성이 가능해지자, 동일한 부족주의 패턴이 더 큰 규모로 되풀이되었다. 그 결과 우리 대부분은 아직도 울분과 복수의 북소리에 -이제는 언론매체에 의해 천둥처럼 증폭된 채로- 취약하다.

그리고 이는 정치 문제에 국한되지 않는다. 나를 좋아하는 사람과 그렇지 않은 사람으로 순식간에 구분해, 다른 사람들을 '그들'로 만드는 걸 볼 수 있다. 이는 회사에서의 험담이나 가족 간 불화에서 쉽게 볼 수 있다. 이른바 '인싸'와 '아싸'로 나누고, 아무렇지도 않게 따돌리며, 화를 내며 고개를 돌리고, 쉽게 업신여긴다. 자신의 지위와 자아에는 투자를 아끼지 않으면서, 다른 사람들은 눈 깜짝할 새에 고작 2차원적인 서류상의 존재로 취급하고 있음을 문득 알아차릴 수 있다. 그것이 사랑하는 배우자일지라도 말이다.

타인을 '그들'로 만드는 이 과정은 길고도 고통스런 역사를 갖는 편견과 차별의 광범위한 작용으로 다듬어져 왔고, 오늘날에도 제도화되고 법제화되어 이어진다. 이는 직장 내 여성들에게 유리천장이 있다거나, 젊은 흑인들이 거리를 지날 때 지나가던 차에서 문 잠그는 소리를 듣는 것으로 경험될 수 있다.

크고 작은 방식으로, 자신이 '그들'로 구분되면 어떤 느낌일지 알 수 있을 것이다. 없는 사람으로 취급되고, 깎아내려지며, 이용당하고, 공격당하고, 고려 대상에서 제외되는 것. 그건 전혀 좋은 느낌일 수 없다.

이와 달리 다른 사람들을 '우리'에 넣는 행위는 똑같은 존재로서 보편적으로 무엇을 공유하는지 아는 것이다. **우리** 모두는 즐겁기를 원하고 고통을 두려워함을, 우리 모두는 결국 병들고 죽게 됨을, 그 누구도 예외 없이 사랑하는 무언가와 결국 언젠가 헤어져야 함을 아는 것이다. 이 사실을 알고, 가장 깊은 수준에서 우리가 서로 비슷하다는 점을 느끼면, 경계심에 얼어 있던 몸이 풀어진다. 그럼 다른 사람들이 더 명확하게 보이고, 격렬하게 부딪치던 사람들일지라도 더 효과적으로 관계할 수 있다. 자신이 억울하게 당하는 경우가 없다고 느끼면 실제로 그런 일이 벌어지는 것도 줄어든다.

일상의 하루를 지내는 동안, 자신과 다른 이들 사이의 유사점을 알아차려 보라. 가령 모르는 어떤 사람을 발견하면, 10초 이상 그들을 진심으로 쳐다보고 느껴 본다. "그렇군, 그들도 나랑 똑같아.", "나처럼 그들도 허리가 아프구나.", "그들도 나처럼 자식을 사랑하는군.", "그들도 마찬가지로 기쁨과 슬픔을 느껴." 특히 언뜻 보기에 자신과 아주 다르게 보이는 사람들을 대상으로 시험해 보라. 그리고 당신이 불신하거나 두려워하거나 싫어하는 그룹에 속한 사람들을 대상으로도 시도해 본다. 이 연습이 자신에게 어떻게 느껴지는지 알아차린다. 아마도 마음이 열리고 고요해지는 느낌일 것이다.

'우리'를 의미하는 동심원이 자신은 물론 본인과 비슷한 게 분명한 사람들을 포함하는 모습을 상상할 수 있다. 그럼 그 원을 점차적으로 늘려나가 점점 더 많은 사람들을 포함하게 한다. 우선 표면적으로는 자신과 달라 보이나 결국 유사점(가령 나처럼 행복하길 바란다는 점)을 알아볼 수 있는 사람들을 포함한다. 그리고 원을 계속 넓혀 당신 또는 타인에게 해를 끼쳤던 사람들을 포함한다. 우리가 공유하는 인간성을 알아차리는 데 그들을 인정해야만 하는 것이 아님을 알라. 이 지점에서 충분히 시간을 들인다. 자신과 타인을 위한 연민을 이끌어내고, 진실이며 옳다는 느낌이 스스로 충분히 느껴질 경우에 한해 원을 확장한다. 이를 해나가며 내면이 부드러워지고, 방어적인 마음과 자신이 정당하다는 믿음이 풀려나며, 관점이 확장되는 것을 알아차려라. 이 모든 느낌 속에 안식하며 즐기라.

이런 방법으로 우리 사이에 다리가 만들어지고, 원은 확장되며, 모두가 함께 평화롭게 지낼 수 있다.

19

사랑을 신뢰하라

∞

사랑이란 그것이 어떤 형태를 취하든 마치 공기와 같다. 눈에 보이기 어려울지라도 당신 안에 그리고 주위에 온통 존재한다. 일상은 완전히 남인 사람들 사이에서조차 협조와 관대함의 순간들로 가득 차 있다. 많은 과학자들은 공감, 우정, 이타심, 낭만, 연민, 그리고 친절을 망라하는 넓은 의미에서의 사랑이 지난 수백만 년간 지속된 뇌 진화의 숨겨진 가장 중요한 동인이었다고 믿는다.

휴식 상태, 즉 스트레스를 받거나, 고통을 느끼거나, 위협받지 않는 '내 집'에서와 같은 상태인 경우 뇌는 사랑의 느낌을 기본 상태로 갖는다. 그럼에도 불구하고 아주 사소한 자극에, 가령 업무상 미팅에서 어떤 비판적인 말을 들었다든가, 저녁 식사 자리에서 누군가 눈살을 찌푸렸을 때, 그것은 너무나도 쉽게 '내 집'에서 쫓겨난다. 그럼 일종의 내면의 노숙자로 변신하듯, 두려움이나 분노에 사로잡혀 사랑 따위는 저 뒤에 내팽개쳐버린다. 이런 일들이 반복되면, 그 상태가 새로운 표준으로 자리 잡고, 이제 집 없는 상태를 '내 집'으로 착각한다.

마치 숨을 한 번 쉬면 이용 가능한 공기가 주위에 온통 충만한데도 이를 잊어버린 것 같다.

그래서 우리는 사랑이라는 '내 집'으로 돌아올 필요가 있다. 가슴 속에 사랑이 있음을 알아차리고 확신을 가질 수 있다. 다른 사람들에게 적극적으로 자신을 주장해야만 하는 상황일지라도 사랑은 당신을 보호하고 힘을 불어넣어 줄 것이다. 타인의 내면에도 사랑이 있음을 보고 믿음을 가질 수 있다. 비록 그것이 베일에 가려져 있고, 때로 문제 투성이 방식으로 표현될지라도 말이다. 공기가 존재함을 뻔히 알 듯 사랑도 그러함에 믿음을 가지라. 그 신뢰를 바탕으로 자연스레 숨을 쉬듯 사랑하라.

How

한 번 천천히 숨을 쉬어 본다. 숨 쉴 공기가 얼마든지 있음을, 또한 그 사실을 신뢰할 수 있음을 알아차리라. 공기에 완전히 의지할 수 있다는 느낌을 알아차린다.

그러고는 당신을 사랑하는 누군가를 생각한다. 이 사랑의 현실적인 모습을 **느낀다**. 심리학자 존 웰우드(John Welwood)의 표현처럼 완전한 사랑이 불완전한 인간을 통해 흐르는 것 같더라도 말이다. 당신에 대한 그 사람의 사랑을 신뢰할 때, 호흡과 육체가 이완되는 것을 느낄 수 있는가? 생각이 잠잠해지고, 분위기가 좋아지고, 가슴이 타인에게 열리는 것을 느낄 수 있는가? 사랑에 대한 신뢰가 당신을 재충전하고, 좋은 느낌을 줌을 알아차리며, 그것이 깊이 가라앉게끔 허용한다. 당신을 사랑하는 또 다른 사람들을 대상으로 이를 반복한다.

당신이 사랑하는 누군가를 떠올려 본다. 그리고 그 사랑의 현실을 느껴 본다. 당신이 지금 사랑하고 있음을 안다. 앞서 이야기했듯, 사랑을 알아차리고 신뢰할 때 얻는 유익함을 흡수한다. 이를 사랑하는 또 다른 사람들을 떠올리며 반복한다.

하루 일과 동안 각기 다른 상황에서의 당신의 사랑에 마음을 연다. 이런 질문을 스스로 할 수도 있다.

"사랑하는 자로서, 여기서 나에게 중요한 것은 무엇인가?"

"사랑을 신뢰할 때, 어떻게 하는 것이 옳은 것으로 보이는가?"

사랑 또는 그 수많은 표현(공감, 공정함, 선의 등) 중 하나에 머물면서도 여전히 강인할 수 있음을 기억하라. 자신을 주장할 필요가 있을 때, 그것을 사랑의 자리에서 한다면 어떤 일이 벌어질까?

사랑이 흐르도록 허용하라

20대 초반, 롤핑(Rolfing)에 관심을 가진 적이 있었다. 이는 심부 조직을 자극하는 마사지의 한 형태로서 숨겨진 감정적 찌꺼기들을 해소시켜 주기도 한다. 그중 배 부위에 깊은 자극을 주는 다섯 번째 세션을 앞두고는 전전긍긍하며 불안에 떨었다. 하지만 예상했던 고통 대신 넘쳐 흘러나오는 것은 사랑이었다. 쑥스러움, 친밀감에 대한 두려움, 그리고 어릴 적 어머니와의 다툼 때문에 억압되었던 사랑이 파도처럼 끊임없이 몰아쳤다.

그것이 자유롭게 흐르도록 허용하는 경험은 그야말로 환상적이었다. 사랑은 우리를 관통해 지나가며 우리를 양육하고 치유한다. 실제로 사랑을 **받지** 못해 생긴 상처는 사랑을 **줌**으로써 완화되거나 심지어 치유된다.

사랑은 우리 모두의 내면에 샘처럼 솟는 자연스러운 흐름이다. 거기에 어떠한 인위적 조작도 필요치 않으며, 단지 그 자연스러운 움직임을 허용하면 된다. 사랑을 억압하면 고통이 뒤따른다. 혹 중요한 인간관계 속에서 자신의 사랑을 제한하거나 그 자연스러운 물길을 막아서고 있지는 않은가?

사랑하기로 선택하라

오래전 나의 애인이 어느 순간 나에게 충격적이고 가슴 아픈 짓을 하기 시작했다. 세세하게 말하고 싶지는 않지만 그건 꽤 심했다. 그에 대한 격앙된 반응들 -"뭐라고? 어떻게 당신이? 지금 장난하는 거야?"- 의 첫 번째 파도가 지나간 후 나는 마음이 조금 가라앉았다. 나에게는 선택권이 있었다.

이 관계는 나에게 중요했고, 그녀의 마음을 휩쓸고 지나간 것은 대부분 자신에 대한 것이었지 나에 대한 것이 아니었음을 알 수 있었다. 그녀에게 우리는 마치 얇은 빙판 위에 있는 듯 위태로운 상황이라고 말하고, 그동안은 사랑을 선택할 수 있음을 깨달았다. 모든 것을 고려할 때, 이것이 내가 할 수 있는 가장 자유롭고, 가장 굳건하며, 자신을 가장 존중하는 일이라고 느껴졌다.

놀랍게도 화내고 돌아서거나 샌드백에 분풀이하는 것보다, 사랑이 실제로 나를 지켜 주고 재충전시켜 주었다. 사랑이 논쟁과 갈등으로부터 나를 벗어나게 해 주고, 자존감을 주었다. 그녀가 궁극적으로 어떻게 행동할지 궁금하긴 했지만, 이상하게도 그다지 신경 쓰이지는 않았다. 나는 사랑으로 양육되고 인도받는 듯 느꼈으며, 그녀가 어떻게 할지는 내 손을 벗어난 일이었다. 그녀를 바꿔 보려는 시도로부터 나 자신을 사랑하는 쪽으로 옮겨감에 따라 상황은 천천히 나아지기 시작했다.

사랑이란 타인이 사랑스러운가에 대한 것이 아니라 내가 사랑하기로 선택하는가에 가깝다. 다른 사람이 자신을 사랑하게 만들고자 애쓴다면 절망스러울 수 있다. 하지만 자신의 내면에서 사랑을 발견하고 사랑을 느끼는 것은 그 누구도 막을 수 없다. 당신은 '내 마음 가는 대로 사랑'하기로 선택할 수 있으며, 이는 자신에게 고유하게 허용된 범위의 최대 한계치 안에서 언제나 가능하다. 관계에서 어느 순간에 이 범위가 어떤 크기이든 상관없이, 당신은 그 범위 안에서 선택할 수 있다. 이건 말장난이 아니다. 당신이 느끼는 사랑이 진짜다. 사실 사랑하기로 선택한다는 건 두 배로 사랑하는 것이다. 사랑하겠다는 의도를 일으키는 것 자체가 사랑의 행위이고, 거기에 그로 인하여 뒤따르는 사랑이 있다.

다른 사람과의 관계 속에 그 밖의 어떤 것이 있든 사랑이 거기 언제나 함께하도록 허용하라.

거기 사랑이 있다. 그런 후 타인과 자신, 그리고 양쪽 모두에 영향을 끼치는 주변 환경에 대한 진실을 보는 눈이 생긴다.

거기 사랑이 있다. 그 후에 관계에서 자신의 필요도 배려한다. 첫째가 사랑이고, 나머지는 뒤따른다.

정말 나쁜 상황, 가령 만성적인 건강 문제나 고통스러운 상실 등에 처해 있고 할 수 있는 것이 아무것도 없다면 그때는 어떻게 할 텐가? 사랑할 누군가를 찾는 일은 언제나 가능하다.

타인 안에 사랑을 보라

다른 사람들의 마음속 사랑에 라디오처럼 주파수를 맞출 수 있다. 그들이 내면의 노숙자 상태여서, 두려움과 분노에 휩싸여 있다고 해도 가능하다. 마치 나무들 사이로 저 멀리 모닥불을 보는 것처럼 말이다. 사람들이 마음속으로 평화로운 인간관계를 갈구하고 사랑을 주고받기를 간절히 원함을 느껴 보라. 비록 억압받고 있어도 그들 내면의 사랑에 대한 갈구와 가능성을 당신이 늘 염두에 둔다면 어떤 어려운 관계에서 무슨 일이 일어날까? 다른 사람 내면의 사랑을 느끼면서도 **동시에** 자신의 권리와 필요에 대해서는 직설적이고도 분명하게 주장할 수 있다는 것을 명심하라.

사랑을 신뢰한다는 말은 특정한 누군가가 당신을 반드시 사랑할 거라 확신하라는 의미가 아니다. 그것은 모든 사람에게 배경처럼 존재하는, 사랑하려는 본성에 대한 확신, 그리고 자신을 보호하고 다른 사람들의 마음에 가닿을 수 있는 자신의 온전한, 사랑하는 힘을 믿는다는 의미이다.

사랑이 삶을 펼치게 하라

근본적으로, 당신이 사는 것이 아니라 사랑이 삶을 **이끌어 가는** 것처럼 느낄 수 있다. 사랑은 어떤 흐름, 샘솟는 물이자 상승하는 바람과 같아서 당신을 관통해 살아 숨 쉬고 당신을 태우고 흘러간다. 친절, 연민, 그밖에 사랑의 다른 형태들이 자신의 삶에서 중심적인 움직임이 될 수 있다. 명상에서든 일상에서든 사랑을 호흡하고 있다고 느껴보라. 심지어 사랑이 **당신을** 호흡하고 있음을 느낄 수도 있다. 어쩌면 '안으로 사랑하고… 밖으로 사랑하고…' 이렇게 부드럽게 생각할 수도 있다.

이를 현실세계로 가져와 보자. 오늘 처음으로 누군가를 마주쳤을 때 당신이 사랑이 이끄는 대로 살고 있다면, 어떤 모습이고, 어떤 행동을 하며, 어떤 말을 할까? 사랑이 이끄는 삶이 일주일, 일 년 동안 계속되면 어떠할까?

사랑은 우리를 본래 자리로 이끈다.

3부

평화롭게 함께하라

20

덜 사적으로 받아들이라

∞

당신이 친구 한 명과 함께 부드럽게 흐르는 강물 위에서 카누를 타고 있다 상상해 보자. 멋지게 차려입고 주말 피크닉을 즐기고 있는 중이다. 그런데 별안간 카누 옆으로 쾅 하는 굉음이 들리더니 카누가 뒤집어지고, 당신은 차가운 강물에서 허우적거린다. 그때 당신은 10대 아이들 둘이 당신을 쳐다보며 깔깔거리고 있는 걸 본다. 그들이 몰래 접근해서 당신을 강물에 처박은 거다. 이때 당신의 느낌은?

이제 이 시나리오를 다시 상상해 보자. 친구와 카누, 멋진 차림새와 피크닉, 쾅 하는 굉음과 찬물에 빠지는 것까지. 허우적거리며 수면 위로 올라왔을 때, 이번에 당신은 수면 아래 잠겨 보이지 않았던 커다란 통나무가 카누에 부딪힌 광경을 목격한다. 이때 당신의 느낌은?

이 두 가지 시나리오에서 당신의 느낌에 어떤 차이가 있는가?

두 번째 시나리오에서, 갑작스런 충격, 차가운 물, 망해버린 피크닉, 여기까지는 첫 번째와 동일하다. 하지만 자신이 사적으로 노림을 받았다는 느낌은 없다. 아마 당신은 스트레스를 받고 짜증이 났겠지만 그 상황 중 어느 것도 사적으로 여길 필요는 없다. 그건 그냥 나쁜 상황일 뿐이고, 거기 순응해 교훈을 얻으면 그만이다. 비열하기 짝이 없는 통나무라며 원한을 품을 이유는 없다.

당신에게 돌진해 부딪혀 오는 대부분의 사람들이 이 통나무와 같다. 그들의 말과 행동은 가령 그들의 개인사라든가 사회 외적으로 가해지는 압박 등, 지금 이 순간의 선행 요인이 되는 많고 많은 비개인적인 원인과 조건에 의한 결과일 뿐이다. 그들과의 충돌로 인한 문제는 처리해야만 하겠지만, 덜 사적으로 받아들인다면 덜 고통받고, 더 효율적으로 일을 처리할 수가 있다.

예를 들면 로스앤젤레스에서 자란 나는 운전을 오래 했지만 사고 기록은 없다. 그런데 **엄청나게** 조심스러운 운전자인 내 아내 젠은 내가 고속도로에서 운전하는 걸 선호했다. 그리고 종종 유유자적하게 고속도로를 달릴 때면 앞차와의 간격을 아주 많이 잡는 편인 나이지만, 그럼에도 아내는 차 문 팔걸이를 손에 핏기가 없어질 정도로 단단히 잡고 발은 상상 속의 브레이크 페달을 있는 힘껏 밟듯 내리누른 채로 속도를 줄이라고 날카롭게 말하고는 했다.

나는 이 상황을 사적으로 받아들였다.

나의 부모님은 자애로운 분들이셨지만, 그럼에도 다양한 경우에 있어 상당히 혹독한 편이었다. 나는 운전을 아버지께 배웠는데 옆에 타고 계실 때면 상당히 엄하셨다. 그래서 많은 시간이 흐른 뒤에도 운전에 관해 말을 들으면 부당하게 비난받고 야단을 맞는다고 느끼는 편이었다.

옆자리의 아내에게 눈을 흘기며 옥신각신하는 경우가 (이는 좋게 끝나는 법이 없다) 여러 차례 반복된 후, 나는 이 문제에 대해 생각해 보기 시작했다. 내가 실제로 위험하게 운전을 했던가? 전혀. 아내의 말을 진지하게 들을 필요가 있었나? 그것 역시 아니다. 다른 한편, 아내에 대한 연민을 가져 볼 수는 없었을까? 당연히 가능하다. 그녀는 내가 사랑하는 사람이고, 어딘가에 5분 일찍 도착하겠다고 아내를 화나게 하고 싶지는 않다. **나를 겨냥한 것이 아닌 게** 분명한 그녀의 반응 뒤에 숨겨진 요인들을 눈치챌 수는 없었을까? 가령 고속도로 경험이 거의 없었다든지, 거리 감각이 신통치 않다든지, 어쩌면 척추가 약해서 어떤 사고든 반드시 피해야 한다든지? 물론 가능하다! 다르게 말해, 상황을 사적으로 받아들이지 않고 그저 분위기를 개선하는 것에 초점을 맞출 수는 없었을까? 이러한 반성은 나로 하여금 아내가 옆에 탔을 때라면 평소보다 더 천천히 운전하도록 만들었다. 혼자 운전하는 상황에서도 그런 것은 아니지만, 어쨌든 그런 조치가 우리 관계에 있어 긍정적이었던 것은 분명하다.

How

자신을 배려하라

우리가 피곤하거나, 스트레스를 받거나, 배가 고플 때, 더 쉽게 감정에 사로잡히거나, 기분이 상하는 것을 느낀다. 한편 **개인적으로 자신을 더 많이 배려할수록, 상황을 사적으로 받아들일 가능성이 떨어진다.** 잠을 충분히 자고, 매일 즐길 거리를 찾는 것 같은 간단한 일조차 커다란 차이를 만들어낸다. 그럼 다른 이들이 어떻게 하든 그것이 사적인 상처로 느껴지지 않는다.

특히나 우리에게는 타인에게 인정받고자 하는 깊은 선천적 욕구가 있다. 이 욕구는 어린 시절에 매우 강력해서, 부모, 형제자매, 다른 친구들로부터 이러한 '사회적 공급'이 부족하면 가슴에 일종의 커다란 구멍이 생긴다(이는 정확히 내게 일어난 일이다). 그럼 어른이 되어서 자신이 오해받고, 제외되거나 비웃음 받는다는 느낌을 쉽게 갖는 경향이 생긴다. 어쩌면 그들이 정말로 그랬을 수도 있지만, 너무나 쉽게 실제에 비하여 더 과잉 반응하고, 개인적으로 고통스럽게 받아들인다.

이를 해결하기 위해서는, 스스로 가치 있고 배려받는다는 느낌을 능동적으로 찾아 느껴야 한다. 아주 조금씩, 시냅스 한 개씩, 가슴에 난 구멍을 메우는 것은 진실로 가능하다. 그러면 언젠가 누군가 당신을 건드렸을 때 마치 내면에 커다란 충격 흡수 장치를 가진 듯 느낄 수 있다. 그들은 여전히 하던 대로 행동하겠지만, 그건 그들의 문제이지 내 문제가 아님을 이제는 알 수 있다.

타인에 대해 단정 짓고 있음을 알아차리라

심리학에서 보는 핵심 개념 중 하나는 우리가 일상적으로 남들에게, 가령 호전적이라든가, 고의적이었다는 식으로 성격 속성을 부여한다는 것이다. 하지만 적어도 가끔은 부여된 이들 속성이 틀리거나, 과장되었거나, 아니면 보다 큰 그림의 일부에 불과하다.

최근에 누군가에게 화를 냈던 일이나 전반적으로 힘든 관계를 생각해 보라. 그 사람에게 어떤 속성을 부여했는가, 그것도 자동적으로? 혹시 과거에 사람들이 자신을 대했던 방식을 그 사람에게 '이전시키지는' 않았는가? 가령 그들이 자신의 어머니 또는 아버지 같다거나, 당신이 경험했던 끔찍한 코치 또는 상사 같다는 식으로?

간단하지만 강력한 연습이 하나 있는데 종이를 좌우 두 부분으로 나눠 다음의 내용을 써 보는 것이다. 좌측에는 누군가에 대한 핵심적인 속성들을 나열한다. 우측에는 각각의 속성에 대해 그것이 전적으로 진실이 아닌 이유를 찾아 써 보는 것이다. 내 경우라면 운전할 때 아내가 '윗사람처럼' 행동한다고, 거기에 더해 깐깐한 내 아버지 같다고 적을 수 있다. 그다음 우측에는, 아내가 실제로는 그저 겁에 질렸던 것뿐이라고, 더불어, 보통 때의 내 아내는 보살피고 배려하는 성격이라고 적는 것이다.

우리가 부여하는 속성들은 대개 재빠르고, 독단적이며, 마음의 배경 속에 숨어 있다. 그것들을 알아차리는 것은 일종의 해방이다. 무엇이 실제로 진실이고, 또 무엇이 거짓인지 당신이 결정할 수 있다.

우리는 상대방에게 어떤 **의도** −동기, 가치 판단, 목적을 포함− 가 있다는 속성을 부여할 때 특히나 강하게 반응한다. 상대방에게 서로 소리를 질러대는 아이들을 생각해 보라.

"너 일부러 그런 거지!"

하지만 대부분의 경우 우리는 단지 타인의 드라마 속에서 그들의 운수 나쁜 날 부딪혀버린 연기자에 불과하다. 심지어 그들이 저지른 일의 이면에 의식적인 의도가 살짝 있었다 해도, 그냥 사소한 지나가는 반응이었을 뿐, 당신을 목표로 삼고 고통을 주기 위해 엄청난 계획을 세웠던 것은 아닐 가능성이 많다. 그리고 그들에게 다른 의도, 어쩌면 좋은 의도가 있었을 가능성도 있다. 다른 사람의 의도적인 행동에 대해 실제로 무엇이 진실인지 부정하지 말고, 아래 내용처럼 자신에게 말해 보라.

"그 모든 것 아래 숨어 있는, 당신의 동기는 근본적으로 선하다."

"그렇게 문제가 있는 방식으로 행동했지만 그건 당신이 내면 깊숙이 _____를 원하기 때문이지."

"당신이 발끈해서 과잉 반응 하고, 그래, 나쁘게 행동한 것은 사실이지만, 나를 괴롭히기 위해 어떤 거대하고 세세한 계획을 가져서 그런 건 아니지."

"흐음, 당신이 어떤 의미로 왜 그렇게 말했는지 내가 오해한 것 같아. 당신이 _____ 하려는 좋은 의도였다는 걸 이해해."

"당신이 불안해질 때, 물론 스스로 잘 다스려야겠지만, 나로서는 이것이 당신의 두려움에서 나온 것이지 나에 대한 비난의 의도가 아님을 이해할 수 있어. 게다가 대부분의 경우 당신은 그런 편이 아니니까."

자신이 무엇을 하려는지 알라

일을 사적으로 받아들이지 말라는 말은 자신을 함부로 다루거나 학대하는 것을 용인하라는 뜻이 **아니다.** 누군가 의도적으로 당신을 겨냥하는 경우가 분명 일어날 수도 있다. 그것은 심지어 더 큰 사회적 편견과 차별의 일부일 수도 있다. 시스젠더(cisgender)이자 이성애자 그리고 백인 남성으로서, 나는 너무나 많은 이들을 겨냥해 불이익을 주었던 편견에서 자유로울 수 있었다. 그럼에도 불구하고, 아마도 당신도 마찬가지겠지만, 나는 음해받고, 강탈당하고, 배신당해 왔다. 그게 현실이다. 매번 고통스럽고, 겁나고, 뭔가 해결해야만 하는 상황이다.

이제껏 살펴본 대로 자신에게 연민을 가져 보거나 고요한 힘을 느껴 볼 수도, 자신의 고유한 가치는 다른 사람들과는 무관함을 알 수도 있다. 일종의 해독제 또는 연고처럼 특정 경험을 의도적으로 떠올려 볼 수도 있다. 가령 회의 중에 자신이 한 일이 부당하게 공격당할 때 자신을 칭찬해 왔던 이들을 기억해 보는 식으로 말이다. 친구에게 손을 뻗어 지지와 조언을 구할 수도 있다. 다른 사람의 내면에서 동기와 기타 요인들을 보고 이해에 도달할 수도 있다. 사소한 모욕에서 파멸적인 피해에 이르기까지 일어난 사건의 정도를 스스로 판단해 볼 수도 있다. 당사자와 이야기해 보는 것을 선택할 수도 있는데, 이 접근법에 대해서는 4부와 5부에서 끌어다 쓰면 된다.

그들과 대화를 나눠 보든 말든, 이제부터 어떻게 할 생각인지 자신의 계획을 스스로 알 수 있다. 이제 자신을 보호하고 스스로의 목표를 계속 추구하면서도 사건을 더 객관적으로, 큰 그림을 보듯 바라볼 수 있다. 어쩌면 이제 다른 우정에 더 많은 시간을 투자하기로, 연인 관계를 끝내기로, 부서를 옮기기로 결정했을 수도 있다. 아니면 그들이 어떤 부류의 인간인지 똑똑히 보며 문명인답게 그냥 앉아 있을 수도 있다.

앞으로 어떻게 **할지** 아는 것은 고요히 중심을 잡는 것이다. 이 장의 처음으로 돌아가 비유해 보면, 일단 물에 빠진 상황을 수습하고, 앞으로 다가올 수 있는 통나무에 좀 더 예리한 경계를 유지하든지, 아니면 다른 강을 선택할 수도 있다. 그런 와중에 그 모든 사건을 좀 덜 사적으로 받아들이며 말이다.

21

머릿속 전쟁에서 벗어나라

∞

이따금 우리는 다른 사람에게 적개심을 보이고, 원통해 하며, 심지어 복수심에 불다오르는 느낌과 생각에 사로잡힌다. 마음속으로는 마치 그들과의 전쟁터로 출진하는 것 같다. 폭탄도, 미사일도 없지만, 만성적인 갈등과 분노의 느낌들이 거기 있다. 그것은 프로젝트와 관련해 논쟁을 벌이는 동료일 수도, 갈라서기 직전의 연인일 수도, 혹은 휴일을 두고 끝없이 다투는 이혼한 부모일 수도 있다. 그것은 예의 바른 겉모습에 숨겨진 냉전, 냉랭한 침묵, 소리 없는 아우성이다. 직접 겪어 본 내면의 전쟁에서 나는 사건을 끊임없이 재생하고, 어떻게 말했어야 했는지 상상하고, 주위 사람들이 내 편을 들었어야 했다는 생각들에 완전히 사로잡혔다. 그 다툼에 갇힌 신세였던 거다. 하지만 요점은 내가 나 자신을 해치고 있었다는 사실이다.

16살 때 태평양 연안의 여름 캠프에 참가한 적이 있다. 우리는 해초가 숲을 이룬 연안 바다 근처에서 스킨 다이빙(skin diving)을 즐기고는 했다. 한번은 가로질러 가면 해초가 없는 곳이 나올 거라 생각하고는 바보같이 해초 덤불 안으로 헤엄쳐 들어갔다. 하지만 아무리 들어가도 두꺼운 오렌지색 잎사귀들과 길고 튼튼한 넝쿨들이 거의 물 표면까지 닿아 있는 해초들만 점점 더 많아질 뿐이었다. 나는 결국 거기에 엉켜버렸고, 점점 공기가 부족해지면서 공포에 젖어들었다. 발로 걷어차고 손으로 때리며 해초와 전투를 벌였고, 그럴수록 점점 더 강하게 감겨들 뿐이었다. 얼마의 시간이 지났을까, 갑자기 어떤 명료함이 떠오르며 해초와 나의 전쟁은 끝이 났다. 다이빙 마스크는 목에 걸려 있고, 스노클은 입에서 벗겨졌으며, 물갈퀴는 잃어버렸다. 나는 해초와 싸우는 대신 천천히 몸에 감긴 해초들을 벗겨내고 수면 위로 올라갈 길을 만들기 시작했다. 이윽고 길이 나서 머리 위로 대양의 밝은 은빛 표면이 보이기 시작했다. 수면 위로 떠올랐을 때 그 공기의 소중함이란.

자신을 위해 나서서 거친 것들을 상대해야만 하는 때가 분명히 있다. 하지만 해초에 엉킨 사람처럼 분노에 사로잡히게 하면 우리와 상대방 모두에게 좋지 않다. 전쟁에 임박한 마음은 짜증과 두려움이 가득하고 최악의 느낌을 가져온다. 육체는 싸울 채비를 하며 긴장도를 높이고, 이에 활성화된 스트레스로 인해 점진적인 마모와 손상이 축적되기 시작한다. 지각은 편견으로 뻐딱해지고, 신념은 철옹성처럼 완고해진다. 반응은 과격해지고 가속화된다. 이 모든 것들이 상대방으로 하여금 **당신과의** 전쟁을 선택하도록 유도하고, 그렇게 악순환의 고리가 굴러간다.

관계에서 있을 수 있는 다양한 형태의 긴장과 갈등을 생각해 보라. 지금 현재 진행 중인 것일 수도, 아니면 생각만 해도 화가 치미는 과거의 누군가와 관련되었을 수도 있다.

정신적인 요소들

그들이 어떤 일을 벌였든, 그것이 얼마나 최악이었든 간에, 그 상황에 **더하여** 당신을 싸움 한복판에 가둔 어떤 **정신적 요소들**이 있는지 찾아본다.

- 거기 정서적 대가가 있는가? 가령 자신이 옳다는 느낌, 독선, 또는 어떤 우월감? 만약 그렇다면 이 보상들이 지불되는 비용에 합당한 가치가 있는지 스스로 자문해 보라.
- 자신의 반응이 상대적으로 부드러운, 아픔이나 슬픔 같은 느낌이 올라오지 못하도록 억압하고 있지는 않는가? 만약 그렇다면 표현되지 못하는 그 느낌을 연민을 가지고 탐색해 보라. 그것들을 받아들이고, 흘러가도록 허용하며, 점진적으로 분노에 덜 휩쓸려 가게끔 하라.
- 이 싸움을 계속함으로써 그들로부터 무언가를 요구할 자격이 생긴다고 느끼는가(가령 '너희들은 이제 나한테 빚진 거야')? 만약 그렇다면 별도의 공식적 주장과 합의가 없는 상태에서 어떻게 그런 권리와 요구가 합당한지 생각해 보라. 자기 억울함의 대

상이라는 프레임에 상대를 가두는 일 없이 당당하게 자신의 권리와 그들의 욕구에 대해 말하는 모습을 상상해 보라.

익숙한 대사들

갈등에 대한 당신의 접근 방식이 당신의 어린 시절과 이후 인생 경험에 의해 어떻게 형성되었는지 알아보자. 나의 가족사에서, 부모님은 똑같은 문제를 가지고 끝없이 반복해 말다툼하는 경우가 잦았다. 그래서 실제로 갈등을 **풀어내는** -이 책의 많은 부분이 그에 대한 내용이다- 본보기라 할만한 것이 딱히 없었다. 그리고 이는 내가 집을 떠나 인간 잠재력 운동(human potential movement)에 참여하고 이후 임상심리학을 공부하면서 비로소 가능했다. 다른 어떤 가족들의 경우, 누군가 지배적인 사람이 있으면 한편으로 그것을 묵인해야만 하는 사람이 있기 마련인데, 그런 경우 겉으로는 순종적이지만 안으로는 억울하다. 이와 비슷한 상호 작용의 패턴이 아동기에 다른 아이들과의 사이에서 나타날 수 있고 -가령 내 경우 학교에서 괴롭힘을 당할까 두려웠다- 이후 성인이 되어 다른 사람들과의 관계에까지 이어진다.

이들 관계 맺기 방식은 다른 사람과의 관계에서 어떤 역할을 맡을 것인가 -해결책 없는 말다툼? 밀어붙임? 평화를 위해 항복?- 그리고 마음속에서 그것을 어떻게 느낄 것인가, 이 두 가지 측면에서 내면화된다. 본인이 경험에서 만들어진 자신만의 배경에서 익숙한 '대사들'을 뽑아내 연기한다는 것을 알아차리면, 그건 참 당황스럽고 실망스러운 느낌이다. 우리가 경험에서 배움을 얻게끔 설계된 존재임을 상기해 보라. 또한 당신이 스스로에게 솔직하리라 굳게 마음먹었다면 그 자체로 이미 더 높은 길에 진입한 것과 다름없다. 단순하게 이 대사들이 존재함을 알아차리는 것만으로도 그것들이 당신에게 미치는 힘은 줄어든다. 그것들을 바꾸는 작업은 시간이 걸린다. 그 과정에서 친숙한 대사들을 여전히 읊조리고 있는 자신을 발견하겠지만 말이다. 나의 경우 미처 알아차리기도 전에 친숙한 대사들을 반복하곤 했다. "아이고, 애들한테 예전 내 아빠가 얘기하듯 해버렸네." 하지만 점진적으로 그 오래된 대사들에서 빠져나올 것이다. 그리고 다른 이들과의 문제를 다룰 때 덜 반응적이고, 더 효과적일 수 있는 위치로 결국 올라설 것이다.

평화를 사랑하는 마음

짤막한 연습을 하나 해 보자(자신의 목적에 맞게 얼마든지 변형시켜도 좋다). 종이 가운데 세로로 줄을 그어 두 부분으로 나눈다. 좌측에 '평화로운 힘', 우측에 '마음속 전쟁'이라고 이름 붙인다. 각 항에 생각, 느낌, 각 존재 방식에 따른 목표들로 목록을 만든다. 예를 들면 왼편에는 '차분함, 큰 그림 보기, 인내, 부차적인 문제에 연연하지 않기', 이때 오른편에는 '심장이 두근댐, 그들이 대가를 치르게 하고 싶음, 어떤 하나에 고정됨, 꽤 불행함, 후회, 스트레스받음, 긴장' 등이 자리할 수 있다.

그러고는 잠시 멈춰 두 가지를 고려한다. 첫째, **내면에** 평화를 유지하면서 자신의 이익을 주장할 수 있다(이후 장에서 그 방법을 보여 줄 것이다). 그들이 당신과 전쟁 중일 수도 있다. 하지만 그 전쟁이 당신의 마음까지 침공하게 허용할 필요는 없다! 내면에서까지 그들과 다툴 필요는 없다. 독선과 적대감에 침공당하고 점령당할 이유도 없다. 근본적으로 다른 사람들의 마음의 흐름에 휘말릴 필요가 없다는 말이다. 그들의 생각 이면에 휘몰아치는 신경학적 난기류를 반추해 보라. 그것은 한순간 일관성 있다가도 다음 순간 혼란스럽고, 또 어느 순간 다시 결이 맞는, 시시각각 변하는 신경 회로들의 이합집산으로 이루어진 엄청나게 복잡하고, 역동적이며, 전체적으로 제멋대로인 덩어리일 뿐이다. 누군가의 생각에 화가 치미는 것은 마치 폭포수 옆에서 튀는 물방울에 화를 내는 것과 다름없다. 자신의 생각을 다른 사람들의 생각과 분리시켜 독립적인 것으로 여기려 해 보라. 스스로에게 말해 준다. "그들은 저기 있고 나는 여기 있다. 그들의 마음은 나의 마음과 분리되어 있다."

다른 사람의 호전적인 태도에 대한 무반응성과 내면의 힘이 조화를 이루어 그것이 몸에 완전히 익은 누군가를 떠올려 보라. 자신의 상황에서 그들이라면 어떻게 생각하고 느꼈을는지 상상해 본다. 그리고 이런 존재 방식의 느낌이 당신 안에 안착되도록 하라.

둘째, 이런 전쟁 같은 마음이 당신에게 그리고 다른 사람들에게 얼마나 큰 대가를 치르게 하는지 깨달으라. 여기에는 자녀와 같은 무고한 주변 인물들도 포함된다. 살면서 내가 저지른 실수들을 생각해 보면 대부분의 경우 머릿속 전쟁에 사로잡혔던 경우였다. 당신과 상대방 모두에게 무엇이 보다 큰 선인가? 그들에게 자그마한 승리를 허용함으로써 보다 큰 행복을 일궈낼 수도 있다. 평화애호가인 마음을 위해 가슴에 와닿는 선택을 하라.

다른 사람을 고소하고, 가로막고, 위협하고, 비난하는 짓에 휘말리는 대신, 내면의 전쟁을 알아차릴 수 있다. 바깥세상은 어쩌면 아무 변화도 없을 수 있다. 하지만 자신의 머릿속 전쟁을 끝낸다면, 기분도, 행동도 나아질 것이다. 그리고 바로 그것이 이 세상을 더 나은 세상으로 변화시키는 힘일는지도 모른다.

22

그들을 받아들이라

∞

인정한다. 나는 사람들이 달라졌으면 하고 바란다. 그게 누구냐에 따라 다르겠지만, 나는 그들이 그런 짓을 이제 그만 했으면 한다. 가령 부엌 서랍장을 열어둔 채 그대로 둔다든가, 나에게 스팸메일을 보낸다든가, 지구 온난화 문제에 전혀 관심을 보이지 않는다든가 하는 짓을 말이다. 또한 그들이 더 우호적이고 더 유익한 일들을 시작하길 바란다. 비록 나에게 직접적인 영향을 주지 않는다 해도, 내가 친애하는 사람들이 자신을 위해서 더 활력 있고, 덜 불안하고, 덜 자기 비판적이었으면 하고 바란다.

당신은 어떤 면에서 사람들이 달라졌으면 좋겠다고 생각하는가? 친한 사람들은 물론 직장 동료, 이웃, 그리고 도로 위에 스쳐지나가는 운전자들까지 생각해 보자. 다른 사람들이 달라지길 바라는 건 비정상적인 것이 아니다. 자신이 달라지길(말하자면 더 부유하길 또는 현명하길) 바라는 게 정상인 것과 같다. 능숙하고 윤리적인 방식으로 남들에게 영향을 끼치려는 노력은 괜찮다. 하지만 꼬투리를 잡거나, 조르거나, 업신여기거나, 그밖에 어떤 종류이든 다툼을 유발하는 쪽으로 기울어질 때 문제가 발생한다. 대신 그들이 어떻든 간에 그들을 있는 그대로 받아들이는 방법이 있다.

받아들임이란 진실 –사실, 현실– 에 '항복'하는 것을 의미한다. 그것이 어떻더라도 말이다. 납득할 만한 이유로 받아들이는 것이 마음에 들지 않을 수 있다. 예를 들면 나는 수많은 어린이들이 매일 굶주리고 있다는 사실이 마음에 들지 않는다. 또한 부모님이 이제 더 이상 계시지 않는다는 사실이 마음에 들지 않는다. 내 성질을 못 이겨 사람들에게 상처를 주었던 사실도 마음에 들지 않는다. 하지만 그것들은 다만 그러할 뿐이고, 우린 그것들을 받아들이는 한편, 가능하다면 그것들이 개선이 될 수 있게 노력할 뿐이다. 받아들임은 신실에 두 발을 붙이게끔 만들어, 그곳에서 시작할 수밖에 없음을 가르쳐준다. 원하는 행복이든, 치유든, 또는 그 어떤 능력이든 지금 여기서 시작하는 길밖에 없다.

사람들을 받아들인다는 것은 그 자체로 그들에게 동의한다는 의미가 **아니다**. 그들을 좋아해야만 하는 것도 아니고, 그들이 가한 충격을 대수롭지 않다고 여겨야만 하는 것도 아니다. 여전히 당신은 적절한 행동을 취할 수 있다. 그것은 단순히 다른 사람들의 실제를 받아들이는 것일 뿐이다. 마음에 들지 않을 수도, 선호하는 것이 아닐 수도, 그것 때문에 슬프거나 화가 날 수도 있겠지만, 보다 깊은 수준에서 그것과 함께함에도 평화롭다. 그리고 단지 그럴 수 있다는 것만으로 이미 축복이다. 더불어 가끔은, 받아들이기로 태도를 바꿨을 때 관계 개선의 여지가 생긴다.

How

군더더기 없는 받아들임의 경험을 갖기 위해 단순하고, 명쾌하며, 부정할 수 없는 경험으로부터 시작해 보자. 바로 호흡의 느낌이다. 수차례 호흡을 하며 그것이 어떻든 있는 그대로 허용할 때의 그 느낌에 집중한다. 다음과 같은 것들을 마음속으로 부드럽게 말해 본다.

"가슴이 부풀어 오르는 이 느낌을 받아들인다. 가슴이 꺼지는 이 느낌을 받아들인다. 이 흘러 들어오는 그리고 흘러 나가는 느낌도. 지금 여기 생생하게 진행되는 이 호흡을 받아들인다. 지금 이 순간 호흡이 일어나고 있다는 사실을 받아들인다."

조금 더 확장시켜 보면 이렇다.

"이 육체가 공기를 필요로 한다는 사실을 받아들인다. 나에게 호흡이 필요함을 받아들인다."

이 받아들임이 어떤 느낌이었는가? 여기에서 재미있거나 의미있는 부분은 무엇이었나?

받아들이기 어려운 것을 받아들이기

이제 받아들이기 어려운 것을 시도해 보자. 우선 작은 문제 또는 중간 정도 문제부터 시작한다. 약간의 예를 들어 보자.

"운전 중 어떤 사람들은 방향을 틀 때 깜빡이를 켜질 않아."

"정말이지 어이가 없군."

"내 룸메이트가 설거지하는 게 정말 마음에 들지 않아."

"내 배우자가 너무 이성만 앞세우지 말고 좀 더 감성적이었으면 좋겠어."

그러고는 앞서 호흡에 대해 했던 것과 마찬가지로, 받아들임이라는 맥락 안에서 이 사실을 가만히 쥐고 음미해 본다. 사실에 근거해 빈칸을 채우며 다음과 같이 자신에게 말해 본다.

"_____는 진실이야."

"_____임을 똑똑히 알 수 있어."

"_____라는 사실에 항복하겠어."

"_____가 아니길 간절히 바라지만, 그게 사실인걸."

"_____에 대해 순순히 인정하겠어."

"_____을 받아들이겠어."

어떤 사건의 진실을 살피며 그것에 순응할 수 있는지 보라. 다만 그러할 뿐인 진실에 마음을 열 수 있는지 보라.

받아들임을 가로막는 장애물 이해하기

다른 사람들을 받아들이려 노력할 때 흔히 부딪히는 두 가지 장애물이 있다.

첫 번째 장애물은 상대방이 행동하는 방식이 예상되고, 아마도 좀처럼 그 방식에서 벗어나지 못할 거라 생각할 때 결과적으로 느낄 수 있는 실망 또는 심지어 절망을 회피하고자 지레 피하는 것이다. 이들 아픈 느낌들이 의식을 통과해 지나갈 때 충분히 견뎌낼 수 있다는 걸 상기하고, 한편으로 상대방의 현실적인 모습을 보다 깊은 수준에서 받아들일 수 있는지 찾아본다.

두 번째 장애물은 절대 가능성이 없을 어떤 일을 희망하며 애쓰는 것이다. 예를 들면 누군가 자신들이 저지른 짓을 절대 인정하지 않을 것이라든가, 당신이 바라마지 않는 사랑을 절대 주지 않으리라는 등, 마주하기에는 슬프지만 결국 단순히 그게 사실인 경우이다. 약점은 물론, 때로 우리의 강점이 자신을 곤란에 빠뜨리기도 하는데, 마치 스스로 너무나 확신에 찬 나머지 치즈가 없는 게 분명한 터널 안을 너무 오랫동안 찾아 헤매는 생쥐 같다. 좌절과 후회를 이제 충분히 납득할 만큼 허용한 후라면, 더 지지받을 수 있고 더 가능성 있는 곳으로 자신의 에너지를 돌릴 꿈을 꿀 차례다.

누군가를 완전히 받아들이기

자신에게 중요한 누군가를 한 명 고른다(여러 사람을 대상으로 이 연습을 할 수 있다). 마음속으로든, 소리를 내든, 글로 쓰든 아래와 같이 말하고 어떤 느낌인지 살핀다.

"나는 당신을 완전히 받아들입니다. 크고 작은, 셀 수 없이 많은 원인들이 당신을 지금 이런 방식으로 생각하고, 말하고, 행동하도록 이끌었습니다. 당신은 있는 그대로 당신입니다. 저는 그것을 있는 그대로 허용합니다. 당신은 그 자체로 사실이고 저는 제 인생에 나타난 그 사실들을 받아들이겠습니다. 당신과 나는 다만 그러할 뿐인 보다 큰 전체의 일부일 뿐, 이 사실 또한 받아드립니다."

내킨다면 좀 더 세부적으로, 이 사람의 면면 중 특히 성가시다고 생각하는 일면을 이름 붙여 본다.

"코를 고는, 항상 늦는, 벗은 옷을 바닥에 그대로 두는, 여전히 나에게 화난, 나와의 잠자리에 관심이 거의 없는, 이혼 과정 중에 나에게 죽일 듯이 달려드는, 나를 정말로 이해하지 못하는 당신을 받아들입니다.”

그들을 변화시키려고 애쓰느라 엉킨 덩굴처럼 얼마나 얽히게 되었는지 생각해 보라. 나 자신을 돌아보자면, 스스로의 과신, 과민함, 그리고 고통을 알아차리게 되었다. 자신을 옥죄고 있는 이런 것들의 일부, 또는 전부를 흘려보낼 수 있는지 생각해 보라. 이를 실천할 때 얻을 평화와 안락함에 눈을 떠라.

반대로 누군가가 당신을 완전히 받아들인다고 느낄 때 얼마나 좋을지 생각해 보라. 이는 정말 아름다운 선물로서, **그들을** 받아들이면 우리 또한 같은 선물을 베푸는 셈이다. 당신이 누군가를 완전히 받아들이고 있음을 그 사람이 느낀다면 그 관계가 얼마나 좋아질지 상상해 보라. 받아들임은 언제나 되돌려 받는 선물이다.

아름다운 석양, 영예로운 상장, 따듯한 미소. 이런 것들을 받아들이는 건 당연히 쉽다. 받아들이기 어려운 것들이란 당연히 만만치 않은 것들일 수밖에 없다. 그러니 그냥 그러할 뿐인 것들과 괜한 싸움을 포기함으로써 얻어지는 평화에 감사하는 것이 중요하다.

진실을 똑바로 마주보면서도 거기 할 수 있는 게 있다면 무엇이든지 —불행히도 아무것도 없을 수도 있겠지만— 할 수 있다. 이것이 종종 다른 사람들과의 갈등을 완화시킨다. 그리고 어느 순간 가슴이 편해지면서 이완과 명료함이 생긴다. 즉 어렵게 얻은, 정직한 자유다.

23

진정해, 이제부터 비판이 시작될 거야

∞

이번 연습의 제목은 조금 우스갯소리 같다. 무슨 뜻이냐면, 비판받을 걸 걱정하느라 우리가 너무 많은 시간을 허비할 수도 있다는 말이다. 그렇다. 애쓰고, 최선을 다하고, 합의를 지키고 등등…, 하지만 누군가는 반드시 당신의 방식에 결함을 지적한다. 이따금 그것은 암시적인 비판이라는 미묘한 형태를 띠기도 한다. 가령 조언을 주거나, 딱히 필요가 없는 도움이나 가르침, '바로잡아 줄게' 하는 것들, 아니면 당신을 다른 사람들과 부정적으로 비교하는 것 등이다.

바꿔 말하면 비판은 피할 수 없다. 우리가 벌레 같은 미물이나 로봇이 아닌 이상 비판이 불편하고 때로 아프기까지 하다는 것은 자연스러운 일이다. 어떤 형태로든 비판 속엔 따끔한 송곳이 내재되어 있다. 문제는 이 아픔에 쓸데없는 자책이 더해져 고통을 배가시킨다는 것이다. 이러한 '보너스 아픔', 즉 스스로 만든 상처에는 비판이 이미 과거의 일이 되었음에도 머릿속에서 그것을 반복하는 경향이 포함된다. 있을 법한 **미래의** 비판을 굳이 걱정하며 쓸데없이 자신을 괴롭히

160

거나, 아니면 그것을 피해 보겠다며 소극적으로 행동하는 경우도 있다. 하지만 대개의 경우 자신이 예상하는 그런 비판들은 실제로 절대 일어나지 않는다! 우리는 어릴 적 또는 청소년기에 획득한 어른들의 기대를 성인이 되어서까지 그대로 가져오는 경향이 있다. 과거에 꽤 많은 비판을 받았던 경험이 있을는지는 모르겠으나, 아마도 지금 당신은 다른, 그리고 바라건대 덜 비판적인 사람들과 지내고 있을 것이다. 나는 개인적으로 예상되는 수치스러운 공격에 선제적으로 대처하기 위하여 삶의 많은 부분을 잔뜩 웅크리고 과하게 준비하며 허비했다. 그런 일이 일어날 확률이 실은 극히 희박했음에도 말이다.

또한 그런 비판이 실제로 일어난다손 쳐도, 그게 그렇게까지 벌벌 떨 징도의 끔찍한 경험일까? 대개는 그렇지 않다. 그것은 충분히 잘 다룰 수 있다. 유용한 부분은 가져가고, 비판했던 사람에 대해 자신만의 결론을 내며, 그로부터 배우고, 앞으로 나아가면 그만이다.

How

비판이 들어오면 잠시 멈춰 그것을 마음속에 잘 정리해 충분히 이해했는지 확인한다. 그것이 좁고 세밀한 경우도 있지만, 대부분의 비판은 모호하거나, 혼란스럽거나, 과장되어 있다. 비판을 이해하려 노력하는 동안, 자신을 아끼는 사람들을 떠올리거나, 자신이 잘했거나 또는 좋았던 순간들을 기억해내어 스스로를 강화할 수 있다.

일단 비판을 이해하면, 이제 그것을 어떻게 처리할지 스스로 결정할 수 있다. 어떤 비판은 김빠지는 것일 수 있다. 그 사람이 사실관계를 잘못 알고 있거나, 보다 큰 맥락을 이해하지 못해서 생기는 억측이기도 하다. 당신에게는 그 사람의 지적에 동의하지 않을 권리가 당연히 있다. 다만 마음속으로 말이다.

또 다른 비판은 당신이 동의하지 않는 그 사람만의 기호와 가치에서 비롯된 경우이다. 가령 어떤 사람들은 다른 이들보다 더 친밀감을 추구한다. 배우자에 비해 당신이 혼자만의 시간을 더 필요로 하는 사람이라면(예를 들자면 그렇다는 이야기이다) 단순히 그 이유로 차갑다거나 쌀쌀맞다는 이야기를 듣기는 억울하다. 동시에 배우자 또한 틈을 주지 않는다든가 조종하려 든다는 말을 듣기엔 과하다. 거기에는 단지 가치 우선순위의 지극히 정상적인 차이만 있을 뿐이므로, 문제에 대해 호기심과 연민을 가지고 대화를 나눠 보는 것이 바람직할 뿐, 서로 비판의 대상은 아니다.

우리 행동에 정말로 적절한 교정 −가끔 나는 운전을 너무 빨리 할 때가 있고, 이때 아내가 속도를 줄이라며 하는 잔소리는 옳다− 이 필요할 때도 물론 있다. 하지만 그럴 때에도 비판은 격한 감정, 모멸감, 사적인 공격이라는 껍질에 포장된 경우가 많다. 11장(「자신을 용서하라」)에서 이미 살펴보았듯, 도덕적인 실수와 단순히 고치고 교훈을 얻으면 될 일을 분리해 받아들이는 방법이 매우 유용하다. 두 가지 중 하나를 선택할 수 있다. 실제로 그 비판이 얼마나 유용한지와는 무관하게 거기 덧씌워진 부적절한 포장에 반발하거나, 껍질은 무시하고 알맹이에 집중하여 앞으로 더 능숙해지는 것에 무게를 둘 수도 있다.

때로 정말로 후회스러운 일을 저지를 때도 있다. 할 수 있다면 자신의 원칙을 수정하고, 만일 똑같은 일을 다른 친구가 저질렀다면 얼마나 많은 후회를 요구할지 자문해 보며, 그보다 크지도 작지도 않을 만큼만 후회를 하면 그만이다.

자신이 이런 방식들로 비판을 다룰 수 있다는 걸 알면 그리 화낼 일이 없다. 그리고 비판에 대해 더 열린 태도를 가질 수 있다. 자신을 비판하는 사람들에게 반격을 가하거나, 관계를 단절하거나, 방어적일 필요를 느끼지 못한다. 난처함을 피하기 위해 뒷걸음질 칠 이유도 없고, 어떤 실수도 용납할 수 없어 강박에 사로잡히거나 과한 계획을 세우지도 않는다.

요약하자면, 비판이란 그 다양한 형태와 맛에도 불구하고 살면서 일어나기 마련인 현실이란 점을 깨달으면 그만이다. 그냥 그렇게 일어나도록 두라. 우리 삶에는, 그리고 이 세상에는 그보다 더 큰 문제가 허다하고, 그보다 더 큰 기회들이 널려 있다. 이제 더 자신감 있고 용감하게 살아나갈 때이다.

24

주변부터 챙기라

∞

인간관계는 변화에 저항하고 안정적인 균형 상태를 이루려는 전형적인 경향성을 보인다. 이는 사회심리학의 근본적인 개념으로 **서로 갈등과 고통이 가득할 때조차** 그러하다. 커플 상담을 진행할 때, 나는 이 개념의 여러 변형을 숱하게 목격했다. 서로가 각자 관계에서 마음에 들지 않는 부분이 있다. 각자가 상대방에게 어떤 방식으로든 다르게 행동하길 바란다. 각자 자기 파트너가 어떻게 행동하는 것이 좋을지에 대한 꽤 근사한 아이디어를 가지고 있다. 하지만 막혀 있다. 파트너 A가 파트너 B에게 말한다. "당신이 바뀐다면 나도 그럴게." 그럼 B가 말한다. "물론이지! 근데 당신이 먼저." 근본적으로 이런 모양새인 것이다.

우리는 자신이 남들을 어떻게 하면 더 잘 대할 수 있을지보다 남들이 자신을 어떻게 더 잘 대할 수 있을지를 생각하는 데 훨씬 더 많은 시간을 쓰는 경향이 있다. 이는 심각한 갈등이 있을 때 점점 더 격화된다. 상대방이 어떻게 더 잘해야만 하고, 또 잘할 수 있는지에 대한 전문가가 되어 가는 것이다. 당연하지만 상대방도 요구 사항 목록을 가지고 있다.

이것이 보통의 상황이겠으나, 그럼 결국 교착 상태, 악순환, 그리고 관계에 있어 감정의 상승 나선을 만들어낸다. 상황이 절망적으로 보일 수 있다. 감정적으로 이는 마치 만성적인 상처와 억울한 느낌이란 소스에 절여지는 것 같다.

이 상황의 대안으로 내가 **'일방적인 미덕'**이라 부르는 것이 있다. 이는 다른 사람들이 그렇게 하지 않을지라도 자신만은 스스로 정한 계명에 따라 살아간다는 의미이다. 물론 우리의 관심 중 20퍼센트 정도는 남들이 어떻게 하면 더 잘할 수 있는지에 쏟아도 무방하다. 다만 나머지 80퍼센트는 자신이 어떻게 하면 더 잘할지에 집중하는 것이다. 남들의 요구와 불만에 할당할 적절한 책임 한계치를 설정한다. 그 '적절한 책임 한계치'가 어떤 의미인지는 **스스로** 결정함을 분명히 하면서 말이다.

처음에는 이런 생각이 들 수도 있다. '왜 내가 먼저 해야 해? 그들이 날 너무나 잘못 대했었는데.' 하지만 나부터 먼저 주변을 챙기면 많은 이득이 있는데, 이는 **스스로에게** 최선의 판단이다. 우선 즉각적으로 무기력하고 막혀 있는 느낌이 줄어든다. 자신의 힘이 미치지 못하는 부분(상대방) 대신 실질적인 통제권을 갖는 부분(자기 자신)에 집중하기 때문이다. 상대방이 어떻게 행동하든 상관없이, 더 고고한 길을 따르며 '떳떳함의 축복'을 즐기며 사는 것도 꽤 괜찮다. 더욱이 이것은 남들이 우리에게 더 잘하도록 만드는 가장 승률 높은 전략이다. 감정적인 열기를 식히고, 그들의 요구를 배려하며, 흠잡을 만한 여지를 주지 않는 것이다. 시간이 지나면 이런 접근법이 당신을 보다 힘 있는 위치로 밀어 올린다. 자신이 원하고 필요한 것들에도 저들이 똑같이 화답하게끔 부탁할 수 있는, 또 필요하다면 강하게 요구할 수 있는 자리 말이다.

How

핵심은 간단하다. 관계 개선을 위해 **자신이** 무엇을 할 수 있는지에 초점을 맞추는 거다. 인생에서 '원인을 돌볼' 수는 있지만 '결과를 통제' 할 수는 없다. 사과나무에 물을 줄 수는 있어도, 사과가 열리게 **강제할** 수는 없다. 정신적으로 남에게 집착하는 대신 오늘 할 일에 대한 체크 리스트로 관심을 옮기면 경이로운 안도감을 느낄 수 있다.

무엇이 나다운 것인지 찾아라

이는 억지로 행복한 듯 미소 지으며 마치 만사 오케이라는 듯 행동하란 의미가 아니다. 어떤 상황에서 남들을 대하는 자신만의 고유한 방식에는 범위가 존재한다. 일방적 미덕이란 이 범위의 상한선을 목표로 한다는 뜻이다. 가령 누군가와의 사이에 긴장감이 높아지면, 침착하게 거리를 유지하며, 격식 있는 태도를 유지할 수 있다. 또한 협조적인 자세를 유지하면서도 자신이 얻어야 할 것들을 챙기는 한편, 상대방을 바꾸려는 답이 없는 싸움에 말려들지 않는다.

자신을 챙겨라

더 높은 길을 따르려 한다면, 1부에서 살펴본 바대로 스스로를 대우해 주어야 한다. 수면 부족이나 과음과 같이 마음을 흐리고 과잉 반응을 유도하는 것들에 유의한다. 자신과 남들이 얻을 이익을 떠올리며 의욕을 잃지 말라.

책임을 다하라

종이 위에 또는 마음속으로 관계에 있어 자신의 책임들을 확인해 본다. 상황에 따라 다르겠지만, '이틀에 한 번 설거지를 한다', '매주 목요일 오후 4시까지 판매 리포트를 제출한다'와 같은 물질적인 항목이 포함될 수 있다. 좀 더 광범위하고 성서적인 항목들도 있을 수 있는데, 가령 '대화 중에 집중한다', '친척들과 교류할 때는 우호적인 태도를 갖는다' 등이다. "우리'의 시간을 남겨두기', '그들이 어떻게 느끼는지 물어보기' 같은 관계 관련 실천 항목들도 고려해 본다. 부모, 직원, 나이 든 부모를 둔 성인 자녀, 배우자, 친구 또는 단순히 점잖은 한 인간의 입장에서 '역할 분석표'를 작성해 볼 수도 있다. 이것이 너무 형식적이어서 기묘하게 보일는지도 모르지만, 이런 식으로 한번 표현해 보면 사안을 더 공적인 것으로 느낄 수 있게 된다. 그럼 다른 사람들이 책임을 다하는지 여부와 무관하게 자신이 꼭 해야 하는 의무라는 느낌이 들게 만든다.

자신만의 계명을 따르며 살라

어떻게 하면 매일 밤, 잠에 들기 전 자존감을 느낄 수 있을까? 그것은 자신만의 개인적 행동 수칙이다. 너무 자명하게 보일는지 모르나, 마음속에 또는 종이 위에 분명하게 새겨 넣기에 유용하다. 다음과 같은 것들이 포함될 수 있다. '상대방에게 말할 시간을 공평하게 준다', '아이들 앞에서 흥분하지 않는다', '자신의 관점을 옹호하지 않는다', '최대한 도움이 되어라', '합의를 준수한다'. 갈등에 휩쓸릴 때 때때로 되돌아본다. '너는 어떻게 행동하길 원하니?'

그들의 불평을 고려하라

불평하는 것은 정상이다. 우리 대부분이 다른 사람들에게 불평한다. 관계에 있어 다른 사람들의 불평은 대개 꽤 분명한 편이고, 만약 확실히 모르겠다면 물어볼 수 있다. 그들의 불평 목록 –또는 원한다면 소원 목록– 을 알았으면 목록의 일부, 대부분, 또는 전부를 **합리적으로** 챙길 수 있을지 생각해 본다. 목록에 적힌 것들을 차례대로 해결해 나간다면 어떨지, 그리고 자신과의 관계에 어떤 이익을 가져다줄지 생각해 본다.

더 높은 길을 따르라

일방적인 미덕이 자신에게 어떤 의미인지 아는 게 좋다. 그렇게 되면 인생에서 많은 부분이 더 명료해진다. **스스로** 정의한 바대로 그저 자신이 할 일을 하면 된다. 그 길은 만만치 않을 수도, 누군가가 길목을 막을 수도, 상황이 여전히 너무 도발적일 수도 있다. 그럼에도 매일같이 자신만의 길을 그저 걷기만 하면 거기에서 평화와 자존감을 느낄 수 있다.

이렇게 해나가며 남들이 어떻게 반응하는지 본다. 몇 년까지는 아니더라도, 몇 주, 몇 달, 적절한 만큼의 시간이 지나면 관계를 재정립할 수 있게 되고, 그때 자신의 불평과 소원에 대해 더 말하고 싶은지 결정하면 된다. 만일 그러고 싶다면 그때까지의 행실이 더 튼튼한 근거가 되어 줄 것이다. 그리고 시종일관 마음속으로 자신이 할 수 있는 최선을 다했음을 자부하게 된다.

4부

자신을 위해 나서라

25

불필요한 두려움은 놓아주어라

∞

다른 사람들과 함께할 때 조심스러워지고 예민해지는 건 당연하다. 에를 들면 회의 중 누군가가 당신과 의견을 달리할 때, 마음이 불편할 뿐 아니라 다른 사람들이 어떻게 생각할지 걱정할 수 있다. '내가 너무 밀어붙였나? 윗사람들이 좋아할까? 혹시 그렇게 썩 똑똑하지는 않다 생각할까?' 그날 늦게 집에 와서, 가령 10대 아들이 늘 하던 대로 말도 없고, 신경질적이라고 해 보자. 냉랭한 거리감이 끔찍하게 느껴진다고 말하며 마음을 열고 싶지만 무언가 어색하다. 일을 더 악화시킬까 걱정되고, 아이가 좀 더 클 때까지는 이야기가 잘 진행될 것 같지 않다는 생각이 들면서, 결국 이번에도 아무 말도 하지 않고 지나간다.

다른 사회적 불안에는 자신의 외모에 대한 두려움, 대중 앞에서의 연설, 권위를 가진 사람과의 대화, 자신을 좋아하지 않는 사람들과 어울림 등이 있다. 때로 이들 두려움은 정당하다. 누군가는 당신에게 압력을 가하고, 상처를 주거나 이용하려 들 수 있다. 안전은 인간의 가장 기초적인 욕구이다. 따라서 위협을 분명하게 알아차리며, 사람들과 능숙하게 교류할 수 있는 능력은 필수적이다. 그럼에도 불구하고 사람들과 함께할 때 느끼는 두려움의 많은 경우는 실질적으로 당위성이 전혀 없는 것들이다. 사람들은 우리가 어떤 행동을 했는지에 대하여 애초에 별 관심이 없고, 만약 관심을 가졌더라도 그냥 스쳐 지나가는 느낌에 불과하다.

만약 정말로 진정한 위협에 직면했다면, 그에 대해 불안해하기보다 단호함과 자신감을 가져야 한다. 불안이란 우리가 취하는 대응에 그저 **추가되는** 무엇이다. 때로 그것은 도움이 되기도 하지만, 그보다는 생각을 흐리게 하고, 고통을 부풀리며, 갈등을 악화시키는 경우가 너무나 많다. 사람들과 어울릴 때 너무 불안해하거나, 반대로 아무런 신경도 쓰지 않고 태연할 수도 있다. 실제로 어느 쪽이 더 흔할까?

답은 후자이다. 불필요한 불안은 인생에 곁들여질 수 있는 양념과 같다. 그것은 쓴맛을 낸다.

How

만성적으로 불안해지고 그것이 일종의 습관으로 굳어지면 어떻게 해보기가 힘들다. 심지어 불안해지지 않으면 그것 자체로 불안한 사람들도 있다. 너무 풀어지면 또다시 상처받을지도 모른다는 생각 때문이다. 하지만 우리는 **불안을 느끼지 않으면서도 얼마든지 잠재적 위협을 눈치채고 대처할 수 있다.** 이것을 알아차리는 것이 중요하다.

아무런 정보도 얻을 수 없고, 쓸모가 전혀 없는 불필요한 불안으로 인해 낭비되는 비용을 생각해 보라. 기분이 나빠지는 것과는 별개로, 다른 사람들과 있을 때 위축되고, 자신의 감정에 솔직하지 못하며, 소위 호구가 된 기분을 느끼거나, 아니면 반대로 너무 전투적으로 반응한다. 쓸데없는 불안에서 자유로워지길 원하는지 마음속 깊은 곳으로부터 결정해야 할 때다.

종이 호랑이 망상을 버려라

어째서 신경계가 그렇게 쉽게 경계 경보에 휘둘리는지 이해하면 유용하다. 대자연은 우리 선조들의 생존을 보장하기 위해 대뇌에 어떤 경향성을 심어 놓았다. 위협을 과대평가하고, 기회는 과소평가하며, 위협과 기회에 대응할 자원 또한 과소평가하는 경향성이 그것이다. 이는 죽느냐 사느냐 하는 상황에서의 생존에는 유리하지만, 풍요롭고 충만한 인간관계의 측면에서는 거추장스럽기 그지없다. 그토록 불필요하게 불안한 것은 우리 잘못이 아니다. 하지만 그것을 적절히 다루는 것은 **본인**의 책임이자 기회이다.

그러므로 문득 무언가 위협적으로 여겨진다면 ―가령 방심하고 있다는, 너무 협조적이었다는, 너무 공감하다가는 무언가 벌어질지도 모른단 생각이 든다면― 다음과 같이 스스로 질문하라.

- 이 위협을 과대평가하고 있지는 않은가?
- 여기 기회를 과소평가하고 있지는 않은가?
- 이 위협을 다루기 위한 또는 이 기회를 구체화하기 위한 자원

을 -그것이 내면의 것이든, 내 주변의 것이든- 과소평가하고 있지는 않은가?

자신의 마음을 이해하기 위해 한 발 떨어져 보는 이 작업이 즉시 불안감을 줄여 줄 수 있다.

자신만의 터보차저를 알아차리라

지난 삶, 특히 어린 시절을 돌이켜보고, 거기에서 어떤 일이 위협적이었는지, 무서웠는지, 정신적 충격이었는지 살펴보라. 위협에 대처하고, 불안을 다루는 방법을 어떤 식으로 배웠는가? 그 교훈들이 당시에는 유용했을는지도 모르겠다. 하지만 지금은 마치 몸 안에 장착된 터보차저(turbocharger)와 같다. 지각을 왜곡하고, 감정을 편향되고 과격하게 만들며, 충동적으로 행동하게끔 내몬다. 잠시 시간을 내어 자신만의 '터보차저' 목록을 만들어 보라. 그것들을 알아차리면 차릴수록 그것에 덜 휘둘린다. 다음과 같이 지혜롭게 자문할 수 있다. "지금은 중학생 시절이 아니야.", "그는 내 아빠가 아니야.", "그들이 한 말은 비판적이긴 하지만 끔찍한 공격 정도는 아니지.", "완전히 거부당한 것은 아니야, 그렇게 느껴지더라도 말이지.", "이 아픈 느낌은 주로 오래된 정서적 기억일 뿐이야. 지금 이 순간 진실에 의거한 것은 분명 아니지."

걱정하지 말라

당신을 아끼고 있음이 **확실한** 누군가를 마음에 떠올리고 자신에게 말한다. "당신이 나를 공격할 리 없다는 것을 알고 있습니다." 이 진술이 진실임을 입증할 근거를 스스로 찾아보고, 어떤 느낌인지 보라. 다음 문장으로 똑같이 다시 해 본다. "혹시 당신이 날 공격했다고 할지라도, 내 존재의 핵심에는 여전히 아무 문제가 없습니다." 이 문장의 진실성, 그리고 연관된 좋은 느낌들이 내면에 안착되도록 허용한다. 여기 또 하나 있다. "당신과 함께할 때, 나는 스스로 충분히 나 자신을 돌볼 수 있습니다." 이것 또한 내면에 안착시킨다. 그리고 "당신이 날 마음 아프게 할지라도, 나의 중심은 여전히 괜찮습니다." 또한 "당신의 안녕을 기원합니다."라고 해 본다. 이 연습이 조금이라도 힘들다고 느껴지면 당신을 사랑하는 누군가를 대상으로 해 본다. 앞서 살펴본 고요한 힘의 느낌을 끌어내어 본다. 다른 사람들의, 그리고 사건의 진실이 무엇인지, 자신의 욕구를 스스로 돌볼 수 있음을, 그리고 불필요한 불안을 첨가할 필요가 없음을 알아차릴 수 있도록 차분하게 내면을 살핀다.

다음으로 친구를 한 명 떠올려 이 연습을 해 본다. 그러고는 중립적인 사람으로, 다음으로 당신을 적대하는 누군가를 대상으로 해 본다. 연습 도중 진짜로 불안한 무언가가 있으면 그냥 허용하라. 그렇지 않다면 다른 사람들을 좀 더 실제적으로 바라보는 경험에 계속 마음을 열고, 동시에 자신의 이익을 주장함에도 주저하지 말라. 무의미한 두려움일랑 던져버리고 말이다.

이러한 접근법을 다른 이들과 교류할 때 적극적으로 적용시켜 보라. 가족, 친구, 중립적인 사람, 적대적인 사람, 이들 모두에게 일말의 **불필요한** 걱정, 경계감, 불편함 없이 이야기할 수 있는가? 다른 사람과 함께할 때 적절하게 당당한 느낌이 더 깊어져 그것이 몸에 익게 되면 이러한 존재 방식이 자신의 특성으로 완전히 뿌리내린다.

이 연습은 다른 사람과 함께할 때 더 큰 편안함, 자신감, 그리고 자유로운 느낌을 가져다준다. 그것들을 즐겨 보라. 다른 사람과의 관계에서 두려움이 없을 때 얼마나 더 이완되고, 인내심 있고, 열려 있으며, 배려심이 깊어지는지 알아차려 보라.

26

자신의 기반을 찾아라

∞

뉴질랜드는 내가 여러 번 가 본 나라인데, 정말 좋아하고 존중하는 곳이다. 거기에서 마오리족의 단어로 '서 있을 자리'라는 의미의 **투랑가와에와에**(turangawaewae)'를 배웠다. 그리고 이는 수년에 걸쳐 나에게 많은 의미를 주었다.

나는 그들의 문화적 맥락 속에 그 단어의 완전한 의미를 알고 있지 못한다. 하지만 어떤 기본적인 수준에서 우리 모두 설 자리가 필요하다는 것은 분명하다. 당연히 어떤 물리적인 장소, 이를테면 따뜻한 가정, 육지와 바다, 누워 다리 뻗을 침대도 필요하지만, 어떤 심리적인 또는 영적인 장소가 필요하다. 이는 사랑받는 느낌, 내면의 고요하고 깨끗한 중심, 사실에 대한 앎, 연민과 윤리, 그리고 현실적인 계획 등을 말한다. 달리 말하자면 안식과 돌봄, 영감을 제공하는 **피난처**이다. 가령 누군가는 신뢰할 수 있는 스승, 지혜의 화신, 그리고 선한 마음을 가진 사람들의 공동체에서 피난처를 찾을 수 있다.

우리에게는 설 자리가 필요하고, 이는 최고의 환경에서도 그렇다. 도전적인 상황은 늘 있기 마련이다. 배우자가 지금 막 당신에게 불같이 화를 내기 시작했을 수도, 직장 동료가 뒤에서 험담을 했을 수도 있다. 어쩌면 건강 문제, 재정적 어려움, 아니면 전 세계적 팬데믹에 직면할 수도 있다. 무엇인가에 자신이 흔들릴 때마다 자신의 자리를 찾고 거기 발을 붙이는 것이 특히 중요하다.

How

당장 발붙일 자리를 찾아라

육체로부터 시작한다. **지금 여기**에 존재한다는 단순하고 부정할 수 없는 느낌에서 출발해 보자. 호흡의 느낌, 바닥에서 느껴지는 두 발의 느낌, 의자에 닿는 느낌 등… 만약 일어서 있다면 무릎을 살짝 구부려 중심을 잡고 지면에 단단히 고정된 느낌을 가져 볼 수 있다. 자신의 **존재가 진행되고 있다는**(going on being) −획기적인 소아과 의사이자 정신분석학자였던 도널드 위니코트(Donald Winnicott)가 근본적인 욕구라는 의미로 사용한 표현− 사실을 알아차리라. 태어난 직후 영아 시절부터 시작된 자신의 **존재함**, 그것이 계속 이어지고 있음을 느끼고 아는 것이다. 이는 너무나 멍청해 보이지만 그럼에도 깊은 안도감을 준다.

이 줄곧 이어지는 존재의 느낌은 자신을 지금 여기에 머물게끔 돕는다. 과거가 어떠하였는지 미래가 어떠할지와는 관계없이, **지금** 이 순간 사실인 모든 것은 현재라는 찰나 속에서 절대적으로 오직 진실일 뿐이며, 결코 당신에게서 빼앗아 갈 수 없다. 지금 이 순간이라는 실재로부터 미래에 대한 생각과 두려움을 떼어내어 보라. 무엇이 지금 이 순간의 진실인가? 아마도 많은, 좋은 것들일 것이다. 우선 신뢰받아 마땅한 의식의 안정감이 있다. 마음은 여전히 계속 일하는 중이기에, 생각하고 계획하고 기능할 수 있다. 거기에 스트레스와 슬픔이 있다 해도 존재의 중심에서 당신은 편안한가? 대부분의 시간에, 대부분의 사람들은 **지금 이 순간 기본적으로 아무 문제 없다.** 이 사실을 반복해서 끊임없이 알아차려라. 이는 차분함을 주기에 불안에 대한 확실한 해독제이다. 내가 아는 한 가장 강력한 연습 중 하나인 것이다.

주위를 돌아보라. 힘이 되고 의지할 만한 것은 무엇인가? 물체, 가령 의자와 벽, 포크와 연필, 음식과 불. 또 가까이에, 혹은 멀리 있는 사람들, 친구들과 가족들, 육체적·정신적 건강을 돌보는 전문가들, 스승과 기타 지혜의 원천들. 늘 함께하는 좋은 것들에 익숙해진 나머지 대뇌에서 그것들로부터 초점을 거두었기에 우리는 잊고 산다. 그러니 의도적으로 그것들을 다시 알아차려 보라. 그리고 그 알아차림이 자신감과 안도감의 느낌이 되게 하라.

똑똑히 보라

자신의 기반을 찾기 위해, 관련된 사실들을 확실히 해 둔다. 아무리 위급한 상황일지라도 무슨 일이 일어난 것인지 시간을 내어 확인해 본다. 가령 그 사람은 실제로 어떤 말을 하였는가? 어떤 맥락, 어떤 어조로? 또 겉으로 드러난 의도는 무엇인가? 다른 사람들이 관여하였는가? 그렇다면 어떤 방식으로 관여하였는가? 가령 당신과의 약속을 계속 지킬 필요가 없다고 생각하게 만드는, 반복되는 어떤 일로 귀결 될만한 사실들이 있는가?

진상을 밝히고, 똑똑히 보려는 노력을 어떤 이들은 좋아하지 않을는지도 모른다. 거기에는 많은 이유가 있을 수 있다. 그에 대해 이야기하는 것이 단순히 시간이 아까울 수도 있고, 방어적이기에 어떤 실수도 인정하기 싫어서, 또는 의도적인 속임수일 수도 있다. 관계에서 상대방이 지배적인 역할에 익숙하다면 그들의 거부와 방해에 대해 반발할 때 긴장이 고조될 수 있다. 하지만 겁박하고 혼란을 주기 위해 애쓰는 사람들로부터 머리로는 생각지 않은 채, 여전히 가슴을 연민으로 열어 둘 수 있다.

문제가 자신에게 그렇게까지 중요치 않아서, 이를 확실히 하기 위해 드는 인간 관계상의 비용이 가치가 없다 생각할 수도 있다. 그렇다면 그만두어도 된다. 반대로 무언가 문제 되는 부분을 깔끔하지 못하게 그냥 두기에는, 상대방의 불편이 그 자체로 충분한 이유가 될 수 없다고 판단할 수도 있다. 예를 들면 나는 다양한 전문가들을 상대해 본 경험이 있다. 배관공, 전기 기술자, 변호사, 그리고 의사들까지 말이다. 그들 모두가 선의를 가지고 일을 한다는 것은 분명하다. 하지만 종종 그들이 어떤 것이 사실이라거나 우선시되어야 한다고 말할 때, 납득이 가지 않을 때가 있다. 그럼 나의 경우 더 많은 정보를 얻기 위해 따져 묻는다. 민망해진 아내가 시선을 피하고, 때로는 전문가인 상대방조차 그럴 때도 있다. 그러거나 말거나 나는 계속 질문한다, 아주 정중하게. 그럼 그들은 대부분의 경우 내가 어떤 식으로 잘못 이해하고 있다는 것을 밝혀 준다. 하지만 스무 번에 한 번쯤은 내 질문들이 무언가 중요한 것을 드러내 준다.

무언가에 대해 이상한 예감이 든다면, 그것을 믿어 보라. 물론 인정한다. 우리가 모든 세세한 부분까지 밝혀낼 수는 없다는 걸 말이다. 하지만 그렇게 함으로써 일어난 일에 대해 또는 일어날 수도 있는 일에 대해 좋은 아이디어를 심심치 않게 얻을 수 있다.

계획을 세운다

적어도 바로 다음 단계만이라도 앞으로 무엇을 할지 아는 것은 자신을 차분하고 근거를 갖게 만든다. 냉장고에 작은 달력을 붙여놓고 부부로서 챙겨야 할 기념일과 같은 일정을 적는 간단하고 명확한 일도 있다. 또는 더 일반적이고 장기적일 수도 있는데, 가령 어떤 관계에서 서서히 발을 빼기로 결심한 경우에 그렇다.

계획이란 특정한 목표를 달성하기 위한 것이다. 이 사람과 이 관계에서 나에게 가장 중요한 것은 무엇인가? 나의 우선순위는 어떻게 되며, 그에 따른 가치는 어떠한가? 나는 무엇에 신경을 쓰고 있는가? 상대방에 대한, 그리고 나 자신에 대한 의무는 무엇이라 생각하는가? 실제적으로 **나의 근거는 무엇인가?**

자신만의 근거를 찾으려 할 때, 다음과 같은 생각들이 도움이 된다.

- **개인적인 연습** - 어떻게 자신의 안녕과 기능을 보존하고 강화할 수 있는가? 이는 모든 것의 기반이다. 거기에 더해 이는 자신의 가장 직접적인 통제 아래 놓여 있다. 예를 들면 매일 조금

씩 더 시간을 내어 명상, 다른 이들을 사랑하기, 감사를 표하기에 전념할 수 있다. 아주 좋은 계획이다! 또한 거의 가치가 없거나 스트레스만 받는다고 느껴지는 사람들, 관계, 또는 대중매체를 멀리하기로 결정할 수도 있다.

- **자신의 권익을 보존하기** – 지금 당장 어떤 위험에 처해 있는가? 사회의 모든 부분에 걸쳐 가정폭력이 흔히 일어난다는 것은 슬픈 사실이다. 육체적으로 또는 정신적으로 학대를 받았거나 받고 있다면, 이에 대한 표준적인 권고는 다른 누구와도 아닌 전문가와의 상담이다. 혹은 어쩌면 어떤 조직에 속해 있어 평범한 상사나 적대적인 동료를 상대해야만 할 수도 있다. 그렇다면 당신의 계획은 걱정거리를 종이에 써 보고 동맹과 멘토를 찾는 것일 수도, 어쩌면 다른 데서 더 좋은 일자리를 알아보는 것일 수도 있겠다. 건강, 재정, 위급 상황에 대한 준비 등에 대해 새롭게 살펴본다. 처음에는 압도적으로 보일는지 모르지만, 결국 합리적인 실천 목록을 만들어 차근차근 해결해나갈 수 있다.

- **타인의 권익을 위해** – 어쩌면 학교 선생님이 자녀의 특정 필요에 도무지 반응을 보이지 않을 수도 있다. 그럼 당신의 계획은 그저 1년 참고 다니게 하는 것부터, 반을 바꿔 보려 시도해 보는 것까지 다양하다. 혹은 모친께서 뇌출혈을 당했을 수도 있다. 그럼 당신의 계획은 좀 더 나은 수준의 가정 간호법을 알아

보는 것이 될 수 있다.

계획과 그에 따른 행동에서, 무엇이 자신의 통제 아래 있는가에 초점을 맞춘다. 목록을 만들고 그에 따라 실천한다. 효과적인 실행을 대체할 수 있는 것은 없다. 심리치료사로서 내 경험으로 볼 때, 많은 사람들은 자신이 해야 할 일을 알지만 하지는 않는다. 한 계단 오르고, 주위를 둘러보고, 다시 한 계단 올라 계속 나아가 보라. 실천해나가면 불안은 없다.

당신은 혼자가 아님을 알라. 룸메이트와의 말다툼부터 자녀에 대한 걱정, 나라 걱정에 이르기까지, 지금 씨름 중인 그 무엇이든 다른 사람들도 지금 이 순간 똑같은 것들로 혹은 그 비슷한 것들로 골머리를 앓는 중이다. 당신은 사람들을 챙기고, 사람들은 당신을 챙긴다. 우리는 거미줄같이 얽힌 관계망 속에 살고 있다. 비록 어떤 면에서 너덜거릴지라도 말이다. 우리와 마찬가지로 흔들리고 또 자신만의 근거를 찾기 위해 애쓰는 그들에게 동지애를 느껴도 되지 않을까.

27

분노에 이용되지 말고, 이용하라

∞

분노는 까다롭다. 한편으로는 짜증과 원망 같은 분노가 실제적인 위협, 상처, 바로잡아야 할 부조리에 대해 경고해 주고, 그에 대해 무언가를 하게끔 북돋운다. 나의 성장 과정에서 분노는 부모님들의 전유물이었다. 따라서 나는 분노를 억눌러야만 했고, 그에 따르는 많은 감정 또한 억제되었다. 이후 분노를 포함한 내면을 되찾는 일은 일종의 기나긴 여정이 되었다.

사적인 관계에서든 사회 전반에 있어서든, 더 많은 권력이나 특권을 가진 사람들은 다른 사람들에게 그렇게 흥분해서는 안 된다고 말하곤 한다. 하지만 사실 모든 사람은 화를 낼 정당한 이유와 권리를 갖고 있다. 어떤 상황이든, 당신은 사건을 바라보는 자신만의 관점을 가지고 그것이 얼마나 나쁜 일인지 판단하며 화를 낼지 결정할 수 있다.

다른 한편 화는 다음과 같은 특징을 가지고 있다.

- 그 첫 번째 광풍이 지나가면 기분이 매우 나쁘다.
- 시야를 좁힌다. 따라서 큰 그림을 놓친다.
- 판단을 흐리고, 충동적인 행동으로 자신을 몰아간다. 이때의 행동은 잠재적으로 폭력적이다.
- 다른 사람과의 갈등을 창조하고 강화한다.

자신이 공격당했다고, 부당한 취급을 받았다고, 실망했다고, 자극받았다고 느낄 때, 분노는 **너무나** 정당한 것처럼 보일 수 있다. 마치 '당연히 미칠 듯이 화가 나. 네가 날 이렇게 만들었잖아. 이건 네 잘못이야.'라고 여기듯. 이는 매혹적이다. 도파민이 밀물처럼 쏟아져 들어오고 이는 보상으로 느껴진다. 그럼에도 불구하고, 그것은 화를 낸 당사자에게 상처를 준다. 예를 들면 만성적인 적개심은 육체적 건강, 특히 심혈 관계 질환의 심각한 위험 인자이다. 초기불교에 보이는 다음 비유를 보라.

"분노란 낚시 바늘과 같다. 끝단에 꿀이 발라져 있지만, 중간에는 독이 든 미늘이 있다."

"원망이란 자신이 독을 마시고 남들이 죽기를 기다리는 것과 같다."

분노는 다른 사람들 또한 다치게 하고, 때로 되돌아와 자신을 친다. 부정적인 감정에는 분노, 두려움, 슬픔, 그리고 수치심의 네 가지 주요 형태가 있다. 이들 중 전형적으로 다른 사람에게 가장 거대한 충격을 가하는 것이 분노이다. 누군가에게 불같이 화를 내고자 한다면 오직 딱 한 번, 그들과의 관계를 영원히 끝내고자 할 때만 그러해야 한다. 나는 이를 끝없는 후회를 통해 배웠다. 상대방과 더불어 원한과 앙갚음이라는 악순환의 고리에 사로잡힐 수 있다. 비슷한 과정이 집단 간에도 일어날 수 있으니, 이는 가족, 국가까지 해당된다. 집단은 정체성을 공유하기에 종종 이에 부가된 원한까지 공유된다. 그렇기 때문에 역사를 통틀어 많은 지도자들이 자신의 권력을 공고히 하는 데 이를 이용해 왔다.

자, 그럼 자신의 분노를 존중하고 사용함에 있어 어떻게 하면 그에 중독됨 없이, 관계에 불필요한 문제를 일으키지 않게끔 균형을 찾을 수 있을까?

How

화를 낼 때 그것은 두 단계를 거쳐 일어난다. 첫째, **기폭제**가 존재한다. 가령 점점 커지는 피로, 배고픔, 고통, 스트레스, 절망, 상처받음, 또는 혹사가 있겠다. 그다음 **방아쇠**가 있다. 가령 누군가가 아무 고려 없이 잔소리를 했을 수 있다. 비유하면 기폭제는 성냥 더미와 같고, 방아쇠는 거기에 불을 붙이는 스파크와 같다.

기폭제 다루기

위에서 이야기한 기폭제를 염두에 두고, 그것이 완성되기 전 일찌감치 해결한다. 내적으로, 뱉는 숨을 길게 가져가는 커다란 심호흡을 해본다. 잠시 창밖을 내다보거나, 간식을 먹거나, 평화 또는 사랑의 느낌을 주는 무언가를 떠올려 볼 수도 있다. 또는 있는 그대로의 모습을 좋아하지는 않으나 그다지 화가 날 정도는 아닌 수준의 어떤 것을 받아들이는 느낌을 가져 볼 수도 있다. 외적으로, 상황을 개선시킬 행동을 실천한다. 가령 정말이지 속을 긁기 시작하는, 기분 나쁜 뉴스가 쏟아지는 텔레비전을 꺼버린다든가, 화가 치미는 전화벨 소리를 울리지 않게 하는 것이다. 더 장기적으로 관계상의 문제들을 다루기 위해서는 이 책 5부에 소개할 개념과 도구를 사용할 수 있다.

속도를 늦춰라

일단 방아쇠가 당겨졌다면, 나중에 후회할 말이나 행동을 하기 전에 속도를 늦추고 진정힐 수 있을지 시도해 본다. 입력되는 징보 -가령 고속도로에서 갑자기 차가 끼어든다거나, 배우자가 모욕적인 언사를 하는 등- 는 대뇌에서 두 가지 경로를 통해 처리된다(실제로는 더 복잡하지만 요약하자면 말이다). 첫 번째 경로는 피질하부 영역을 통과하는 빠른 길로서 가령 편도체 같은 것들이다. 이는 순식간에 신경호르몬 스트레스 반응을 촉발시킨다. 이제 심장은 더 빨리 뛰고, 아드레날린과 코르티솔의 혈중 농도는 급상승하며, 마음속에서는 두려움과 분노가 들끓기 시작한다. 두 번째 경로를 따라가 보면, 전전두엽 영역에 불이 켜지면서 무슨 일이 일어났는지 살피기 시작한다. 얼마나 큰일인지, 그리고 그에 대해 어떤 조치가 필요한지 가늠한다. 전전두엽 피질(prefrontal cortex, PFC)은 굉장한 생물학적 장치이지만 피질하부에 비하면 속도가 느리다. 그리고 피질하부는 가장 먼저 충동을 일으키는 부분이다. 자신을 추스르기 위해 단 몇 초만이라도 멈출 수 있으면 전

189

전두엽 피질이 따라잡을 수 있게 되고, 그럼 보다 큰 그림, 장기적인 이득, 다른 사람들의 욕구, 또 다른 선택지 같은 것들이 눈에 보이기 시작한다. 그럼 차근차근 행동 계획을 세우면 되는 것이다.

분노를 경청하라

분노가 폭발하듯 터져 나오든, 짜증과 악화라는 분위기로 나타나든 상관없이, 그것은 무언가 중요한 것을 이야기하고 있는 중이다. 그것을 어떻게 표출시킬지 세심하게 다루는 한편, 여전히 그것에 열린 마음을 유지하며 내면을 살펴볼 수 있다.

육체적으로 그것은 어떤 느낌인가? 다른 사람들에 대해 그것은 어떤 생각을 불러일으키는가? 자기라는 존재감에는 어떤 느낌을 가져다주는가, 이용 또는 혹사당하는 느낌인가? 이 분노에, 가령 어떤 특정 관계에서 또는 더 일반적으로 자신의 생애에서 어린 시절 따돌림을 당했다든가, 어른이 되어 차별을 당했다는 등의 과거의 경험이 있지는 않은가? 거기에 도망치거나 맞서 싸우는 등의 어떤 욕망이 들어 있진 않은가?

분노 아래 무엇인가 있는가? 거기에 좀 더 부드러운, 어쩌면 좌절, 상처받음, 걱정, 죄책감, 패배감과 같은 연약한 감정들이 있을 수 있다. 분노가 이와 같은 더 취약한 감정들을 억압하기 위한 한 가지 방법은 아니었는가?

분노 속에 본인이 경청해야 할 중요한 메시지가 있는가? 예를 들어 자신의 능력에 맞지 않게 일을 벌여 결국 포기하거나, 아니면 다른 사람들이 나서야만 하거나, 아니면 둘 다인가? 누군가와의 관계가 막

장까지 닿아 이제 청산이 필요한가? 누군가 아무것도 모르면서 무심코 자신을 짜증나게 하는가? 그래서 그들에게 한마디 하면 멈출 것 같은가? 혹시 **스스로에게** 화가 난 것을 다른 사람에게 전가하는 것은 아닌가? 이해받지 못한다거나 존중받지 못한다는 느낌을 가짐에도 어떤 사람과의 관계를 유지하고 있는 상황에서, 이제 그 관계에 변화를 줄 때인가? 좀 바보 같아 보일 수도 있겠지만, 마음속으로 분노에게 도대체 무슨 말을 하고 싶은 것인지 물어볼 수 있다. 다만 그것이 하는 말을 듣고 놀랄 수도 있다.

언쟁 또는 어떤 화가 치미는 경험 한가운데에서 이런 방식으로 자기 자신에게 주파수를 맞추면 큰 도움이 될 수 있다. 만약 관계에서 빈복되는 문제들이 있거나, 진반직으로 매사 님들과 부딪히고 산다면, 그 순간의 열기에서 잠깐 벗어나 위에 언급한 질문들을 생각해 볼 수 있다. 혹여 다른 사람들이 자신의 분노를 축소하거나, 무시하거나, 비판한다면, 도대체 왜 그러는지 한 번 찾아보라. 혹시 오해로 인한 것일지라도 그것이 의도적인 것인지, 아니면 자신들의 이득과는 무관하게 그러는 것인지 말이다.

분노가 버스를 운전하게 두지 말라

몇 년 전 나는 **분노로** 말하거나 행동하지 않겠다고 스스로 맹세한 적이 있었다. 누군가 나를 보며 화가 났다 생각할 만한 경우는 없었겠지만, 그럼에도 이 맹세는 분노가 얼마나 자주 내 언행의 동기가 되고, 거기 알게 모르게 스며드는지 스스로 깨닫는 계기가 되었다. 가령 아무리 미묘할지라도 눈을 굴리거나, 목소리 톤이 변화하거나, 화를 억

누르듯 한숨을 쉬고, 비판적인 단어들, 또는 권위적인 설명이 묻어나는 것이다. 스스로 이 분노가 얼마나 자주 '새어 나오는지' 자문해 볼 수 있다. 목숨이 걸린 싸움에서, 불의에 직면하여, 또는 어떤 폭력적인 관계로부터 빠져나오려 할 때 등, 분노로 행동하는 것이 필요하고 적절하다고 느껴지는 상황이 있을 수 있다. 하지만 일반적으로는 분노에서 비롯되는 언행이 없이도 얼마든지 스스로에게 진실될 수 있다. 분노가 자신을 마음대로 조종하게 허락하지 않으면서도 그것을 느끼고, 그에 귀 기울이고, 그 에너지와 초점을 이용할 수 있다.

상황에 따라 다르겠지만 고요히 머물고, 주의 깊게 살피며, 좀 더 적절한 순간이 찾아올 때를 기다린다. 또는 단호하게, 단정적으로, 심지어 격렬하게 말을 할 수도 있다. 무엇인가에 대해 화가 났음을 말하면서도 결코 그 화를 상대방에게 퍼붓지 않을 수 있다. 무언가에 걸려들어 버린 느낌이 든다면 대화를 잠시 멈추고 숨을 고를 수도 있다. 분노의 느낌을 확실히 인지하면, 그 아래 숨겨진 것들, 가령 오해받고 있거나 실망했다는 느낌에 대해 말을 할 수 있게 된다.

나 자신이 그랬듯, 이 맹세가 타인과의 관계에서 스스로를 아주 단단한 기반 위에 올려놓는다는 것을 알게 될 것이다. 이제 분노 아래 숨겨진 근본적인 문제들에 대해 더 잘 말할 수 있다. 이제 다른 사람들은 당신이 **무엇을** 말하든 거기서 함부로 주의를 돌리지 못한다. 당신이 **어떻게** 말하는지가 달라졌기 때문이다. 적대감이나 증오 없이도 강인함과 능숙함을 보여 주는, 모범이 되는 사람들을 떠올려본다. 그들의 방식과 태도를 따른다면 스스로 어떤 모습일지 그 느낌을 가져본다.

속담에 이르길 분노로 행동함은 마치 뜨거운 석탄 덩어리를 맨손으로 집어 던지는 것 같다고 했다. 결국 자신과 상대방 모두 화상을 입는다. 우리가 공유하는 인간 역사 속에는 이미 이러한 화상이 넘쳐난다. 너무나 많은 마음들이 분노로 재가 되어버렸다.

정직, 변호, 맹렬한 연민, 경계 설정, 악행에 맞섬, 타인을 보호함… 이것들 중 단 하나도 그 자체로 분노이거나 분노를 필요로 하지 않는다. 진실로 우리는 마음에서 우러난 말을 할 수 있다. 그리고 그 마음은 자기 존중의 힘, 그리고 분노가 전혀 없는 용기를 가진다.

28

진실만을 말하고, 공정하게 행하라

∞

다른 많은 사람들처럼, 나도 가끔 우리 모두가 평화롭게 함께 살기 위하여 어떤 것이 필요한지 고민해 본다. 연인 사이든 가족들 간이든, 공동체 안에서든 국가 안에서든, 아니면 세상 전체로든 말이다. 그러다 문득 학교에서 들었던 말이 떠올랐다.

"진실만을 말하라. 공정하게 행하라."

이는 우리가 자녀들에게 요구하는 행동이다. 우리가 친구에게, 직장 상사에게, 이웃에게 찾는 것이기도 하다. 만약 자녀가 아무것도 몰라서 보드게임에서 속임수를 쓰려고 한다면 당신은 "그건 좋지 않아."라며 지적할 것이다. 우리는 계산대 직원이 거스름돈을 정확하게 돌려주길 원하고, 자동차 수리공이 수리가 필요한 부분에 대해 정직하길 바란다. 한마디로 기본이다. 이들 원칙이 모호하고 추상적으로 보일 수도 있다. 하지만 흔한 일상의 상황들을, 이를테면 앞에서는 미소 짓는 직장 동료가 뒤에서는 험담을 하고, 사랑하는 연인이 실은 바람을 피우고, 직장 상사는 당신의 공을 알아주지 않는 일 등을 떠올려 보면 그 원칙들이 얼마나 중요한지 알 수 있다.

사람들 사이에는 의견 충돌이 있고, 때로 서로 경쟁한다. 어떤 관계에서든 갈등은 정상 범위의 일부이다. 하지만 그것이 카드 게임이 되었든, 집안일을 나누며 언쟁을 벌이는 부부가 되었든, 선거에서 승리하기 위해 애쓰는 후보들이 되었든, 우리는 기울어짐이 없는 운동장을 기대한다. 그들의 권리가 우리의 권리이고, 우리의 규칙이 또한 그들의 규칙이다. 모두가 이 기준을 받아들이면, 모든 승리는 더 없이 달콤하다. 스스로 얻어낸 것이기 때문이다. 패배가 쓸쓸할는지 몰라도 적어도 자신이 속임을 당하지는 않았다는 것을 안다.

좋은 과정은 좋은 결과로 이어진다. 그러므로 놀이터에서 괴롭힘을 당하는 것부터 한 나라가 곤경에 처하는 것까지 나쁜 결과가 있다면 그러한 결과를 낳은 나쁜 과정을 알아내는 게 합리적이다. 모든 종류의 관계에서 좋은 과정에는 진실만을 이야기하고, 공정하게 행동하는 것이 반드시 포함되어야 한다. 이것을 보장할 수는 없지만, 거짓말과 속임수가 그 어떤 관계에서든 결국 독이 된다는 것만은 확실히 보장한다.

How

우선 우리 주변에서 시작해 보자. 때로 열 받고, 시비 걸고, 심지어 도가 지나칠 때도 있지만 거짓말은 하지 않는다. 우리는 어떤 사실이 틀렸음을 알면, 적어도 결국에는 그것을 인정한다. 우리는 진실을 알아

내려 애쓰는 사람들을 처벌하지 않는다. 우리는 불순한 의도로 말을 하거나, 역습하거나, 물을 흐리려 하지 않는다. 다른 사람의 어떤 행동이 나쁘다고 말한다면, 스스로 그 행동을 하지 않으려 노력한다. 이는 성인군자가 된다는 의미가 아니다. 단지 어떤 학교, 어떤 교실에서도 원활 기본적인 기준을 지킬 것을 요구하고, 요구받는 것이다.

그렇다면 이를 공정하게 지키려 하지 않는 사람들을 상대할 때 우리는 무엇을 할 수 있을까?

보이는 그대로 보라

무슨 일이 일어났는지 **스스로에게** 진실을 말하라. 누군가 당신을 대할 때 실제로 딱히 정직하거나 공정할 필요가 없다는 듯 행동한다면 −특히 이제껏 호감을 느꼈던 사람들일 때− 아마도 충격적이고 믿기 힘들 것이다. 일정 기간 지켜보며 그들이 의도적으로 정직하지 않은 것인지, 아니면 그저 사실을 잘못 알고 있는 것인지 알아보라. 그들이 정말로 자기애성 인격 장애자나 반사회적 인격 장애자인지, 아니면 단순히 무언가에 사로잡혀 있거나 사회성이 떨어지는 것인지. 혹은 그들이 당신을 자신의 목적 달성을 위한 수단으로 여기는지, 아니면 똑같이 각자의 권리를 중요하게 여기는 어떤 존재로 생각하는지 말이다.

일반적인 과장, 판촉을 위한 말, 큰소리로 떠드는 불평, 퉁명스런 대답, 강요하려 드는 것, 이런 것들은 또 다른 경우이다. 하지만 반복되는 거짓말과 속임수는 아예 이야기가 다르다. **진실을 말하고 공정하게 행동한다는 원칙을 무시하는 것은 근본적인 문제이다.** 이런 일이 일어날 때 알아차리면 상황이 너무나 명료해진다. 세상에서 무언가 변화를 일궈내지는 못할지라도, 적어도 마음속에 견고한 지지대를 만들 수는 있다.

동맹을 찾아라

우리 모두는 동맹이 필요하다. 무슨 일이 일어났는지 함께 보고, 도움을 줄 만한 누군가를 떠올려 보라. 가령 다양한 상황에서 나라면 친구들, 가족들, 동료들, 멘토, 변호사, 그리고 규제 당국에 연락을 취하겠다. 한편 다른 사람들도 마찬가지로 우리를 동맹으로서 필요로 한다.

공개적으로 말하라

거짓말과 속임수는 그 형태와 관계없이 일종의 '무임승차'이다. 누군가 다른 사람들에 비해 유리한 조건을 갖는 것이다. 역사의 대부분의 기간, 사람들은 작은 집단이나 마을을 이루고 살았다. 그리고 그들은 무임승차를 하는 이를 색출하고, 망신을 주고, 처벌하는 데 있어 공동으로 대처해 왔다. **망신**과 **처벌**은 심각한 단어이다. 하지만 그것 없이는 무임승차를 단죄할 수 없고, 따라서 우리 선조들이 협동, 관용, 정의와 같은 위대한 자질들을 진화시킬 수 없었을 것이다.

때로 무임승차를 하는 사람을 공개적으로 지적하는 것이 안전하지 않을 수도 있다. 폭력배, 사기꾼, 상습적인 거짓말쟁이, 강간범 등의 경우가 그러할 것이다. 이런 경우엔 자신과 다른 사람들을 최선을 다해 보호함에 집중한다.

하지만 그것이 **가능한** 상황이라면, 진실을 말하고 공정하게 행동한다는 원칙을 위반한 사실에 대해 공개적으로 밝혀야 한다. 이때 함께할 수 있는 동맹이 있다면 이상적이다. 거짓말과 속임수를 쓰는 사람들은 대개 허황되고 극적인 반론으로 남들을 현혹하는 솜씨가 좋다. 그렇기 때문에 정직과 공정이라는 근본적인 가치에 초점을 유지할 필요가 있고, 부차적인 문제로 혼란스러워져서는 안 된다. 다음과 같은 단순하지만 강력한 질문들로 계속해서 되돌아와야 한다.

"당신은 왜 계속 거짓말을 하는가?", "왜 이기기 위해 속임수를 쓰는가?", "당신을 신뢰할 만한가?", "왜 아무도 다시는 당신의 말에 귀 기울이지 않는가?"

정치적인 수준에서 파악한다

나는 심리학자로서 주로 개인적 수준에 초점을 맞춘다. 하지만 우리 각자를 괴롭히는 힘은 많은 경우 **정치적인** 수준에서 비롯된다. 정직하고 명예로운 사람들이 마을이나 나라를 어떻게 경영해야 하는지에 대해 서로 다른 의견을 열정적으로 주장할 수도 있다. 하지만 '거짓말 하지 않고 속이지 않는다. 그래서 최고의 팀이 승리한다'는 기본적인 원칙에서 서로가 납득할 수 있는 기반을 찾을 수 있다. 이것이 우리가 합심할 필요가 있는 대목이다. 우리 시대 중심적인 정치 이슈는 좌우의 문제가 아니다. 그것은 과연 누가 진실을 말하며 공정한 행동을 하고, 또 누가 그렇지 못한가의 문제인 것이다.

그 어떤 사업체에서든 거짓말은 해고 사유이다. 그리고 이는 어떤 선출직에도 똑같이 적용되어야 한다. 멍청한 논쟁을 하는 대신 거짓말쟁이들을 트위터에 신고할 수 있어야 한다. 사건의 진실에 다가가려 하는 언론인, 과학자, 법률가를 지지할 수도 있다. 어떤 민주주의에서든 그 기초에 초점을 맞출 수 있다. 바로 자유롭고 공정하고 모두를 아우르는 선거이다. 만약 사람들이 높은 지위의 사무실에 들어가기 위해서, 또 그 자리를 보존하기 위해서 거짓말하고 속여야만 한다면, 법률적인 권위는 있을지언정 도덕적 정당성은 절대 가질 수 없다.

누구든 지위 고하를 막론하고 거짓말하고, 속임수를 쓰는 자는 ─그리고 누구든 그런 사람들을 지지하는 자는─ 설 자리가 없어야만 한다. 학교에서든, 종교 시설에서든, 시장에서든, 마을에서든 마찬가지이다. 공공의 광장에서도 이와 정확히 같은 조치가 이루어질 필요가 있다. 우리 모두는 이 광장 안에 살고 있고, 거기서 어떤 일이 벌어지는지는 우리들 각자에게 영향을 미치기 때문이다.

29

만만하게 보이지 말라

∞

권력은 대부분의 인간관계에 내재된 속성이다. 그 어떤 위계 안에서든 조금이라도 높은 사람이 조금이라도 낮은 사람보다 더 큰 권력을 갖는다. 어떤 사람들은 다른 이들에 대한 정당한 권위를 갖는다. 가령 학교에서는 선생님이 학생들에 대한 권위를 갖는다. 권력 그 자체에는 좋고 나쁨이 없다. 문제는 우리가 그것을 어떻게 사용해야 하는가이다. 사람들에 대한 권력을 갖는다면, 그들에 대한 책임을 지게 된다. 우리의 이러한 권력을 좋은 과정을 통하여 좋은 결과를 위해 쓸 수 있다.

자신의 관계상의 권력에 대해 잠시 반추해 보자. 누가 더 지배적이고, 대화가 누구의 말로 끝나며, 누가 마지막 연설을 하는가? 누가 더 높은 지위를 갖는가? 더 좋은 정보를 갖고, 더 똑똑하고, 더 경쟁력 있고, 더 심리적으로 건강한 사람은 누구인가? 어떤 핵심적인 관계에서, 적어도 특정 문제에 대해서라면 자신이 더 단호해야 한다고 느끼는가? 아니면 직감적으로 다른 사람들을 배려할 여지를 더 남겨두어야 한다고 느끼는가? 이 탐구가 **많은** 것을 밝혀 준다.

관계는 때로 난투극이 될 수 있다. 가령 누군가 너무 우두머리 행세를 하거나, 너무 지배하려 들거나, 너무 강압적일 수 있다. 대단한 일은 아니지만 흔하디흔한 일, 결국 상대방이 반격을 가하기도 한다.

다음으로 권력을 **남용**하는 경우도 있다. 이는 다양한 형태로 오는데, 가령 취약한 사람들을 학대하거나, 육체적·정서적으로 협박하는 경우, 또는 사기, 구조적인 차별, 독재 등이 있다. 나는 이의 포괄적인 용어로서 쉬운 말을 쓴다. 바로 **괴롭힘**이다.

불행하게도 괴롭힘은 흔하다. 가정에서, 학교에서, 조직에서, 정치적으로, 그로 인해 엄청난 고통이 창조된다. 이에 대해 우리가 무엇을 할 수 있을까?

How

괴롭힘을 알아차리기

괴롭힘은 다음과 같은 특성을 갖는다.

- **지배하려 듦** – 우두머리가 되어야만 직성이 풀림, 약해 보이는 사람들을 먹잇감 삼아 찾아다님, 연민 부족
- **방어적임** – 실수를 인정하지 않음, 다른 사람들을 멸시함, 책임을 회피함
- **기만적임** – 지지를 얻을 목적으로 억울함을 조작함, 속임수를

201

씀, 자신들의 힘이 거짓말에 기초하기에 진실을 숨김

누군가 또는 어떤 집단이 그런 식으로 행동하는 것을 상상할 수 없다고 말하는 내면의 순진무구함을 경계하라. 작가이자 활동가인 마야 안젤루(Maya Angelou)는 이렇게 말했다.

"누군가 자신들이 어떤 사람들인지 보여 준다면, 매번 처음 만나는 사람인 듯 믿어라."

합리화하는 자들을 알아차리기

어떤 개인이나 조직은 괴롭힘을 용인하거나 심지어 찬양하기도 한다. 가령 자신들이 얕잡아 보는 사람들에게 상처를 주는 누군가를 칭송하기도 하는 것이다. 이러한 합리화는 각각 다른 형태를 취하는데, 가령 아무 문제도 없는 척하거나 '양측 모두에게 잘못이 있다'라고 거짓된 주장을 하는 것이다. 놀이터에서부터 국회에 이르기까지, 권력 지향적이고, 가혹한 처벌을 선호하는 '권위주의적 성격 유형'에 해당하는 사람들은 폭력배 같은 지도자를 선호하며, 대개 핵심적인 지지자층을 형성한다.

자신을 보호하라

때론 잠깐이라도 괴롭힘 때문에 아무것도 할 수 없을 때가 있다. 조심하라. 가지고 있는 선택지들을 잘 저울질해서 자신과 지인들을 생각할 때 무엇이 최선일지 고려해 행동하라.

연민을 가져라

심층으로 깊이 내려가 보면, 괴롭히는 마음은 마치 금단의 감정들을 멀리하려는 지옥의 권역과 같다. 나약함과 수치심이라는 감정들이 언제나 호시탐탐 그곳을 침공하려 위협한다. 거기에는 많은 고통이 있다. 괴롭히는 자를 향한 연민이 그들을 구원하지는 않는다. 다만 그것은 **당신을** 진정시키고, 강화시킬 수 있다.

한편 괴롭힘의 대상이 된 사람들도 분명 보살핌을 받을 자격이 있다. 실제로 그들을 도울 방법이 아무것도 없을지라도, 당신의 연민 자체는 여전히 진심이다. 그것은 **당신에게** 있어 의미 있지만, 평생 볼 일 없는 누군가에게도 어떤 방식으로든 의미가 있을 수 있다.

이름 붙여라

스스로에게 진실을 말하라. 또한 다른 사람들에게도 말하라.

그리고 적절한 때가 온다면 괴롭힘의 당사자와 그 지지자들에게도 진실을 말하라. 아래의 글이 진실의 한 측면일 수 있다.

"너는 폭력배야. 힘을 갖기 위해 속이고 거짓말을 했지. 거칠고 센 척하지만 실은 나약한 겁쟁이에 불과해. 네가 나와 다른 사람들에게 해를 끼칠 수는 있겠지만, 나는 두렵지 않아. 너의 진정한 모습이 보이니까."

가해자들은 그들의 권력이 살얼음판 위에 놓여 있음을 안다. 거짓말에, 속임수에, 나약함에 이름을 붙여 보라. 모조품이라고, 불법이라고 말이다.

다른 이들과 함께 나서라

괴롭힘은 개인이나 취약한 집단을 먹잇감으로 삼아 지배력을 과시하고 두려움을 만들어낸다. 이는 '보여 주기식 잔인함(performative cruelty)'이라고 불려 왔다. 그러므로 만약 괴롭힘당하고 있다면 함께 맞서 줄 동맹을 찾아보라. 예를 들면 직장 동료에게 시달리고(또는 그보다 심한) 있다면, 친구들에게 상황을 알리고 지원을 받는다. 그러고는 상사에게 알리거나 인사과에 말한다. 다른 사람들에게 괴롭힘에 함께 맞서 달라고 요청할 수 있다. 그저 손놓고 있으면 괴롭힘을 영속화시킬 뿐이다.

함께라면 우리는 맞설 수 있다. 괴롭힘을 당했거나 당하고 있는 평범한 이들을 위해 일어설 수 있다. 그것이 물질적인 면에서 차이를 만들어내지 못할는지도 모른다. 하지만 떨쳐 일어선 자에게는, 그리고 그들과 함께한 사람들에게는 언제나 도덕적이고 심리적인 면에서 차이가 만들어진다.

괴롭힘을 처벌하라

여기에서 **처벌**이란 정의의 의미이지, 복수의 의미가 아니다. 괴롭힘 자체는 괴롭힘을 가하는 자에게 있어 하나의 보상이다. 눈에 띄는 이득이 없을지라도 말이다. 이는 마치 슬롯머신의 레버를 당기는 것과 같아서, 당길 때마다 짜릿하고 재밌거니와 때로 잭팟이 터지기도 한다. 만약 당신이 가해자라면, 계속 레버를 당기지 않을 이유가 어디 있겠는가?

그러므로 진짜 대가가 치러져야 한다. 그래서 가해자들이 신경을 쓰지 않을 수 없게 만들어야 한다. 손을 부들거리거나 우려를 표하는 정도로는 그들에게 어떤 영향도 미칠 수 없다. 그들의 지지자들도 비용을 치를 필요가 있다. 그렇지 않다면, 그들이 멈출 이유가 어디 있겠는가?

괴롭힘은 흔한 일이기에, 사람들은 다양한 처벌 방법을 개발해 왔다. 상황에 따라 다음과 같은 것을 할 수 있다.

- 도덕적 자신감을 가지고 괴롭힘을 있는 그대로 지적한다.
- 거짓된 합리화를 반박한다.
- 괴롭히는 자들을 비웃는다(그들은 대개 멘탈이 약하다).
- 거짓말에, 가령 자신들이 하는 일이 해롭지 않다는 등의 말에 정면으로 받아쳐라.
- 괴롭힘에 맞설 수 있는 힘의 원천을 만든다.
- 지지자들을 받아쳐라. 그들은 공모자들이다.
- 법률 체계를 이용하라.
- 힘 있는 자리에 있다면 괴롭힘을 제거하라.

큰 그림을 보라

괴롭힘은 근본적인 조건에 의해 가능해지고 촉진된다. 괴롭힘은 때로 남들의 억울함으로부터 힘을 끌어다 쓴다. 따라서 그런 억울함을 잘 처리하면 괴롭힘의 힘을 줄일 수 있다.

괴롭힘은 다른 모든 것들을 지배하려 드는 것과 같이 우리의 주의와 관심도 지배하려 든다. 하지만 그들의 통제를 넘어서는 더 큰 세상이 있다. 거기에는 잘 기능하고, 즐겁고, 아름답고, 선한 많은 것들이 담겨 있다. 무기력한 격노, 앙갚음하겠다는 망상, 그리고 다른 사람들이 '최선을 다하지 않았다'며 잘못을 지적하는 등의 후회를 곱씹는 행동에서 최대한 벗어나라. 세상 어딘가에 괴롭힘 가해자들이 존재한다는 것만으로 나쁜 상황은 이미 충분하다. 그들이 당신의 마음까지 침범하게 두지 말라.

5부

지혜롭게 말하라

30

자신의 말을 조심하라

∞

어릴 적 흥얼거리던 노래에 이런 가사가 있다. "막대기와 돌멩이로 뼈가 부서질 수 있지. 하지만 말로는 절대 다치지 않는다네." 그런데 이는 실제로 사실이 아니다. 우리가 하는 말, 그리고 거기에 담긴 말투로 피해를 줄 수 있다. 지난 수년간 자신이 들었던 말들을 돌이켜보기만 해도 —특히 분노, 거부, 멸시— 그 충격이 느껴질 수 있다.

말은 문자 그대로 아플 수 있는데, 대뇌의 정서적 통증의 신경망이 육체적 통증의 신경망에 겹쳐져 있기 때문이다. 그 영향은 지속적일 수 있는데, 심지어 평생을 갈 수도 있다. 상처를 주는 말의 잔여물이 마치 체로 걸러져 정서적 기억 속에 가라앉은 듯 마음속에 배경처럼 고정된다. 게다가 그로 인해 어떤 관계가 영원히 바뀔 수도 있다. 그러므로 부모 자식, 형제자매, 친척들, 친구들 간에 이야기를 나눌 때는 말이 갖는 파장을 심사숙고해야 한다.

물론 아예 입을 다물라거나, 특정 화법에 대해 까다롭고 엄격해야 한다는 의미는 아니다. 단지 사려 깊고 능숙해야 하며, 자신의 최

211

고 가치와 장기적인 목표를 속으로 염두에 두며 말해야 한다는 뜻이다. 이에 명확한 지침을 갖는다면 매우 유용하기에 여기에서 그것에 집중해 보고자 한다.

How

초기불교에서 제시하는 여섯 가지 원칙이 내게 큰 도움이 되었다. 또한 그 핵심은 다른 전통과 철학에서도 동일하게 확인됨을 알 수 있다. 지혜로운 말이란 언제나 다음과 같다.

1. **좋은 의도를 갖는다** – 악의가 아닌 선의에서 비롯된다. 파괴적이지 않고 건설적이며, 해치기보다 도움을 주려 한다.
2. **진실하다** – 정확히 사실에 근거한다. 모든 진실을 이야기할 수는 없을지언정 일단 말을 뱉으면 진실로 참이다. 또한 과장하거나 맥락에서 벗어나지 않는다.
3. **유익하다** – 자신과 타인의 행복과 안녕을 지지한다.
4. **시의적절하다** – 적절한 때를 맞춰 행해지므로 진심으로 받아들여지는 경우가 많다.
5. **매몰찬 법이 없다** – 단호하거나, 정곡을 찌르거나, 치열할 수 있다. 학대나 불의에 정면으로 맞설 수 있다. 말에서 분노가 느껴질 수는 있으나 결코 다그치거나, 고약하거나, 선동적이거나, 경멸적이거나, 업신여기지 않는다.

그리고 적절한 상황이라면 다음을 덧붙일 수 있다.

6. **다른 사람들이 원한다** – 상대방이 원하지 않을 때는 말하지 않을 수도 있다. 하지만 어떤 경우 그들이 원하든 원하지 않든 이야기하는 것을 선택할 수도 있다. 이때 앞서 소개한 지침들을 따르면 상황이 잘 흘러갈 가능성이 높다.

편안한 상황에서 다른 이들과 느긋한 잡담을 나눌 자리도 분명 있다. 그러다가 간혹 언쟁으로 치닫는 경우도 생기는데, 언쟁이 시작되는 순간을 살펴보면 때로 누군가 선을 넘어버린 경우이다.

대화가 중요하거나, 까다롭거나, 섬세함이 필요한 경우, 또는 자신이 선을 넘어버렸다고 깨달은 순간이 바로 주의 깊게, 지혜롭게 대화를 진행해야 하는 때이다. 여섯 가지 지침을 지킨다고 상대방이 자신이 원하는 반응을 보인다는 보장은 없다. 하지만 좋은 결과가 나올 확률을 올리며, 거기에 더해 자신을 통제하면서 선의를 가지고 대화에 임하였음을 스스로 안다. 나중에 죄책감을 느낄 이유가 없음을 아는 것이다.

중요한 대화를 앞두고 위 지침들을 한 번 되새겨 보기도 할 것이다. 그러고는 자연스럽게 행동하라. 진심을 다하고, 선의를 지니고, 알고 있는 진실에 근거하는 한 지혜롭게 말하기는 어렵지 않다! 분위기가 다소 과열된다 싶다면, 상대방이 무엇을 하든, 당신이 어떻게 말하는가는 당신의 책임임을 상기한다. 만일 위 지침들에서 벗어났다면, 그것을 당신 자신과 다른 사람에게 그 사실을 인정한 다음 다시 지침으로 돌아오라.

조금씩 연습하며 어느 정도 시간이 지나면, 의식적으로 애쓰지 않더라도 어느새 '지혜롭게 말하고 있는' 자신을 발견할 것이다. 여기 지침들의 테두리 안에서 적극적이고 확신에 찬 태도로 대화하는 자신을 보며 매료될 수도 있다.

그럼 일종의 보너스로 **스스로에게** 말할 때도 지혜롭게 말하는 연습을 해 보는 건 어떨까?

31

진실을 말하라

∞

우리는 진실인 것을 분명하고 적절하게 말할 때 스스로 좋은 기분을 느낀다. 그럴 때면 단어 하나하나에 정직함과 진실성이 담겨 있어 상대방에게 신뢰를 준다. 하지만 틀리게 말하거나, 누군가가 말한 내용을 왜곡하거나, 가식적인 표정을 보이면 결과는 달라진다. 불필요한 갈등을 일으키거나, 관계를 발전시킬 기회를 상실하거나, 공허하고 슬픈 느낌이 가슴에 남는 것이다.

진실만을 말해야 하는 가장 중요한 대상은 자기 자신이다. 많은 사람들은 두 가지 방법, 바로 결점은 과장하고, 장점은 과소평가하는 식으로 스스로에게 진실되지 않게 말한다. 나아가 스스로 무엇인가를 진실이라 말하지만 마음 깊은 곳에서는 그게 아님을, 가령 결혼 생활에 아무 문제 없다고 말하지만 실은 차갑게 멀어져 있음을 안다. 살얼음판인 것이다. 그런 기반 위에서 좋은 삶을 만들어나가기란 쉽지 않다.

진실이란 든든한 기반과 같다. 설사 그 진실이 달랐으면 하고 원

215

해도, 험한 세상에서 믿고 의지할 수 있는 부분인 것이다. 세상은 정신없이 돌아가고, 온통 소비를 부추기며, 잘못된 정보가 난무하고, 평범한 잡동사니들로 넘쳐난다. 진실은 피난처이다.

── **How** ──

진실되게 말한다는 것이 모든 것을 말한다는 의미가 아니다. 가령 아이들이 이해가 부족해 힘들어 할 수 있다고 판단되면 대화를 멈출 수도 있고, 사업상 만남에서 자기 속을 다 드러낼 필요도 없다. 적절한 수준 이상으로 솔직해질 필요는 없는 것이다. 나는 20대를 개인 성장을 중요시하는 문화 속에서 보냈다. 그 안에서 우리는 모든 것을 모든 사람에게 언제든 말하곤 했다. 가장 은밀하고, 기괴하고, 제멋대로인 것들까지 말이다. 나처럼 꽉 막힌 사람들에게는 그 시간이 속을 뻥 뚫어 주듯 소중했다. 하지만 얼마 지나지 않아, 나는 내가 무언가를 **말할 수 있다** 해서 꼭 그것을 **말해야만** 하는 건 아니란 사실을 배웠다. 어떤 생각과 감정은 불필요하게 타인으로 하여금 상처가 될 수 있고, 오해를 사기도 쉬울뿐더러, 나중에 자신이 공격당할 빌미로 이용될 수도 있는 것이다. 일단 입 밖으로 나가면, 또는 사이버 공간에 뿌려지면 다시 주워 담을 방법은 없다.

진정한 자신이 되어라
이는 타고난 천성대로, 솔직하게, 진짜 모습 그대로 존재한다는 의미이다. 그럼 당신의 외적인 표현, 즉 말투, 자세, 표정, 단어 선택 등은 내적인 경험과 일치하게 된다. 나는 마음을 여는 법을 배우는 게 어려웠다. 나는 늘 정직했지만, 마음속에서 이는 마치 전화번호부를 읽을 때처럼 무미건조하게 들렸다. 자신이 슬프거나 마음이 상했을 때, 또는 화가 났을 때 그것을 입으로 말하면서 동시에 느낄 수 있는가? 그 느낌에 머물기 어려운 어떤 특정 감정, 또는 특정 욕망, 가령 소속감이라든지 배려를 받고 싶다는 욕망이 존재하는가? 천천히 마음을 가라앉히며 말해 본다. 감정들이 자신의 말을 따라잡을 수 있도록 시간을 준다. 그렇게 그것을 표현하는 동시에 머물러 본다.

자신이 느끼는 바를 정확히 묘사할 줄 모른다 해도 괜찮다. 때로 적절한 단어를 찾아내기가 쉽지 않다. 또는 가능한 단어가 아예 **없다**. 그럼에도 불구하고 얼굴과 몸으로 많은 것을 소통할 수 있다.

시간이 흐르면서 자신에 대한 점점 더 많은 것을 드러나게 할 수 있다. 우리 대부분은 남들에게 보여 주기 어려운 것들을 가지고 있다. 나의 경우 점점 성장함에 따라 이 점이 뭔가 불충분하다는 느낌을 주었다. 어떤 이에게 이것은 두려움 또는 약점일 수 있다. 또 다른 이에게 이는 분노일 수 있다. 아마도 당신에게 무언가가 일어났거나, 스스로 무언가를 했고, 그에 대해 한 번도 남에게 이야기하지 않았을 것이다. 어떤 사람들은 이에 대해 스스로를 갉아먹는 살아 있는 거짓말이 된 듯 느끼기도 한다. 보이지 않게 어딘가 처박아두었지만 이제 그만 빛을 보게끔 해도 좋을 무언가가 있는가? 적절한 사람에게, 가령 치료사나 성직자처럼 비밀 유지를 맹세한 사람에게 자의로 그것을 이야기할 수 있는가? 마침내 그것을 드러내게 되면, 대개 안도감과 함께 자신이 하나의 온전한 존재로서 좀 더 통합되는 느낌을 갖는다.

무엇이 제외되었는가

어떤 관계에서든 자문해 보라. **중요한 문제임에도 이름 붙여지지 않은 것은 없는지, 혹 제외된 것은 없는지** 말이다. 이는 자신과 다른 사람들 모두에게 적용된다. 짜증 뒤에 숨어 있는 아픔이나 불안이 있지는 않은지, 겉보기에 실없는 다툼으로 보이지만 실은 심각했던 욕구나 권리가 있는 것은 아니었는지 살펴보라. 방 안에 코끼리가 있었음에도 누구도 그에 대해 언급하지 않았던 것은 아닌지? 어쩌면 누군가는 분노나 술을 너무 많이 마시는 문제가 있거나, 단순히 우울한 것일 수도 있다. 아니면 일이 너무 힘들어 −출퇴근 시간과 주말에 이메일을 확인하는 것까지 일주일에 60~70시간은 족히 되는 문제로− 가족과 보낼 시간이 위협받고 있을 수도 있다. 우리의 관계는 이야기할 수 없는 무언가로 인해 제약을 받는다. 여기에서 현명한 판단은 그것을 꺼내 테이블 위에 올려놓는 것이다. 상대방이 주제를 다른 것으로 돌리려 든다면, **그것이** 당신이 이야기하고 싶었던 것임을 분명히 해야 한다.

못다 한 이야기 전하기

관계에 따라 다르겠지만, 진실되게 이야기한다는 것이 상대방에게 말할 수 없었던 무언가를 말한다는 의미가 될 수도 있다. 이는 그간 말한 적 없는 중요하고 관련된 어떤 것이며, 말하지 못했던 그 당시에는 다른 타당한 이유가 있었을 것이다. 어떤 말 못 한 이야기는 그저 희미하게 사라져도 문제가 되지 않는다. 이와 달리 계속 마음에 걸리지만 그럼에도 말하지 않고 그냥 두는 게 확실히 더 좋은 경우도 있다. 그 크기가 얼마나 되든 처리되지 못한 채 남겨진 숙제는 자신이(그리고 때로 상대방이) 그것 주위로 다가가야 할 때마다 관계에 짐이 되고 제한되게 만든다.

뒤에 나올 장에서 말하지 못했던 이야기를 **어떻게** 능숙하게 하는지에 대해 다룰 것이다. 여기서는 핵심적인 관계에서 **무엇을** 주저해 왔었는지 시간을 들여 생각해 보길 권한다. 특정 인물을 골라 그에 관련된 사항을 종이에 적어 본다. 가령 "다하지 못한 이야기" 또는 "차마 이야기하지 못했던 말들"이라고 제목을 붙이고, 마음에 떠오르는 대로 적어 본다. 거기에 적힌 내용을 당사자에게 말해야만 하는 게 아님을 기억하라. 이는 자신을 탐구하는 작업일 뿐이다. 바로 적용시킬 수 있게, 다음의 문장을 반복하여 완성시키는 상상을 해 볼 수 있다.

"그동안 난 너에게 _____를 말하지 못했어."

내면에서 그 무엇이 발견되든 그에 대한 열린 마음을 유지하라. 여기에는 낙담했거나 화났던 순간, 여리고 밀접한 욕구들, 또는 사랑과 감사의 순간들도 포함된다. 내면의 보다 깊은 층으로부터 나오는 이야기들에 귀 기울이다 보면, 문제가 되는 것들은 실제로 이미 모두 말했다는 것을 알게 될 수도 있다. 그럼 그것을 즐기고 재확인하면 그만이다. 몇몇 사람들을 대상으로 이 연습을 시도해 보라. 그것들을 끄집어내어 단순히 종이 위에 적는 것만으로도 대단한 해방감을 느낄 수 있다. 그 뒤 원한다면, 적절한 때에 당사자에게 실제로 말을 할 수도 있다. 심각하지만 못다 한 이야기들을 찾아내고, 적절한 방법을 통해 점진적으로 표현해 주는 것은 내가 아는 한 가장 강력한 자기계발법이다.

마지막으로 완벽한 소통을 하는 사람은 아무도 없다는 사실을 받아들여라. 늘 무언가를 누락하기 일쑤이지만 괜찮다. 본인이 진실되게 말하고 있는지 끊임없이 확인하려 하지 말고, 숨 쉴 공간을 갖고 대화해야 한다! 소통이란 회복이다. 기본적인 진정성과 선의를 갖추고 말하는 한, 모든 관계 속에 자신이 선택한 어휘들이 씨줄과 날줄이 되어 저절로 진실이라는 옷감을 만들어낸다.

32

마음에서 우러나는 말을 하라

∞

어느 크리스마스 날, 그랜드 캐니언으로 하이킹을 간 적이 있었다. 그곳은 시작 지짐인 주변에서 수직으로 1마일을 내려가는 협곡으로, 암벽은 노란색과 회색 암석이 줄무늬를 그리며 마치 케이크의 단면같아 보인다. 이는 콜로라도강에 의해 수백만 년 동안 침식 작용이 일어난 결과이다. 생각해 보라. 너무나 부드럽고 점잖은 강물이 단단한 암석을 점진적으로 깎아 위대한 아름다움을 드러내는 과정을 말이다. 때로 가장 약해 보이는 것이 실제로는 가장 강하다.

이와 같이 열린 마음에서 비롯된 말이란 일견 약해 보이지만 모든 움직임 중 가장 강하다. 단순함과 명쾌함을 동반한 진실, 특히 고유의 경험에 근거한 누구도 부인할 수 없는 사실들은 거대한 도덕적 힘을 갖는다.

내 의뢰인 중 한 분이 생각난다. 서로 간에 못다 한 이야기가 너무 많아 그 무게에 짓눌려 결혼 생활이 질식할 지경에 이른 남자였다. 그런데 그것은 가령 아내가 자녀에게 덜 짜증 내고, 자신에게 좀 더 다정했으면 하는 정도의 정상 범주에 드는 것들이었다. 그럼에도 만약 그런 것들에 대해 조금이라도 이야기했다가는 그 길로 결혼이 끝장날 것이라고 두려워했다. 하지만 쌓여만 가는 상처와 억울함, 그와 함께 말하지 **않는** 것이 오히려 관계를 파탄 내고 있었다. 마치 각자가 작은 빙산에 올라탄 채 얼어붙은 침묵 속에 떠다니는 듯했다. 결국 그들은 이혼하고 말았다.

관계에서 어떤 문제를 제기하려 할 때, 대개는 마음으로부터 우러나오는 말이어야 설득력이 있다. 그럼 상대방이 보다 더 개방적인 자세를 갖게끔 마음을 움직일 수 있다. 그렇지 못하다면 자신과 상대방 사이의 대조가 그 자체로 우린 서로 다르다고 말하는 강력한 선언처럼 되어버린다.

How

마음에서 우러나오는 말을 한다는 게 두렵게 느껴질 수도 있다. 특히 이런 식으로 소통하는 것에 이제 막 익숙해지기 시작했다면, 한 사람에 대해 한 가지 주제를 골라 딱 알맞을 것 같은 때를 맞춰 시도해 보라.

말하기 전에

선한 의도를 기반으로 삼는다. 가령 진실을 찾고 그것을 표현하고자 한다던가, 자신과 상대방 모두를 돕기 위함이라던가 말이다. 그런 다음 말하고 싶은 것이 무엇인지 어떤 기본적인 느낌을 가져 본다. 자신의 **경험에** 초점을 맞춘다. 자신의 생각, 감정, 몸의 느낌, 원하는 바, 그 밖에 의식 속에 떠올라 흘러가는 무엇이든. 자신의 경험과 옥신각신 씨름하는 것은 어렵지만, 상황, 사건, 과거, 또는 문제 해결에 대해 논쟁하는 것은 쉽다.

내면에서 확고한 자신감을 느껴 본다. 자신의 성실함을 믿고 진실 그 자체를 믿는다. 꼭 해야 하는 말을 상대방이 좋아하지 않을 수도 있지만, 어떤 정당화도 필요 없이 말할 권리가 자신에게 있음을 알아차린다. 상대방이 듣기 거북한 내용일지라도, 마음에서 우러나오는 말을 하는 편이 관계에 있어 대개 좋은 영향을 끼침을 알아야 한다.

말할 때

심호흡을 한 번 하고 몸을 진정시킨다. 자신을 보살피는 사람들을 잠깐 떠올리는 것도 도움이 될 수 있다. 목소리, 눈빛, 가슴, 마음을 부드럽게 가다듬는다. 상대방에 대해 선한 의도, 더 나아가 연민을 갖는다. 말하고 싶은 바를 마음에 품는다. 심호흡을 한 번 더 하고 말을 시작한다.

표현을 이어나가며 자신의 경험에서 멀어지지 않도록 조심한다. 어떤 설득이나 해결책 제시를 삼가거나 최소화한다(하더라도 그것은 나중 일이다. 책 43~45장 참고하라). **자신의** 핵심적인 논점이 무엇이 되었든 (특히 상대방이 흥분하거나 주제를 바꾸려 할 때) 거기에서 벗어나지 않도록 주의하고, 벗어났다 싶으면 돌아온다. 대화를 진행하며 다른 관점도 수용하고 마음속 보다 깊은 층에서 올라오는 그 무엇이든 허용한다. 말을 시작하기 전에 무슨 말을 할지 전부 미리 알고 있어야 할 필요는 없다.

상대방이 이야기를 들어 줄 준비가 되어 있지 않다면 편안한 마음으로 대화를 중단한다. 아마도 다음 기회에 하는 것이 더 나을지도 모른다. 여기에서 첫 번째 목적은 상대방에 변화를 주고자 하는 것이 아니다. 그런 일은 일어날 수도, 일어나지 않을 수도 있다. 그것은 자신을 허심탄회하게 표현하는 것이다. 그리고 적절하게는, 상대방 또한 솔직하게 말하길 바랄 뿐이다.

상황이 끝나면 스스로 최선을 다했음을 알 수 있다. 마음에서 우러나오는 말을 하는 건, 특히 처음이라면 어렵고도 용감한 일이다. 하지만 어떤 깊이의 관계이든 상관없이 필수적이다.

33

질문하라

∞

질문은 당신에게 많은 중요한 정보를 주고 상대방에게는 당신이 성의 있게 집중하고 있음을 보여 준다. 그것은 당신이 관심이 있음을, 배려하고 있음을, 테이블 위에 올려진 주제가 당신에게 중요함을, 마지막으로 **그들에게도** 마찬가지로 중요함을 느끼게 만든다. 그것은 어떤 사실이 자신과 상대방 모두에게 드러나도록 만든다. 질문을 함으로써 과열된 대화를 진정시켜 그것이 계속 이어지게끔 한다. 그것은 생각할 시간을 주며, 성급히 결론짓고 나중에 후회할 실수를 범하는 상황을 방지한다. 상대방이 당신의 질문을 항상 마음에 들어 하는 것은 아닐 수 있다. 가령 그들의 실수가 명백해지는 것과 같은 상황에서 말이다. 그럼에도 당신에게는 질문할 권리가 있다.

질문은 어떤 심오한 방식으로 상대방의 광대하고 신비한 내면으로 들어가는 입구를 제공하기도 한다. 거기에선 도대체 무슨 일이 일어나는 걸까? 거품처럼 끓어오르는 열정들, 과거를 아쉬워하는 여린 갈망들, 기억과 공상들, 여러 목소리들의 합창, 수많은 층과 골짜

기들, 그리고 그 모든 것들이 소용돌이치고 날뛰는 마음, 그 자체로 흥미롭기 그지없다. 그리고 상대방을 더 잘 알게 될수록, 자기 자신을 더 잘 알게 된다.

How

치료사로서 질문은 나의 생계 수단이다. 거기에 더해 내 결혼 생활에는 수많은 우여곡절이 있었고, 그동안 두 명의 자녀를 키워냈다. 의학에 이런 말이 있다. '좋은 판단은 경험에서 나온다. 그리고 경험은 나쁜 판단에서 나온다.' 그러므로 내 경험에서 얻은 몇 가지 교훈을 알려 주겠다!

좋은 의도를 가져라
취조하듯 질문할 필요는 없다. 가령 이번 토요일에 당신 아들이 실제로 무슨 일을 할지, 다가오는 업무 회의에서 자신에게 어떤 역할이 기대되는지 같은, 상황의 본질에 가 닿으려 노력해야 한다. 하지만 상대방이 나쁜 사람으로 보이게끔 만드는 질문은 삼가도록 한다.

말투는 부드럽게 유지하라
질문을 받으면 —특히 연속된 질문일 때— 받는 사람은 공격당하거나, 비판받거나, 통제받는 느낌을 가질 수 있다. 아이를 꾸짖거나 야단치기 전 전주곡처럼 질문들을 쏟아내는 장면을 떠올려 보면 알 수 있다.

다른 사람에게 부탁해 자신의 질문들이 환영받을 만한 것인지 미리 확인해 볼 수도 있다. 질문의 속도는 되도록 늦추어 기관총 쏘듯 들리지 않게끔 한다. 질문은 다른 사안으로 이어짐 없이 그 자체로 완결되는 형태로 대화 사이사이에 집어넣고, 상대방의 대답에서 정서적으로 어떠한지 짐작해 거기에 어느 정도 맞도록 조절한다. 이런 식으로 하면 상대방은 속마음을 조금씩 드러내며 마음이 편할 수 있고, 당신 역시 가진 패를 한 번에 드러내지 않을 수 있다.

흥미를 유지하라

말을 하고 있는데 상대방의 주의가 여기저기로 흩어져 신경 쓰일 수 있다. 그리고 그건 상대방도 마찬가지다. 방금 스마트폰에 뜬 문자 메시지나 다음에 어떤 말을 할지에 마음을 쓰지 말고 눈앞의 **상대에게 주의를 유지하라.** '초심자의 마음', '오직 모를 뿐인 마음'을 가져 보라. 이는 호기심, 인내, 그리고 열린 마음을 갖는다는 의미이다. 사안에 대해 더 알고 싶은 것이 무엇인지, 대화 속에서 생생하거나, 신선하거나, 달콤하거나, 의미 있거나, 유용하거나, 심오한 무언가가 있는지 계속 찾아보듯 하라. 흥미로운 듯 눈썹을 치켜올리거나, 어서 더 이야기해 보라는 듯 고개를 끄덕이거나, 아니면 단순히 경청하듯 잠깐씩의 침묵을 유지하는 등 이 모든 행위가 상대방에게 계속 이야기해 보라는 신호로 받아들여진다.

질문을 유지하라

상대방의 대답에 어떤 문제가 될 만한 모호함이 아직 남아 있거나 단

227

순히 더 알고 싶은 게 있을 때, 다른 방식으로 다시 질문할 수 있다. 아니면 상대방의 말이 여전히 모호한 이유에 대해 설명을 —비난하듯 하지 말고— 한다. 실제로 사람들이 질문에 대한 대답을 엉뚱하게 하는 경우가 얼마나 많은지 알면 당황스러울 정도이다. 핵심적인 사실을 정확히 짚어내기 위해 또는 상대방의 보다 깊은 생각, 느낌, 의도를 읽어내기 위해 추가적인 질문을 할 수도 있다.

문제를 해소하기 위한 질문을 하라

사실이나 계획에 대한 질문들은 대개 아주 직설적이다. 다른 사람의 내면세계에서 숨어 있거나, 종종 정서적으로 꽉 차서 터질 수 있는 영역에 대해서는 다음과 같은 질문들이 있다.

"_____가 너한테는 어땠어? _____에 대해 어떤 느낌이었어?"

"_____에 대해 어떻게 생각해? 일이 잘되어간다고 생각하니? 그게 확실해? _____에 대해 어떻게 하면 좋겠니?"

"_____에 대해 무엇이 우려되니? 네가 불안한 [또는 '실망한', '슬픈', '마음 아픈', '화나는' 등등] 점은 뭐야? _____외에 다른 느낌은 [또는 다른 원하는 바는] 없니?"

"이것으로 어떤 것이 떠오르니? 여기서 마음에 걸리는 [가령 우리 둘 사이에 묵은 감정이 있지만, 좋은 관계를 위해 또다시 그냥 넘어가는] 어떤 맥락이 [또는 과거사가] 있어?"

"지금 상황 대신에 어떤 일이 일어났으면 좋겠어? 여기서 너한테 가장 중요한 것은 뭐니?"

"나에 대해 어떻게 느껴? 나에 대해 어떤 점이 좋아? 나에 대해 어떤 점을 싫어해? 내가 어떤 말을 또는 행동을 했으면 좋겠어? 내가 꼭 처리해야 할 핵심적인 것 한두 가지가 있다면, 그게 뭐라고 생각해?"

"여기서 네가 원하는 걸 얻는다면 어떨 것 같아? 네가 원하는 걸 내가 준다면 어떨 것 같니? 지금부터는 어떤 기분이니?"

"다른 건? _____ 에 대해 더 말해 줄 수 있겠니?"

애정을 더 깊게 만들기

어떤 로맨틱한 관계에 있어 달리 큰 문제는 없지만, 시간이 흐름에 따라 약간의 단조로움, 거리감, 진부함이 생길 수도 있다. 관계에 다시 생기를 불어넣을 한 가지 좋은 방법은 상대방에 대해 새로운 점들을 알아가는 것이다. 여기 예시가 되는 질문들이 있다(배우자에 대해 답을 이미 알고 있는 것들도 있을 것이다). 우리는 상대방에게 관심이 많은 친구일 뿐, 치료사의 역할을 하려 들지 말라. 그리고 마치 금고의 다이얼을 돌려 숫자를 맞추듯이 대화의 깊이를 올렸다 내렸다 하며 적당한 수준을 찾아낸다. 원한다면 이들 질문을 번갈아 가며 서로에게 할 수도 있다. 그리고 당연하지만, 여기에 자신만의 질문들을 추가하라.

"우리 사이에 가장 오래된 추억은 뭐가 있을까?"

"어렸을 때 친하게 지냈던 친척들이 있니? 그들과 무얼 했었니?"

"어린 시절에 자기 전 무슨 상상을 했어? 무슨 생각을 했어? 요즘은 어떠니?"

"젊었을 때 정말 좋아하는 일이 뭐였니? 어떤 특별한 추억을 가지고 있니? 요즘 네가 좋아하는 일은 뭐니? 나랑 함께?"

"어렸을 적에 좋아하는 애완동물이 있었니?"

"당신 첫 번째 키스는 어땠어? 어쩌다가 하게 되었어?"

"가족을 떠나면서 어떤 기분이었어? 가고 싶니? 아니면?"

"살면서 큰 전환점이 되었던 순간이 언제라고 생각해?"

"한 번 상상해 보고 싶거나 고려하는 부분은 뭐니?"

"『반지의 제왕』 [또는 다른 잘 알려진 소설] 중에 어떤 인물이 될 수 있다면, 누구를 고르고 싶어? 이유는?"

"2만 년 전에 수렵 채집 집단에 살았다면 어떤 역할에 자연스럽게 끌리는 것 같아?"

"10억 명의 사람들에게 하루에 5분씩 무언가를 하게 만들 수 있다면, 어떨 것 같니?"

이들 질문을 매개로 이야기를 나눌 한 가지 방법은 어린 시절의 사진들, 그리고 어쩌면 어른이 된 후의 사진들도 함께 보는 것이다. 사진 속 인물들의 모습을 보며 그때 그들의 삶은 어땠을까 상상해 볼 수 있고, 이는 다시 더 많은 좋은 질문들로 이어질 수 있다.

배우자와 함께 일종의 연습을 해 볼 수 있다. 똑같은 질문을 계속 반복해 보고 다시 역할을 바꿔 해 보는 것이다. 가령 해 볼 만한 질문들은 "나의 어떤 점이 좋아?", "우리 관계에서 어떤 것을 원해?", "나를 믿기 위해서는 무엇이 필요할까?", "앞으로 다가올 미래에 자기를 위해 바라는 것이 뭘까?" 같은 것이다.

질문에 대답하는 쪽이라면, 마음에 떠오르는 대로 말한다. 본인 생각에 너무 상처가 된다거나 그에 대해 말할 준비가 아직 되지 않았다고 느껴지지만 않는다면 말이다. 대답을 편집하고 있지는 않은지 살피고, 좀 더 완전히 자신을 표현해도 괜찮은지도 본다. 질문을 하는 쪽이라면, 상대방이 어떤 말을 하던 수용하고, 고맙다는 말을 하고, 다시 같은 질문을 반복한다. 무언가 명확히 할 목적으로 짧게 추가 질문을 하는 것 정도는 괜찮으며, 이후 원래 질문을 반복한다. 상대가 무언가에 대해 말한 것을 더 깊이 알고 싶다면 기억해 두었다가 나중에 다시 돌아온다. 이 과정은 매우 깊은 곳까지 빠르게 도달할 수 있다. 어느 시점에 도달하면, 가령 같은 질문을 열댓 번 반복하면 이제 더 이상 새로운 힐 말이 없어진다. 적어도 그때만큼은 뭔가 완결되었다는 느낌을 준다. 그럼 이어서 역할을 바꾸거나 다른 질문으로 넘어간다.

요약하자면 질문을 해도 괜찮다. 사람들은 대개 당신의 질문을 환영한다. 그저 자신의 선한 의도와 선한 마음을 신뢰하면 된다.

34

고마움을 표현하라

∞

관계를 개선시키는 가장 강력하고 간단한 방법은 상대방의 진가를 알아보고 그것을 이야기하는 것이다. 이는 아첨이나 조작이 아니다. 이는 선한 믿음에서 비롯된, 본인이 정말로 진실이라 생각하는 것이어야 한다. 이는 감사하거나, 지원을 약속하거나, 존경을 표함으로서 전할 수 있다. 그들의 진가를 알아본다는 사실을 그들도 알아본다면 더욱 좋다. 하지만 그들이 당신의 성의를 모종의 이유로 무시한다고 해도, 적어도 자신이 진심이었다는 사실은 스스로 알지 않는가.

사람들이 목표를 달성했을 때, 좋은 성격을 보여 줄 때, 또는 어려운 조건 속에서 분투할 때, 그런 점들을 알아주는 것이 옳다. 우리는 사회적인 동물이기에 가치와 존재를 인정받길 원한다. 직장에서 좋은 성과를 내거나 집안일을 잘했을 때 그에 대해 아무도 언급하지 않는다면, 대개는 기분이 묘하게 나쁘다.

당신이 챙기는 몇몇 사람들을 생각해 보라. '그들의 좋은 자질에는 어떤 것들이 있는가?', '그들은 품위 있고 명예로운가?', '어떤 방식으로든 당신에게 도움을 주거나 기여했는가?', '그들에 대한 추천장을 쓴다면 뭐라고 적겠는가?' 그러고는 자문해 본다. '내가 이들을 인정할 수 있는 모든 방법 가운데 실제로 몇 가지를 말했는가?' 관계 속에서 당신은 이미 많은 감사와 인정을 표현했을는지도 모른다. 만약 그게 사실이라면 내 경험상 아주 특이하고 드문 일이라 생각된다. 대부분의 경우 우리는 타인을 인정할 생각을 좀처럼 하지 않는다. 또는 그런 생각이 조금 어색하게 느껴질 수도 있고, 아니면 더 큰 갈등의 일부로서 상대방을 인정하길 거부하기도 한다. 남의 업적을 그저 당연한 것으로 받아들이거나 그들에게 불평하는 분위기에 휩쓸릴 수도 있다.

누군가가 당신에게 진심으로 감사하거나, 업적을 칭찬하거나, 노력을 알아봐 주거나, 내면의 훌륭한 자질에 대해 이야기해 주었을 때를 떠올려 보라. 그건 아마도 당신에게 많은 의미가 있었을 것이고, 관계를 강화시켜 주었을 것이다. 그들에 대해 인정하고 감사하는 바를 말할 때, 똑같은 종류의 이로운 영향력을 다른 사람들에게 가질 수 있다.

How

상대를 인정해 주는 것에는 대략 두 가지 방식이 있다. 바로 감사와 칭찬이다.

당신이 신경 쓰고 있는 누군가를 골라 그에 대해 고마운 점은 무엇인지 생각해 보라. 가령 자신에게 도움이 되는 무언가를 해 주었다든지, 다른 사람들과 함께 당신 편을 들어 주었다든지, 그냥 단순히 따뜻하고 친절했다는 것 등이 있겠다. 직장에서 자신의 커피 잔을 씻어 주는 것 같은 소소한 일들에 감사할 수도 있다. 아니면 함께 자녀를 키우는 큰일에 감사할 수도 있다. 이 사람에게 고마움을 표시할 때 어떤 느낌인지 알아차려 보라.

다음으로 칭찬할 만한 점을 생각해 보자. 그들에 대해 어떤 점을 존경하고, 인정하고, 존중하는가? 그들의 재능과 특기는 무엇인가? 긍정적인 성격 특성? 내면의 강인함? 그들은 어떤 것을 성취했는가? 어떤 것을 이겨냈는가? 재미있거나, 창조적이거나, 감성적인가? 남들을 잘 챙기는가? 세상을 위해 무언가를 하는가? 그들에 대해 어떤 점을 좋아하는가? 그들의 사랑스럽고 내밀한 자질들 중에 어떤 점이 가장 소중하다고 여겨지는가? 그 사람에 대한 이 모든 것들을 다시 돌이켜볼 때 어떤 느낌을 받는가?

이 관계를 되돌아볼 때, 무언가 제대로 알아차리지 못한 것이 있진 않는가? 그들이 정말로 듣고 싶어 하는 말은 무엇이라고 생각하는가? 어쩌면 이 사람이 어린아이일 수도, 아니면 누군가 당신을 우러러보는 사람일 수도 있겠다. 무엇이 그들과 커다란 차이점을 만들 수 있을까?

그다음 감사와 칭찬을 더욱 가득 표현할 방법을 자문해 보자. 실제로 무슨 말을 언제 어떻게 할지 상상해 본다. 감사와 인정을 전달하는 방식과 그것을 받아들이는 방식이 사람마다 제각각이라는 점은 문제가 되지 않는다. 자신과 상대방 그리고 둘 사이 관계에 어떤 유익이 있을지 상상해 본다.

감사와 인정을 표현함에 어떤 주저함은 없는지 알아차려 본다. 평소 가족끼리 대화하는 방식이나 사회문화적 관습이 마음에 걸릴 수도 있다. 그런 행동이 마치 자신을 약하거나 의존적이라고 느껴지게 만든다거나, 상대방이 이제 윗사람이 되어 이런저런 요구를 할 거라거나, 자신의 정당한 불만이 무효화되어 더 이상 주장할 수 없게 되리라 생각할 수도 있다. 아니면 그것이 상대방을 부추겨 마치 탐욕스러운 흡혈귀가 피를 빨아먹듯 점점 더 많은 것을 요구하게 만들 것이라 느낄 수도 있다. 이러한 다양한 이유에서 한 발 떨어져 그 이유가 과연 사실일지 자문해 보라. 예를 들면 상대방의 가치를 알아보면서도 동시에 스스로 강인하고 자립적인 사람일 수 있다. 직장 동료의 좋은 아이디어를 칭찬하면서 동시에 제시간에 업무에 복귀하길 촉구할 수 있다. 칭찬에 목마른 누군가를 칭찬해 주면서도 여전히 관계에 명확한 선을 그을 수도 있다. **자신을** 고갈시킬 정도까지 그들에게 필요한 것을 제공할 필요는 없음을 알아차릴 수 있다.

이제 골치 아픈 관계를 하나 택해 보자. 아마도 심각한 갈등으로 점철된 관계일 듯하다. 그들에게 감사할 무언가가 있는가? 전혀 없다고 해도 괜찮지만, 하나라도 있다면 그것을 한번 알아차려 보라. 몇몇 커다란 잘못들에 비하면 부차적일 수밖에 없을지라도, 혹시 칭찬할 거리가 있는지 생각해 본다. 만약 있다면 그것을 어떻게 이야기할 수 있을까? 아마 논쟁하기 어려운 단순하고 사실적인 진술일 것이다. 이 사람을 인정하고 칭찬하는 행위가 자신의 관계를 어떻게 개선시키는가?

다른 사람들에게서 무엇을 가치 있게 여기는지 찾다 보면, 이는 대개 세상에 대해 좀 더 나은 기분을 느끼게 한다. 또한 성가신 일들을 좀 더 큰 맥락 속에서 바라볼 수 있게끔 만들어 준다. 그렇게 되면 상대방이 좀 덜 미워 보이고, 이제 그들과 이야기하는 것이 더 편해진다.

35

더 부드러운 말투를 써라

∞

신경이 곤두서거나 약이 올라서, 그럴 필요가 없음에도 날카롭게 쏘아붙였던 기억이 몇 차례 떠오른다. 때로 문제는 단어 그 자체 –'**절대로**', '**항상**' 같은 극단적인 단어들, 또는 '**너 정말 멍청하구나**' 등의 깔보는 말투– 이다. 더 흔하게는 목소리 속에 깔리는 억양, 냉정한 분위기 또는 표정, 갑자기 흥분해서 하는 발언, 또는 이용당하는 것만 같은 기분이 있겠다.

데보라 탄넨(Deborah Tannen) 같은 언어학자들은 대부분의 소통에 세 가지 요소가 있음을 지적해 왔다.

- **명시적 내용** – "냉장고 안에 우유가 없네."
- **정서적 숨은 의미** – 중립적이거나, 긍정적이거나, 부정적인.
- **관계의 본질에 대한 암시된 서술** – 누군가 비판적이게 되거나 주위 다른 사람을 좌지우지하는가? 누군가가 윗사람, 동급, 또는 아랫사람인가?

237

두 번째 그리고 세 번째 요소는 –이는 내가 말투라고 할 때 의미하는 것– 두 사람 간의 상호 작용이 결국 어떤 방향으로 흘러갈지에 대해 대개 가장 큰 영향을 미친다. 또한 시간이 지남에 따라 우리가 쓰는 말투의 축적된 무게감은 커다란 효과를 갖는다. 어떤 반복되는 비판적이고, 우월한 듯한, 실망스러워 하고, 무시하는, 또는 비난하는 말투는 인간관계를 정말로 뒤흔든다. 예를 들어 존 고트만(John Gottman)과 줄리 고트만(Julie Gottman)의 연구는, 단 하나의 부정적인 상호 작용을 벌충하기 위해서는 전형적으로 몇 배에 해당하는 긍정적인 상호 작용이 필요하다는 것을 보여 주었다. 관계에 미치는 영향은 차치하고, 상대방에게 곧바로 가해지는 충격도 만만치 않다. 부정적인 말투는 상대방에게 쓸데없는 고통을 만들어낸다.

말투에 대해 유념할수록 자신의 현재 마음 상태를 더 잘 파악하게 된다. 이는 내면에 무언가 쌓이고 있지는 않은지 바로 눈치채도록 만들며, 그럼 더 빠르고, 더 직접적으로 그것을 다룰 수 있게 된다. 말투를 부드럽게 하면 차분하고 공감 가는 방식으로 말하는 것이 가능해진다. 이제 상대방은 당신이 **어떻게** 말하는지에 신경 쓸 필요 없이 **무엇을** 말하는지에 집중할 수밖에 없다. 그리고 상대방에게도 좀 더 부드러운 말투를 쓸 것을 요구할 자격이 생긴다.

How

말투를 부드럽게 한다는 것은 감언이설하라는 뜻이 아니다. 실제로

사람들이 버릇없거나, 퉁명스럽거나, 비꼬거나, 호전적인 태도에서 멀어질수록 대개 더 **강력한** 소통 능력을 갖는다. 그럼 이제 무언가 이야기를 꺼낼 때 더 탄탄하고 자신감 넘치게 된다. 매몰찬 말투가 주는 잠깐의 만족을 위해 더 이상 대인관계에서 에너지를 낭비하지 않는다.

그러니 특히 스트레스를 받았거나, 압박을 받았거나, 좌절감을 느끼거나, 지쳤거나, 배고픈 상황일 때 자신의 말투를 조심해 보라. 특정 관계에 있어서 과거사를 고려하고, 자신의 말투에 대한 상대방의 민감성 정도를 참작한다. 겉보기에 순한 방식, 가령 눈빛이나 과장된 한숨, 또는 약간의 깔아뭉개는 말 정도일지라도 부정적인 모습을 보이지는 않는지 늘 실펴보라.

자신의 진정한 목적을 -삶에서, 그리고 눈앞의 상대방과 관련해- 상기한다. 이 냉랭한 말투가 거기에 부합하는가? 어떤 말투가 거기에 더 잘 부합할까? 어떤 중요한 사안을 부정적인 말투 없이 이야기할 수 있는가? 아픔, 분노, 또는 실질적인 문제들을 다룰 때, 말투에 감정을 실어 풀지 않고 차분하게 단도직입적으로 말할 수 있는가?

신중하게 단어를 선택하라. 과장, 비난, 실수 찾기, 모욕, 욕설, 협박, 병리화(예를 들어 "너 그거 성격 장애야."와 같은), 그리고 비열한 행동들(가령 "넌 꼭 네 아빠 같구나."와 같은)은 불에 기름을 붓는 행동이다. 도발적이거나 선동적인 언어를 피하도록 한다. 정확하고, 건설적이고, 자존감 있는, 그리고 문제의 핵심에 닿는 말을 찾아보라.

문자나 이메일을 쓸 때도 주의해야 한다. 일단 '보내기' 버튼을 누르면 되돌릴 방법은 없다. 받는 사람이 잘못 해석하거나 어쩌면 다른 사람들과 공유할 수도 있다. 그렇다. 좀 구식이지만 마주 보고 대화하거나 전화 통화를 하면 어떤 오해가 있어도 바로잡기가 확실히 더 쉽다. 내 경우 과거에 보냈던 이메일을 훑어보곤 하는데 수년이 지났음에도 움찔할 때가 있다.

사람들이 장난으로 빈정대거나, 비난하거나, 놀릴 수 있다. 하지만 가끔은 그 유머 뒤에 마음의 상처나 분노가 숨어 있고, 다른 사람들이 그것을 느낄 수도 있다. 아니면 그들이 단순히 당신의 말을 오해할 수도 있다. 자기는 그저 농담했다고 생각할는지 모르지만 받아들이는 사람 입장에서는 그렇지 않을 수도 있다.

눈가에 긴장을 풀고, 목소리에 힘을 뺀 채, 가슴을 진정시켜 본다. 이는 자연스럽게 부드러운 말투로 만들어 준다. 나는 이따금 남들과 대화할 때 그 상황을 동영상으로 찍고 있다고 상상한다. 나중에 그것을 우리 아이들의 결혼식에, 또는 내 장례식에 상영한다고 생각하는 것이다. 피해망상을 갖지 말고, 당신도 이와 같이 해 볼 수 있다. 물론 완벽할 필요는 없다. 다만 스스로 그 동영상을 보고 있다면 어떤 모습을 보고 싶은가?

나도 모르게 매몰찬 말투를 쓰고 있다면, 알아차린 즉시 가능한 신속하게 ─1분 정도 걸릴 수 있다─ 그런 분위기를 지운다. 때로 이 행동은 그런 말투가 나올 수밖에 없었던 기저의 이유에 대해 전체적인 맥락에 비추어 설명 ─정당화하거나 변명하는 것이 아닌─ 을 해 준다. 예를 들어 "내가 사과할게. 지금 피곤하고 배고파서 그랬어. 그리고 오늘 하루 힘들었거든."처럼 말이다. 자신의 말투와 그로 인한

충격에 대해 깨끗이 책임지고, 스스로를 표현함에 있어 더 투명하고,
더 직설적인 방식으로 돌아가라.

36

찬물을 끼얹지 말자

∞

한순간 반짝하고 영감이 떠올랐다고 해 보자. 어떤 새로운 아이디어, 안으로부터 열정이 거품처럼 터져 나온다. 그것은 직장에서 어떤 프로젝트에 대한 색다른 관점일 수도 있고, 이번 토요일에 배우자와 무엇을 할지에 대한 계획일 수도 있다. 아직 구체적이지 않고 따라서 그 아이디어에 매달릴 생각도 없지만, 마음에 들기에 한번 괜찮은지 시험해 보고 싶어진다. 그러고는 다른 사람들이, 약간의 현실적인 우려를 다소 보일지라도 대략 중립적이거나 긍정적인 반응을 보이면, 아마도 무언가 지지받고 힘이 난다는 느낌이 들 것이다. 하지만 그들의 최초 반응이 주로 부정적이라면, **그것들이 얼마나 현실적인지와 관계 없이** 가령 있을 수 있는 문제, 제약, 위험에 초점을 맞춘다면 아마도 약간은 김이 빠지고, 실망하거나, 가로막힌 기분을 자연스럽게 느낄 것이다. 어릴 때 또는 어른이 되어서 이러한 일들이 자신에게 어떻게 일어났었는지 돌이켜볼 가치가 있다.

이는 다른 방식으로도 작동한다. 사람들이 어떤 아이디어, 열정,

또는 포부를 품고 다가올 때, 우리는 의심과 이의 제기부터 시작한다. 그럼 그들은 기분이 좋지는 않을 것이다. 그것으로 끝이 아니다. 나중에 자신도 같은 경험을 하면 역시 기분이 좋지 않을 것이다. 많은 관계 중 하나쯤은 이런 일이 일어날 수도 있지 않을까?

이는 머릿속에서도 똑같이 일어날 수 있다. 꿈과 희망에 스스로 찬물을 끼얹었었다면, 그 후로 선을 넘지 않도록 조심하며 살 것이다. 하지만 그 꿈들이 펼쳐지도록 허용했더라면 만나게 될 결과에 대해서는 아마 죽었다 깨도 알 수 없을 것이다. 당신은 **자신만의** 몸짓을 지지하고, 자신만의 행진에 성원을 보내는가? 아니면 너무나 빨리 의심하고, 한계 짓고, 대가를 따지며, 왜 안 되는지 이유부터 찾는가?

How

여기 제시하는 관점들은 두 가지 상황 모두에 적용된다. 우선 다른 사람들의 아이디어(심지어 경솔하기까지 한)에 대해 당신이 반응할 때, 그리고 자신의 열정과 영감에 대해 스스로 답할 때이다. 부가적으로 자신의 희망찬 포부에 딴지를 걸 수 있는 누군가에게 이야기할 때도 적용된다.

누군가 무언가에 대해 즐거워하며 흥분할 때 이어지는 반사적인 물러남, 거부, 또는 분위기를 깨는 행위를 알아차린다. 부모님이나 다른 사람과의 개인사 속에서 그들이 들떴거나 거만해져 나중에 문제를 일으킨 적은 없었는지, 그리고 그 개인사가 오늘날 당신과 타인 사

243

이의 상황 속에서 당신의 반응을 어떻게 형성했는지 알아두어라.

우리는 친구, 동료, 또는 배우자가 자신의 특정 아이디어, 계획, 또는 꿈을 지지해 주리라 희망한다. 그런데 더 넓게 보면 중요한 관계에서는 상대방이 **일반적으로** 나를 지지해 주고, 영감을 주고, 열정을 갖고, 가능성을 열어주는 '열성적인 팬'이란 느낌을 받고 싶어 하는 것이 당연하다. 그런 사람이란 어떤 아이디어에 있어 무엇이 잘못되었는지 앞장서서 지적하는 누군가가 아니라, 우선 거기서 무엇이 훌륭한지부터 시작하는 사람이다. 질질 끌고 가야만 하거나 마치 구멍 난 풍선처럼 계속해서 공기를 불어넣어야 하는 그런 사람이 아니다. 당신에게는 함께 더 많은 꿈을 공유하고 싶어지는 **그런 사람들이** 있는가? 그런 관계에 더 많은 열정과 지지를 보탤 조그마한 일들이라도 있는가?

언제든 여전히 '아니야'라고 말할 수 있음을 기억하라. 어떤 새로운 제안이 올라왔다고 해서 그것을 바로 받아들여야 하는 것은 아니다. 너무 과하게 흥분했다면 가라앉히고 어떻게 대답할 것인지 어느 정도 윤곽이 잡힐 때까지 조용히 듣기만 해도 문제없다. 혹시 마음속으로 이 새로운 아이디어가 미친 짓이거나, 형편없거나, 최악이라 생각되어도 그에 대해 아무 말도 하지 않을 수 있다. 어차피 그런 아이디어라면 스스로 무너진다.

다른 사람과 또는 자기 자신과 소통할 때 이야기를 나눌 아이디어에 대해 우선 무엇이 사실이고 무엇이 유용한지부터 시작해 본다. 그런 관점만 유지해도 좋다. 그러고는 무슨 말을 하는지 상대방의 반응을 지켜본다. 만일 그 생각에 정말로 걱정되는 게 있다면 상대방이 원하거나 시기가 적절할 때 우려되는 바를 이야기하면 가장 효과적이다(하지만 시급한 이유, 가령 상대방의 안전이 문제가 된다든지 한다면 그냥 바로 이야기한다). 아이디어에 대한 우려는 사안의 크기에 따라 달리한다. 가령 그 계획을 실천하는 데 고작 수백 달러면 되는 정도라면 문제가 생기더라도 노후에 지장을 초래하지는 않을 터이다.

가족들과 친구들을 보라. 자신을 보라. 어떤 꿈 ─가슴 깊숙이 간직한 바람, 커다란 꿈, 미뤄진 약속, 진짜 될 것만 같은 미친 아이디어들─ 을 추진하고 싶은가?

그것들을 실제 추진하기 위해 오늘 그리고 내일 무엇을 할 수 있을까?

37

그들이 원한다면 주어라

∞

관계는 상호 작용에 의해 만들어지고, 상호 작용은 테니스 시합처럼 주고받는 행위에 의해 만들어진다. 어떤 상호 작용에서 전환점의 계기는 상대방이 원하는 것을 네트 반대편으로 공을 넘기듯 주었을 때 일어난다(여기에서 원하는 것이란 소원, 필요, 욕구, 희망, 욕망 등 모든 것을 포함한다). 그것은 단순하고 명확할 수 있다. 가령 "거기 양념통 좀 넘겨주세요."라거나, 또는 "부탁인데 날 이성으로 생각하고 사랑해 줘."와 같이 그것이 복잡하고 손에 잡히지 않는 것일 수도 있다. 어떤 사람들은 자기가 원하는 바를 명확하게 표현하지만, 많은 사람들의 경우 그렇지 못하다. 원하는 바가 중요하면 할수록, 천천히 새어나오듯 또는 신경 쓰이거나 혼란스럽게 추가되는 듯, 감정이 잔뜩 실려 표현되는 경우가 흔하다.

어느 의미 있는 관계를 하나 생각해 보자. 그 관계 속에서 당신은 얼마나 명확하게 자신이 원하는 바를 표현했는가? 그 원하는 바를 주기 위하여 상대방이 진지하게 노력하는 모습을 보여 줄 때 어떤 느낌이 드는가?

위 두 가지 질문에 대해 나의 경우를 되돌아보면, 원하는 바를 요청하는 일이 늘 그렇게 쉽지만은 않다는 걸 깨닫는다. 특히 그것이 나 스스로를 연약하다 느끼게 만든다면, 그래서 나중에 상대방이 원하는 바를 희미하게, 조심스럽게, 또는 완곡하게 표현해도 다 들어줘야 할 것 같다면 말이다. 두 번째로, 상대방이 원하는 게 **합리적**이고 **가능한** 것이라면 가능한 한 들어주는 편이 낫다고 생각된다. 이것을 선행이라고 하기는 어렵고, 친절과 배려 정도로 생각하면 되겠다. 다만 이것을 향후 자신의 이익을 위한 포석이라고 보기에도 다소 어렵다. 상대방의 애로사항을 해결하고, 선의를 쌓고, 나중에 **자신이** 부탁할 게 있을 때 좀 더 체면이 서는 정도이나.

그렇다고 상대방과 자신, 또는 다른 사람들에게 피해를 끼칠 무언가를 주란 의미는 **아니다.** 그리고 만약 상대방이 예의 없게, 마치 무언가를 맡겨놓은 듯, 또는 협박조로 나온다면, 태도를 바꾸지 않는 이상 들어줄 이유가 없다. 확실히 해두자면, 상대방이 원하는 게 어느 정도까지가 납득할 만한 수준인지 그리고 그에 대해 자신이 어떻게 응답할 것인지는 순전히 본인 마음이다.

How

아마 당신은 거의 모든 관계에서 이미 상대방이 원하는 많은 것을 주고 있을 것이다. 긴장이나 문제가 어디서 일어나느냐 묻는다면 이미 주는 것 **외에** 자신이 받지 못하고 있다고 생각하는 무언가를 원할 때이다. 어느 의미 있는 관계를 하나 떠올리고 자문해 보라. **기존의 것외에 상대방이 원하는 것은 또 뭐가 있을까?** 흘려들었던 어떤 바람이나 요구, 만족스럽지 못했던 어떤 욕구, 즉 그들이 원함에도 얻지 못했던 무엇이다. 그들 입장에서 실망스러웠던 무엇, 향후 마찰의 원인이 될 만한 무엇이다. 즉 이것들은 모두 자기들 입장에서 충족되지 못한 바람들이다.

많은 사람들에게 있어서 자신의 가장 중요한 바람을 표현하는 일은 두렵고 어렵다. 그렇기에 표면적으로 여기저기 흩어져 있는 잡다한 것들부터 그들에게 정말로 우선시되는 것들까지 정리를 해두는 편이 좋다. 그들의 더 여리고, 깊고, 오래된 욕구는 무엇일까?

일단 상대방이 무엇을 원하는지 알아차리면, 그에 대해 본인이 가능한 범위에서 무엇을 할지 결정한다. 본인의 바람 또한 중요하기에 자신을 충족시키지 않은 채 무작정 주기만을 계속할 수도 없다. 자라 온 가정 환경이나 문화적 배경이 상대방에게 오직 베풀기만을 강조하는 분위기였다면, 이것이 너무 많이 베풀어서 자신을 고갈시키는 의미가 아님을 이해하는 것이 특히 중요하다. 다른 사람들을 위해 그저 자신을 최대한 확장하는 **합리적인** 수준에는 어떤 최적점이 존재한다.

대부분의 사람들이 원하는 바는 꽤 솔직하다. 가령 아래와 같다.

"직장에서 더 많은 기회를 얻고 싶어."
"제발 변기 뚜껑을 내려놓으면 좋겠어."

"매일 나에 관한 것을 물어봐 주고, 내 대답에 귀를 기울여 주면 좋겠어."

"나한테 좀 잘해 줘."

"우리가 애들을 키우고 있지만, 여전히 애인처럼 지냈으면 해."

"네가 빌렸던 삽 좀 돌려주라."

"가사 분담 좀 합시다."

"나를 응원해 줘."

"내가 어떻게 느끼는지 관심 좀 가져 줘."

"나에 대해 어떻게 생각하는지, 어떤 점을 좋아하는지 말해 줘."

많은 경우, 누군가에게 원하는 바를 주는 것은 그렇게까지 어렵지 않다. 문제는 **당신이** 그것을 원하는가, 원하지 않는가이다.

개인적으로 상대방이 원하는 것을 들어주는 게 그들에게 굴복하는 것이 **아니라는** 깨달음은 나에게 커다란 돌파구였다. 오히려 그것은 일석삼조의 합기도 동작과 같다. 사람들에게 나의 배려심을 보여주는 동시에, 갈등으로부터 멀어지게 만들며, 아울러 내가 원하는 무언가가 있을 때 편히 부탁할 수 있는 체면을 세워 준다.

아직 한 적 없는 무언가 적절한 일을 고른 후, 그것을 상대방에게 한 시간 또는 일주일 정도 아무 말 없이 해 주고, 어떤 일이 일어나는지 지켜보라. 그리고 또 다른 뭔가를 골라 해 주고, 무슨 일이 일어나는지 본다. 마음속으로 또는 종이 위에, 어떤 관계 속에서 그동안 문제가 되어 왔던 부분들을 목록으로 만들고 그저 차례차례 자기 방식으로 해결해 볼 수도 있다. 괜찮다면 상대방에게 자신이 어떤 일을 진행 중인지 이야기한다. 내킬 때, 자신의 바람에 대해서 이야기한다(이 책 43장 「원하는 바를 말하라」 참고). 이를 한 사람씩 차례대로 적용해 보라.

이 연습이 커다란 장애물처럼 보일는지도 모르겠다. 하지만 실제 첫걸음만 떼면 마치 뒤에서 바람이 불어오는 내리막길을 내달리는 것 같다. 그러면서도 여전히 자신의 필요도 잘 챙기고, 주위 사람들의 강요 따위를 좌시하지 않는다. 할 수 있는 한 최선을 다해 (합리적인) 도움을 제공함으로써 불필요한 진흙탕 싸움에서 멀리 떨어져 있을 수 있다.

스스로를 잘 챙기면서도 최대한 당신의 바람에 부응하는 사람들과 함께할 때 어떨지 생각해 보라. 자신이 이와 같은 사람일 때 당신과 함께하면 상대방도 똑같은 느낌을 받을 것이다.

38

자기 쪽을 보라

∞

어떤 어려움이 있는 관계나 상황 속에서, **상대방이** 저지른 행동에 초점을 맞추는 것은 자연스럽다. 이는 자신이 신경 쓰고 있는 부분이 강조되는 잠깐 동안 유용할는지도 모르겠다. 하지만 그에 따른 대가도 있다. 상대방의 잘못에 시선이 고정되어버리면 그 자체로 스트레스를 받는다. 게다가 그것으로 인해 상대방의 좋은 자질들을, 그리고 일어난 문제에서 자신의 잘못일 수도 있는 부분을 알아차리기가 더욱 어렵게 된다.

예를 들면 당신에게 부당하게 비판적인 누군가와 함께 일하고 있다고 해 보자. 한편으로 그들은 다른 분야에서는 좋은 일을 하고 있을는지도 모른다. 여기에 추가적인 요소들, 가령 남 이야기하길 좋아하는 동료들이 포함되어 있을 수도 있다. 그리고 당신 또한 본의 아니게 어떤 역할을 하고 있을는지도 모른다.

분명히 해두자면, **때로 일어난 일에 대해 본인은 정말로 아무런 책임이 없을 때도 종종 있다.** 마치 파란불에 건널목을 건너는데 음주 운

251

전자에게 치인 것처럼 말이다. 또 다른 상황에서는, 사건의 책임이 본인에게 기껏해야 아주 조금이어서, 다른 사람들의 해로운 행위들이 절대 정당화될 수 없다. 상황을 잘 파악하고 있다면, 필요할 때 이러저러한 부분에 대해서는 자신의 잘못이 **아니라고** 주장하고 그럼으로써 어느 부분이 자신의 잘못이 **맞는지** 알 수 있는 여지가 생긴다.

우리는 대개 남들에게 미치는 것보다 자신에게 더 큰 영향력을 갖는다. 내 경우 나의 잘못이 얼마만큼의 부분을 차지하고 있던 어떤 사건에서 책임을 짊어지기 전까지는 결코 가책에서 벗어나 평화로울 수 없었다. 되돌아보면, 가끔은 조금의 지분도 없었을 때도 있었는데 말이다! 하지만 잘못한 부분을 **기꺼이** 직시하겠다는 태도는 자신의 진실한 노력과 선의에 대해 당당한 자신감을 준다. 또한 자신이 그런 태도를 가짐을 스스로 알면 정말로 마음이 편하다.

How

어떤 상황에서 자기 책임인 부분을 직시함은 쉽지 않은 일이다. 그렇기 때문에 일단 마음을 달래는 것부터 시작한다. 보살핌받는 느낌을 떠올린다. 자신의 선한 자질 중 몇 가지를 떠올린다. 그러고는 자기 책임인 부분을 직시할 때 자신과 다른 사람들에게 어떤 이익이 있을지 생각해 본다.

다음으로 또 다른 사람이 관여된 힘든 관계나 상황을 고른다. 그리고 시간을 들여 다음 사항을 고려해 본다.

- 그 사람이 자신 또는 다른 사람을 어떤 식으로 못살게 굴었는 가.
- 그 사람이 혹시 자신 또는 다른 사람들에게 유익한 일을 한 것 은 없는가.
- 여기에 다른 사람들, 사회, 그리고 그의 과거사가 영향을 끼친 바는 없는가.

그러고는 이 문제에 있어 자신의 역할을 그것이 무엇이 되었든 생각해 본다. 이를 실행하기 위해서 자기 행동들 −생각, 말, 또는 행 위− 을 정리해 보면 도움이 된다. 정리는 세 개의 묶음으로 나눈다. 이에 대헤서는 11장(「자신을 용서하라」)에서 이미 다루었다.

- **무고함** − 일이 발생했을 때 그냥 거기 있었을 뿐; 아무런 잘못 도 하지 않음; 자신이 하지 않은 일에 대해 비난받음; 성별, 나 이, 인종, 외모, 그 밖의 다른 차별 요소 때문에 표적이 됨.
- **보다 능숙해지기 위한 기회** − 본인의 특정 단어가 상대방에게 납득할 만한 수준으로 공격적이었음을 깨달음; 무언가에 대해 과잉 반응을 보였음을 알아차림; 부모로서 좀 더 신경을 쓰기 로, 또는 배우자로서 좀 더 관심을 기울이기로 결정함.
- **도덕적인 실수** − 자기의 정체성을 흔들만한 근본 원칙을 위반 했을 경우, 건전한 후회가 마땅한 상황이다. 누구나 도덕적인 실수를 한다. 가령 정당하지 못했거나, 상대방에게 망신을 주 거나, 원한을 품거나, 거짓말하거나, 사람들을 아무것도 아닌

취급을 하거나, 권력을 남용하거나, 무모하거나, 쌀쌀맞은 태도를 무기로 사용하는 경우이다.

자신과 상대방 양측에 적용할 때, 보다 능숙해지기 위한 기회와 도덕적 실수를 구분하는 것이 정말 중요하다. 어떤 것이 도덕적인 실수라고 생각해서 더 능숙해질 기회를 놓치는 경우가 종종 있다. 때로는 사람들이 상대방을 도덕적 실수로 비난하는데, 알고 보면 그저 기술적으로 고치면 될 일인 경우도 있다. 그리고 대개 이로 인해 상대방은 오히려 고치려 들지 않는다. 확실히 해두자면, 누군가에게 그저 고치면 될 일이라 생각되는 것이 다른 누군가에게는 도덕적인 실수로 보일 수도 있다. 따라서 그때그때 스스로 결정해야만 한다.

자신이 잘못한 부분에 대해 책임을 진다면, 스스로에게도 연민을 품어라. 내면에서 그 부분을 제외하면 주위의 모든 부분이 온갖 좋은 자질들로 채워져 있지 않은가. 게다가 자신이 잘못한 부분을 본다는 그 자체가 타고난 선량함의 표현이다. 이런 점들을 알고, 내면에 깊이 안착되도록 허용한다.

자신의 잘못을 확인하며 밀려오는 슬픔과 후회의 파도를 허용한다. 밀려올 때 허용하고, 지나감도 허용하라. 죄책감에 젖어 있지 말라. 그러면 자신이 해야 할 역할을 알아차리고 행동을 취하는 데 방해를 받는다. 자신의 잘못인 부분을 인정한다고 해서 다른 사람들의 잘못이 작아지는 것이 아님을 기억하라. 자신의 잘못을 직시하는 태도는 종종 상대방도 똑같이 자기들의 잘못을 인정하게 돕는다.

점진적으로 평화와 안정감을 다시 찾을 방법을 찾아본다. 자신의 잘못을 명료하게 그리고 온 마음으로 보면, 더 이상 그 어떤 것에도 저항하지 않는다. 그리고 자신이 알고 있는 책임 외에는 상대방이 어떤 요구도 할 수 없다. 이제 마음이 놓이고, 긴장이 풀리고, 고무되고 열린 마음이 돌아온다.

그러고 나면 현명하고 유용할 만한 어떤 행동이 혹시 있을지 부드럽게 찾아본다. 어쩌면 그게 상대방과 소통해 보는 것일 수도 있고, 미래에 대한 해결책이나 보상일 수도 있다. 여유 있게 생각하라. 할 일이 무엇인지 당신은 알고 있다.

자신의 잘못을 직시하는 것이 얼마나 유용한지 느꼈다면, 그것을 진짜 내 것으로 만들라. 분명 그럴 자격이 있다! 어떤 어려운 상황에서 자신이 잘못한 부분을 인지하는 행동은 한 명의 인간으로서 할 수 있는 가장 어려운, 그리고 내가 생각하기에 가장 명예로운 일 중에 하나다.

39

실수를 인정하고 다시 나아가라

∞

누군가 자신을 괴롭히던 때를 떠올려보라. 그럴 의도가 아니었음에도 실망을 주고, 못되게 말하고, 실수하고, 오해하거나 당신에게 부정적인 영향을 끼치는 경우들 말이다(이는 내가 넓은 의미로 실수라고 말하는 것들이다). 어떤 이가 실수를 인정하지 않는다면 아마도 당황스럽고, 절망하고, 앞으로는 그들을 믿으려 하지 않을 것이다. 실수를 인정하지 않음으로써 인간관계가 무너진다. 반면 상대방이 자신의 실수를 인정한다면, 그들에 대해 더 믿음직하고 따듯한 느낌을 가질 수 있다. 또한 본인도 필요할 때 기꺼이 실수를 인정하게 된다.

한번은 저녁을 먹으러 나간 자리에서 어른이 된 아들이 자신이 어렸을 때 내가 때로 다소 세게 이야기할 때가 있었음을 상기시켰다. 잠시 내가 언제 그랬냐며 부인하며 씩씩거렸지만, 결국 아들이 말한 것이 사실임을 인정할 수밖에 없었고(그리고 그 이야기를 한 아들의 용기도 칭찬했다), 이제 더 이상 그렇지 않을 것이라 약속했다. 내가 이 말을 했을 때, 그도 기분이 좋았겠지만 나 또한 좋았다. 그렇게 우리는 더 좋은 일들로 다시 나아갈 수 있었다.

How

우선 실수를 인정하고 앞으로 나아가는 것이 본인에게 최선의 이득 이라는 점을 기억해야 한다. 실수를 인정하는 행위가 약해 보이거나 **상대방의** 실수에 면죄부를 주는 것처럼 보일는지도 모른다. 하지만 실제로는 실수를 인정하기 위해 용기와 힘이 필요하기에, 그 행위로 당신은 남들과의 관계에서 더 큰 힘을 갖는다.

　마음속으로 어떤 관계의 여러 일면들 중에 자신의 실수를 가려 낸다. 실제보다 더 과장되게 느끼지는 말도록 한다. 실수의 내용을 명 확하게 한다. 이 문제에 대해선 당신이 최종적인 재판관이다. 죄책감 이나 자기 비판에 가로막히지 않도록 조심한다. 1부에서 이미 살펴본 바 스스로에게 연민과 존중을 갖는다.

　상대방에게 실수를 인정할 때는 명확하게 한다. 간결하고 직설 적으로 말하라. 사건의 맥락을 이야기할 수는 있겠지만 —어쩌면 지 쳤거나 무언가 다른 것에 대해 화난 상태였다는 등— 스스로 정당화 하거나 변명하려 들지 말라. 때로, 특히 긴장이 높아진 상황이라면, 자신의 실수를 기타 부연 설명으로 치장 없이 인정하는 게 가장 좋다.

　자신이 실수를 저지르게 되었던 그 과정들에 공감하고, 연민을 느껴 보도록 한다. 이것이 **본인에게** 왜 좋은지 상기해 볼 수도 있다. 실수의 내용에 충분한 시간을 들여 되돌아볼 수는 있겠지만, 이미 인정한 실수에 대해 남들이 반복적으로 비난하도록 허용할 필요는 없다.

적절하다고 판단되면, 앞으로 같은 실수를 반복하지 않기 위해 상대방에게 도움을 요청하는 것도 유용하다. 가령 직장 회의 중 상대방이 말을 덜 끊는다면, 신경질적인 말투를 쓰지 않는 것이 쉬워질 수도 있겠다. 힘들고 길었던 하루가 끝날 때, 배우자가 좀 더 가사 일을 분담해 준다면 형제들끼리 옥신각신해도 더 잘 견딜 수 있을는지도 모르겠다. 이런 부탁을 할 때 유용한 말을 소개하자면, "X 같은 짓을 더 이상 하고 싶지는 않아, 진심으로. 그리고 그에 대해 내 책임인 것은 확실히 인정해. 그런데 당신이 Y를 해 준다면 내가 그런 짓을 하지 않는 데 도움이 될 것 같아. 그게 내 부탁이야." 이 상황에서 주의해야 할 것이 있다. 상대방이 늘 Y를 하고 있는데 무슨 소리냐며, 거기에 대해 언제 그랬냐며 서로 비난하는 등의 상황에 들어가지 말라. 당신은 지금 단순히, 아마도 명백하게 타당한 부탁을 하는 중이다. 그러니 당연히 상대가 Y를 해 줄 수도, 해 주지 않을 수도 있다. 당신은 그저 지켜볼 뿐이다. 한편 이런 상황과는 별개로 최선을 다해 X를 하지 않으려 노력한다.

같은 실수를 반복하지 않겠다고 스스로에게, 그리고 때로 상대방에게도 약속하라. 혹여 실수를 다시 한다면, 그것을 인지하고 앞으로 또 저지르지 않도록 다시 조심한다. 이런 약속들은 본인이 그저 상황을 모면할 요량으로 가식적으로 행동하는 것이 아님을 보여 주고, 상대방에게 신뢰를 주는 동시에 본인의 자존감을 높여 준다.

적절하다고 판단되면, 자신의 실수에 대한 이야기는 그만한다.

그러고 나면 이제 앞으로 나아갈 때다. 좀 더 긍정적인 주제들로, 관계에 있어 좀 더 생산적인 길로 말이다. 이렇게 해야 좀 더 가볍고 깔끔하게 나아갈 수 있다.

40

문제로 삼지 말라

∞

몇 년 전 나는 누군가에 대한 '문제'에 사로잡혀 있었다. 그건 그들이 내게 한 몇 가지 비판들 때문이었고, 그렇게 거만한 태도도 아니었음에도 불구하고 못내 상처가 되었다. 내가 구박을 당한 적이 없었다고 말하는 게 아니다. 진짜로 난 구박을 꽤 당해 봤다. 문제는 나의 사건이 나만의 관점으로 편향되어 있었고, 점점 분노가 쌓일 대로 쌓였으며, 내 입장으로만 가득 차 있었다는 점이다. 그에 대해 생각할 때마다, 점점 화가 오르기 시작하고, 급기야 펄펄 끓어오르고는 했다. 그건 정말이지 끔찍했다. 그 사건은 나와 친한 사람들과의 문제를 야기했지만 그렇다고 고성이 오가는 상황까지 가진 않았다. 문제를 되돌아볼수록 더 행복하고 생산적인 일들에 써야 할 에너지와 관심이 빨려 나갔다.

어려운 관계에서, 일방 또는 양측 모두는 종종 상대방에 대한 특정 불만 목록을 세세하게 갖고 있기 마련이다. 그건 고통스럽지만 정상이다. 그럼에도 불구하고 상대방을 편견 없이 있는 그대로 볼 수 있고, 자신이나 상대방에게 가해진 위해를 알아차리고, 스스로에게 배려와 연민을 갖고, 적절한 행동을 취하는 것은 도움이 된다. 단 이 모든 것은 분노에 잠식당하지 않은 상태로 공명정대하게 이루어져야 한다.

How

까다로운 관계를 하나 골라 당신과 상대방 사이의 어떤 일을 문제 삼고 있진 않은지 살펴본다. 그건 아마도 불만, 억울함, 또는 갈등과 연관되어 있을 것이다. 한 발 물러서서 내용을 정리해 본다. 어린 시절까지 거슬러 올라가 자신의 과거 경험으로 인해 생성되거나 강화된 부분은 없는지 살핀다. 내 경우 조용하고 숫기 없는 아이였기에, 학교에서 나를 따돌리고 무리를 주도하는 '인싸' 아이들을 증오하고는 했다. 지금에 와서까지도 무언가에 제외된 경우, 그 케케묵은 감정들이 올라와서는 마음을 휘저어 놓을 때가 있다.

그다음, 아래 질문들을 고려한다.

- 이것을 문제 삼으면 자신에게 어떤 '보상'이 존재하는가? 가령 상대방을 비판함으로써 이 관계에서 일어난 일에 대해 정말 슬펐던 느낌을 피할 수 있다.
- 이 문제에 사로잡힘으로써 자신이, 그리고 어쩌면 상대방은 어떤 대가를 치르고 있는가? 가령 수면 장애가 생기거나, 중립

261

적인 친구들을 난처한 상황으로 몰았을 수 있다.

- 이것을 문제 삼았을 때의 이득이 그에 따른 대가를 치를 만큼 가치 있는가?
- 이 모든 것을 되돌아볼 때, 지금 당장 스스로에게 연민을 품을 수 있겠는가?

더 진행하며, 얼마나 다양한 사건들이 마음속에 형성되기 시작하고 있는지 살펴본다. 당신을 낚으려고 호시탐탐 노리면서 말이다. 몸에서도 그런 것들을 느낄 수 있는데, 가령 얼굴이 초췌하거나, 짜증난 표정을 보이거나, 속이 답답하거나, 그밖에 점점 화가 쌓여 가는 일반적인 어떤 느낌이 있을 수 있다. 그렇다면 이 사건 만들기 과정을 중단시킬 수는 없는지 한 번 확인해 본다. 수면 아래 숨어 있는 아픈 감정들에 초점을 맞추고 그것들에 연민을 품는다. 만약 마음이 사건에 대해 내면의 지껄임으로 되돌아가려 한다면, 즉시 알아차리고 주의를 수면 아래 숨어 있는 감정과 몸의 느낌들에 둔다.

사건의 감정적 충격이 당신을 덮치더라도 그것을 놓아주고 그저 지나가도록 허용한다. 마치 높은 산꼭대기에서 내려다보듯 스스로 분명하게 볼 수 있도록 이완한다. 스스로의 진정성과 스스로의 선한 마음을 느낀다. 사건이 그냥 지나쳐 가도록, 마치 손에 든 무거운 물건을 뚝 떨어뜨리듯 그냥 놓아버린다.

그때 그 안도감이란!

41

잘못된 취급을 받더라도 올바름을 견지하라

∞

잘 대해 주는 사람들에게 똑같이 잘해 주기란 어렵지 않다. 진짜 시험은 상대방이 못되게 굴 때이다. 반격을 가하고 싶은 마음은 자연스럽다. 그렇게 하면 기분이 좋다. 당분간은 말이다. 하지만 또 다른 사람이 마찬가지로 과잉 반응할 수 있고, 이제 당신은 악순환에 들게 된다. 여기에 또 다른 사람이 끼어들어 흙탕물을 일으킬 수도 있다. 화가 잔뜩 나서 행동하면 보기에도 좋지 않고, 다른 사람들이 그것을 기억한다. 그렇게 되면 이성적인 방법으로 문제를 해결해나가는 것이 점점 어려워진다. 이후 흥분이 가라앉으면, 속이 심난해진다.

자신과 상대방 모두에게 좋지 않은 전개를 보여 주는 분노에 찬 접근 방법을 쓰지 않고도 스스로를 주장할 수 있는 방법에 대해 알아보자.

아래 방법들은 화가 잔뜩 났을 때, 그리고 불편한 관계상의 일반적인
접근법 모두로 적당하다.

중심을 잡으라

이 단계는 단지 몇 번의 심호흡, 또는 원한다면 그보다 조금 긴 몇 분
이 소요된다. 여기에서 이 심리학적 응급 처치에 대해 간략하게 알아
보자.

- **멈춤** – 말하거나 행동하지 않는 무엇에 대해 곤란을 겪게 되는
  경우는 드물다. 내가 부부들을 대상으로 작업을 할 때, 많은 경
  우 시도하는 방법이 그들에게 천천히 가라고, 진정시키는 일
  이다. 그럼 일련의 연쇄 반응을 방지할 수 있다.
- **스스로에게 연민을 갖기** – 말하자면 이런 느낌이다. '어이쿠, 이
  거 아픈걸. 괴로워하는 나를 위로하고 안아 주고 싶군.'
- **스스로의 편이 되어 주기** – 이는 자신을 위하는 태도를 말하는
  것이지 상대방을 적대시하란 말이 아니다. 자신은 자신의 가
  장 큰 우군이다. 스스로에게 강력한 지지를 보내라.

의미를 명확하게 하라

상대방이 어떤 중요한 가치 또는 원칙에 대해 위반했는가? 가령 0에
서 10까지의 끔찍함의 척도(이 척도는 단순히 상대가 못나 보일 때 '1'이라 한다

면 핵전쟁 급의 끔찍함은 '10'으로 둘 수 있다)에서 상대방이 했던, 또는 하고 있는 짓이 얼마나 나쁜가? 나 자신은 이 사건에 대해 어느 정도의 의미를 두는가? 실제로 벌어진 일에 대해 의미를 두는 정도는 정확하고 적절한가? 어떤 사건도 그 자체로 의미를 갖지는 않는다. 그것들이 갖는 의미는 **우리가** 부여한 것이다. 일어난 일의 끔찍함 지수는 '3'인데, 어째서 그에 대한 반응은 '5'(심지어 '9'!)인가?

큰 그림을 보라

잠시 시간을 내어 몸 전체에 초점을 맞춰 본다. 방 전체에 초점을 맞춰 본다. 지평선 또는 하늘 위로 시선을 올려 본다. 지금 어디에 있든 하늘과 땅이 자신으로부터 끝없이 확장된다고 상상해 본다. 그리고 이처럼 보다 넓은 전체라는 느낌이 얼마나 자신을 진정시키고 명료하게 만드는지 알아차려 보라. 그러고는 지금 이 사람이 저지른 일을 최근 당신의 삶이라는 보다 큰 테두리 안에 놓고 보라. 최근 삶에 비한다면 그가 저지른 일은 아주 작은 부분에 불과할 수 있다. 이와 비슷하게, 일어난 일들을 자신의 삶 전체에 놓고 보라. 이 경우에서도 역시, 그야말로 티끌 같은 일부에 불과하다.

살면서 자신이 저질러 온 수많은 잘못들이 있지만, 또 얼마나 많고 많은 좋은 일들을 해 왔던가? 나쁘게 행동했던 일이 무엇이든, 살면서 했던 수십, 수백 가지의 선한 행동들과 함께 놓고 본다.

지지를 구하라

부당한 대우를 당했을 때, 우리는 다른 이들이 '본대로 증언'해 주길 바란다. 그들도 상황을 바꾸지는 못하더라도 말이다. 일어난 일에 대해 폄하하거나 아첨하지 않고, 공정하게 자신을 지지해 줄 수 있는 사람들을 찾아보라. 친구, 치료사, 변호사, 또는 경찰에 조언을 구한다.

전체를 보는 시야를 가져라

앞으로 몇 장에 걸쳐, 골치 아픈 문제에 대해 말을 꺼내는 법, 분쟁을 해소하는 법, 그리고 필요하다면, 관계를 본인이 안전한 수준으로 축소시키는 방법에 대해 세밀한 제안을 할 것이다. 그리하여 여기서는 큰 그림에 초점을 맞추고자 한다.

본인의 직감, 심장이 말하는 바에 귀를 기울인다. 이 관계에 있어 어떤 길잡이 원칙을 이야기하는가? 본인의 영향력이 미치는 범위 안에 밟아야 할 어떤 핵심적인 단계를 볼 수 있는가? 당신의 우선순위는 어떻게 되는가? 가령 자신과 상대방의 안전이 우선인가? 스스로에게 조언하는 짤막한 편지를 쓴다면 어떤 내용일까?

몇몇 잘못된 일들은 절대 바로잡을 수 없다는 사실을 알아야 한다. 이는 나쁜 행동을 축소시키고, 변명하라는 뜻이 아니다. 단지 어떤 경우 그에 대해 자신은 아무것도 할 수 있는 것이 없다는 말을 하는 것이다. 만약 이런 경우라면, 다시는 복구될 수 없는 손상에 대해 본인이 얼마나 큰 슬픔을 느끼는지 보고 자신에게 연민을 갖는다.

더 높은 길을 따르라

부당한 일을 당했을 때, 24장(「주변부터 챙기라」)에서 살펴본 바와 같이 일방적인 미덕을 실천하는 것이 특히 중요하다. 비록 정말 힘든 일이지만 말이다! 자신만의 행동 수칙이 있어야 한다. 내 경우 특정 상황이나 사람들을 대할 때, 스스로 특정 '수칙'을 떠올리는 것이 도움이 되었다. 가령 이렇게 생각하는 것이다.

'정신 차려! 저들의 짜증나는 비난에 말려들지 말자. 심호흡을 해. 혼란스러워하지 말고 핵심에 초점을 유지해 봐. 나를 증명해야 한다거나 정당화해야 할 필요는 없어.'

그러면서 동시에 고요하고 중심이 잘 잡힌 느낌에 주파수를 맞춘다.

그 사람을 또다시 상대해야 한다면, 특정 상황에서 자신이 어떤 식으로 행동할지 한 번 생각해 본다. 가령 가족 모임, 직장에서 업무 성과 보고, 또는 지금 배우자와 같이 있는 상황에서 전처 혹은 전남편과 마주치는 상황 등 말이다. 당신은 그들이 말하거나 행동할 수 있는 경우에 대한 능숙한 반응을 머릿속으로 '리허설'해 볼 수 있다. 너무 지나친 것 아닌가 싶을 수도 있겠으나, 마음속으로 하는 이런 연습은 긴장되는 상황에서 무난히 행동하는 데 실제로 도움이 된다.

다툼을 멀리하려 노력한다. 이는 누군가와의 어떤 문제를 다루는 한 가지 방법이다. 하지만 반복되는 언쟁과 다툼에 사로잡히는 것은 또 다른 문제이다. 관계에 있어 다툼은 마치 염산처럼 서로를 갉아 먹는다. 20대 중반, 나에겐 진지한 관계를 갖던 상대가 있었는데, 서로 간에 정기적으로 벌이는 다툼이 결국 내 마음을 황폐화시키는 지경에 이르렀다. 그런 상황에서 결혼에 이를 수 있을 만큼의 사랑이 자라기는 어렵다.

만약 상대방이 점점 화를 내기 시작할 때 목소리를 높이고, 도발적인 발언을 하고, 협박하고, 폭언을 한다면 의도적으로 거기서 한 발 물러서고, 길고 느리게 심호흡을 몇 차례 한 뒤, 내면의 고요한 느낌을 찾아 유지하려 시도한다. 상대방이 이성의 끈을 놓을수록, 본인은 더 잘 통제된 상태를 유지할 수 있다.

많은 경우, **사실 상대방에게 저항할 필요가 없음을** 알아차리게 될 것이다. 그들이 하는 말들은 마치 길가에 바람이 불어 낙엽이 휘날리는 것 같이 지나칠 수 있다. 호전적일 이유가 전혀 없는 것이다. 침묵함은 동의를 의미하는 것이 아니다. 또한 상대방이 이겼다는 의미도 아니다. 혹여 그렇다손 쳐도, 일주일 또는 1년을 볼 때 그게 실제로 얼마나 많이 문제시되겠는가?

내가 옳고 상대방이 틀리다며 점점 언성을 높이고 있는 자신을 발견한다면, 점점 폭발할 지경이 되어 가고 있는 걸 눈치챘다면, 스스로 선을 넘는다는 것을 알리는 작은 경고등을 켜고, 심호흡을 한 차례 한 뒤, 안으로 추슬러 본다. 그러고는 덜 과격한 방법으로 또는 전지적인 시점에서 마음에 떠오르는 바를 이야기해 볼 수 있다. 말을 적게 할수록 더 많은 소통이 가능하다. 아니면 잠간이라도 아예 말을 하지 않을 수도 있다. 내 경우 확실히 직설적인 경향이 있어서, 필요한 경우 어떤 친구에게 들은 약어를 떠올린다. 그것은 바로 WAIT, '내가 지금 무엇 때문에 이야기하고 있는 거야(Why Am I Talking)?', 또는 WAIST, '왜 아직도 이야기하고 있는 거지(Why Am I Still Talking)?!' 이다.

자신이 지금 일종의 언쟁에 빠졌었다는 것을 상대방에게 알리고, 이것이 정말 원했던 바는 아니라고 이야기하는 수도 있다. 그럼에도 불구하고 상대방이 계속 싸우려 든다 해도, 당신까지 그럴 필요는 없다. 다툼에는 둘이 필요하지만, 그것을 멈추는 데는 하나면 족하다.

필요하다면 자신에게 잘못하는 누군가와 교류를 잠시 또는 영원히 중단한다. 방을 빼고(또는 건물에서 나가고), 전화를 받지 말고, 문자를 주고받지도 않는다. 자신의 경계를 파악하고, 누군가 그 선을 넘는다면 단호하고, 실질적으로 어떻게 행동할지 정한다.

평화로운 상태로 있으라

다른 이들은 그게 무엇이 되었든 자기가 하고 싶은 대로 할 것이다. 그런데 현실적으로 말해, 그것이 때로 크게 대수롭지 않은 것이 사실이나. 많은 사람들은 실망한나. 머릿속에는 백만 가지 고민들이 소용돌이치고, 삶은 만만치 않고, 저마다 어릴 적 상처를 지니고, 윤리관은 흔들리고, 생각은 흐리멍덩하고, 가슴은 차갑고, 누군가는 정말 자기중심적이고 비열하다. 그것은 현실세계이고, 절대 완벽할 수 없다.

이런 상황에서 우리는 마음속 평화를 찾을 필요가 있다. 비록 그것이 저 바깥세상에는 존재하지 않는다 해도 말이다. 눈과 마음을 열고, 본인이 할 수 있는 바를 하고, 삶에 일어나는 온갖 일들을 흘려보냄으로써 얻어지는 한 조각 평화이다.

42

말함에 관한 말

∞

나는 서로 간 문제를 가진 수많은 사람들과 작업해 왔다. 세세한 상황은 제각각이었다. 하지만 그 모든 상황 아래에는 대개 딱 하나의 근본적인 문제가 있었다. 그들은 자신의 문제에 대해 효과적으로 말하지 못한다는 것이다. 목소리는 커지고, 점점 화가 난 말투가 되어 간다. 한쪽에서 주제를 급하게 바꾸려 하면, 다른 한쪽은 폭발해 대화를 망쳐 버린다. 상황은 살얼음판이 되어 가며, 결국 돌같이 딱딱하게 굳어 버린 침묵 속에 뚱하게 앉아 있을 뿐이다. 극단적인 경우 고함과 비명을 지르기도 하는데, 그런 모습을 아이들이 겁에 질려 쳐다보고, 무언가 폭력적인 말들이 오고 가기 시작하면 결국 경찰을 부르는 사태가 발생하기도 한다.

과정이 좋으면 결과도 좋다. 나쁜 결과는 나쁜 과정에서 비롯된다. 만약 우리 관계에서 결과가 그리 좋지 못하다면, 개선해야 할 부분은 관계의 **과정이다.**

다른 사람들과의 대화 자체에 대해 이야기를 해 보면, 무언가 화나고 심지어 폭발적이기까지 한 어떤 특정 현안에서 초점을 옮길 수 있다. 한 발 뒤로 물러나 관계에 대해 조망할 수 있는 것이다. 그리고 이는 그 자체로 감정을 진정시키는 효과가 있다. 그 뒤 어떻게 하면 서로를 더 존중하며 효과적으로 대화할 수 있는지에 대해 상대방과 의논해 볼 수 있다.

――――――――――― **How** ―――――――――――

목표와 지침을 공유하기

대화에서 자꾸 어긋나는 쪽이 어느 특정 한쪽이라 하더라도, '내가 너를 고쳐 주겠어'라는 식으로 접근하기보다 문제를 '우리의' 문제로, 동시에 기회로 여기고 다루어야 한다. 우선 쌍방 모두에게 적용되는 '통행 규칙'을 명확하게 해야 한다. 자녀들을 양육하는 데 있어 서로 협조하는 등 상대방과 공유하는 목표를 언급한다. 이는 당신이 이혼을 했어도 똑같다. 또는 어떤 생산적인 작업에서 회의를 할 때도, 각자 존중하고, 서로의 말을 잘 들어주는 조화로운 친구 관계 안에서도 마찬가지다. 상대방을 이해하고, 요구를 최대한 충족시키고자 노력한다는 점을 강조한다. 가령 "내 행동 중에 어떤 점이 당신을 힘들게 하는지 정말 알고 싶어. 그렇기 위해서 내게 소리 지르는 걸 멈춰 주면 그렇게 하는 데 도움이 될 것 같아.", 또는 "당신과 마찬가지로, 나도 X에 다시는 빠지지 않게끔 확실히 하고 싶어. 그러니 이번에는 무엇이 그런 결과로 이끄는지 같이 한번 찾아보는 게 어때?"와 같이 말이다.

열을 식히기

소위 말함에 대해 말할 필요가 있을 때, 이미 상황이 고조될 대로 되어버려 상대방이 방어적일 수 있다. 그렇기에 이 주제를 긴장을 더하지 않는 어떤 방법으로 가져오는 것이 좋다. 과거를 비판하기보다 미래에 초점을 맞추는 편이 낫다. 예를 들면 이렇게 말해 볼 수 있다.

"전향적으로 생각해 보면, 직장에서 사람들이 어떤 제안을 했을 때, 그것의 잠재적인 문제들을 언급하기에 앞서 그 아이디어의 장점에 대해 먼저 말하면서 시작하는 것이 좋지 않을까요?"

특정 상황에서는 조금 고집을 부릴 필요도 있다. 가령 "계속 이런 식으로 나오면 전화를 끊을 수밖에 없어."라고 말이다. 하지만 통상적으로 요구보다는 제안이 듣기 편한 법이다. 예를 들어, "지금 당신이 어떻게 말해야 하는지 통제하려는 게 아니야. 난 그저 우리 애들을 위해 부탁하는 ―이건 제안이지 명령이 아니야― 중이야. 우리가 좀 다른 방식으로 이야기를 나누면 어떨까 하고 말이야."라는 식이다.

상대방을 비난함 없이, 자신의 요구나 선호함에 대해 언급할 수 있다. 가령 "내 어릴 적 의붓아버지가 진짜 고압적이고 소리 지르는 편이었거든. 그래서 네가 좀 날카롭게 나오면 네 말에 마음을 열고 집중하기가 힘들어져."라든가, 아니면 본인의 제안을 문화적 차이 ―좋지도 나쁘지도 않은, 그냥 다르다― 라는 프레임에 넣어 이야기할 수도 있다. 가령 "당신 가족들은 모이면 서로 친하고 왁자지껄 서로 이야기도 많이 하잖아. 아주 좋아. 그런데 난 좀 다른 분위기에서 자랐거든. 사람들이 좀 꼬장꼬장해서 말할 때 끼어들지 않고 차례대로 말했었지. 그냥 잡담을 나눌 때라면 당신 스타일도 좋아. 그런데 뭔가 중요한 것에 대해 이야기할 때라면 -이건 순전히 내 성장 배경 때문인데- 내 말이 끝나기 전에 끼어드는 건 좀 자제해 줬으면 고맙겠어." 하는 것이다.

짚고 넘어가야 할 것은, 내가 드는 예들은 순전히 나의 방식에서 나온 것이라는 점이다. 그것은 내가 캘리포니아에서 자랐고, 심리치료사라는 직업에서 형성된 것이므로 이는 당신 고유의 스타일과 상황에 맞춰 바꿔 적용해야 한다. 추가적인 분쟁을 막기 위해 말함에 대해 말한다는 것은 마치 살얼음판을 걷는 것 같아서, (내가 고통스럽게 익힌 것처럼) 조심 또 조심해 주의를 기울여야 한다.

'대화' 자체를 주제로 삼기 좋은 때

대화나 모임의 흐름 속에서, 과정을 궤도 위로 되돌리기 위해 작은 제안을 할 수 있다. 예를 들면 "죄송합니다만, 제가 맥락을 좀 놓쳤어요. 우리가 지금 여기서 논의하는 주제가 뭐였었죠?"라고 묻는다. 또는 "제 생각에 우리가 조금 과열된 듯 -저는 좀 그런 것 같거든요- 하네요. 조금 속도를 늦추면 어떨까 싶습니다." 아니면 다음과 같이 단도직입적으로 할 수도 있다.

"부탁입니다만, 제가 중간에 끼어들지 않을 테니 당신도 말 중간에 끼어들지 말았으면 고맙겠습니다."

"제가 당신을 성가시게 한다면, 다른 사람들에게 말하지 말고 제게 직접 이야기하셔도 됩니다."

이렇듯 시의적절한 언급이 충분히 이루어진다면 좋다. 만일 그렇지 않다면, 자신과 상대방이 상호 작용하는 특정 방식에 대해 초점

273

을 맞춰 볼 수 있다. 그것이 비교적 우호적이고 격식 없다면, 다음과 같이 말해 볼 수도 있다.

"우리가 X에 대해 이야기를 나눌 때 말이야, 서로 뭔가 좀 흥분해서 제대로 해결하지 못하는 것 같아. 거기에 내 책임이 크다는 건 알고 있어. 뭔가 결착 짓기 위해 어떻게 하면 좋을지 이야기를 나눠 보는 게 어때?"

한편 심각하고 폭발 직전인 충돌 상황이라면, 다음과 같이 이야기하는 것이 적절할 수 있다.

"우리가 서로 간에 말하는 방식에 대해 당신과 함께 심리치료사[또는 직장 상사]를 만나면 좋을 것 같습니다. 앞으로 좋은 관계를 위해 어떤 기초적인 규칙을 만들려면 그렇게 해야 할 것 같아요. 당신은 언제가 좋겠어요?"

또는 이렇게 말할 수도 있다.

"당신이 너무 화내고 위협적이어서 사적으로는 더 이상 대화하기가 힘들군요. 앞으로는 문자나 이메일을 통해서만 말하겠습니다. 그런데도 혹시라도 선을 넘는 이야기를 써서 보내신다면 곧장 그것을 내 변호사에게 넘기겠습니다."

말함에 대해 말하는 데 있어 누구의 허락도 필요하지 않다. 본인의 경계를 설정하는 데 있어서 누구와의 합의도 필요하지 않다. 너무 심하게 말한다고 비난받지 않기 위해 몸을 사릴 필요도 없다. 상대방이 주제를 바꾸려고 한다면, 상호간에 어떤 방식으로 말해야 하는지에 대한 이야기로 다시 되돌려라.

해야 할 것과 하지 말아야 할 것

공식적이든 비공식적이든, 상호간에 (당신과 상대방 모두에게 적용되는) 어떤 명확하고 특정한 대화 방식을 정해놓으면 좋다. 그에 관해 몇 가지 제안을 하면 다음과 같다.

해야 할 것

- '지혜롭게 말하기'(30장 「자신의 말을 조심하라」)를 연습한다. 좋은 의도로, 진실하고, 유익하고, 시의적절하고, 매몰차지 않고, (가능하다면) 상대방이 원할 때 말하는 것이다.
- 자신과 상대방 모두의 감정을 헤아림으로부터 시작한다.
- 좋아하고 동의하는 부분에 대해 먼저 말하고, 그다음 싫어하고 동의하지 않는 부분에 대해 언급한다.
- 직장에서 귀가했을 때 바로 어떤 문제 해결에 뛰어들지 말고, 어느 정도 시간을 보낸 후에 논의한다.
- 적절한 상황에서 심리학자 마셜 로젠버그(Marshall Rosenberg)가 개발한 '비폭력대화'의 단순화시킨 방법을 사용한다.
  "'X'가 일어났을 때 나는 'Y'를 느낀다. 그건 내게 'Z'가 필요했기 때문이다."
  - X : 명확하고 객관적으로 언급한다. 흐리멍덩할 때 말하지 않는다.
  - Y : 감정들. '네가 멍청하다고 느꼈어.'라는 느낌이 들지 않게.
  - Z : 깊은 욕구들. 가령 안전하길 바람, 존중받길 바람, 상대

방과 정서적으로 가까워지길 바람. 결코 주위 사람들을 제
압하려는 것이 아니다.

- 각자가 원하는 주제를 순차적으로 논의한다. 각자 말할 시간
을 얼추 비슷하게 할당한다.
- 주의 집중을 유지한다.
- 지금이 이야기하기 적절한 때인지 묻는다.
- 누군가 다른 배경을 가진 사람들에게, 비록 의도치 않았지만
뭔가 충격을 주지는 않았는지 생각해 본다.
- 너무 과열되었다 싶으면 약간의 휴식 시간을 갖는다. 회피하
지 말고 마무리 짓기 위해 언제 대화로 돌아올 것인지 서로 맞
춰 본다.

하지 말아야 할 것

- 직장 동료, 친구, 아이들, 또는 가족 간에 서로 험담하거나 헐
뜯기.
- 거짓말, 헛소리, 곡해 또는 속이기.
- 소리 지르기, 비명 지르기, 벽을 주먹으로 치기, 물건 집어던지
기.
- 서로 간의 맹세 또는 저주.
- 모욕적인 이름으로 부르기.
- 거들먹거리기, 잘난 체하기, 또는 업신여기기.
- 미묘한 사안에 대해 바로 뛰어들기.
- 배고플 때, 지쳤을 때, 또는 취했을 때 논쟁하기.

- 부차적인 사안을 들먹이기, 특히 만성적인 것들.
- 철옹성 쌓기, 회피하기, 또는 특정 사안에 대해 대화하는 것을 거절하기.
- 무언가를 다루는 것을 피하기 위해 방어적이 되거나 반격하기.
- 단 한 번이라도 폭력적이거나 위협적으로 행동하기.

본인만의 해야 할 것, 하지 말아야 할 것에 대한 목록을 만들어 볼 수도 있다. 그런 다음 집 냉장고에 붙여 두거나, 앞으로 상호 간에 이렇게 대화할 것이라는 기본 규칙으로 상대방에게 제안 형식으로 보낸다. 좀 더 확장된 방식으로, 자신과 상대방 모두가 좋아하면서도 관계의 매뉴얼로 삼는데 동의할 어떤 책을 찾아볼 수도 있다. 훌륭한 안내서가 많이 있다. 내가 선호하는 것 중 하나는 소통 전문가인 오렌 제이 소퍼(Oren Jay Sofer)가 쓴 『Say What You Mean』▪이다.

지침에서 벗어났다면 즉시 알아차리고 '선 안으로' 되돌아온다. 상대방이 지침에서 벗어나면 그것을 바로 지적하는 것이 대개 중요하다. 다시 지침 안으로 돌아올 것을 요구하는 것이다. 그렇지 않으면 상대방이 지침을 따르지 않아도 괜찮다고 생각할 수 있다. 누군가가 당신과의 관계를 개선하길 바란다고 말을 하면서도 계속 규칙을 깨고 있다면, 그런 사실을 그들과 소통할 때 가장 우선시되는 중요한 사안으로 규정한다. 만일 본인이 설정한 선을 상대방이 계속 넘는다면

▪ [편집자 주] 이 책은 2019년 『마음챙김과 비폭력대화』로 번역되어 국내에 출간된 바 있다.

가능하면 최대한 그들과 떨어질 필요가 있다.

자잘한 일들은 그냥 넘어갈 수도 있다. 그것이 점차 폭력적으로 변질되지 않는 한 그런 자연스럽고, 느슨한 형태의 대화는 괜찮다. 하지만 상대방이 자신에게 어떻게 말하는지, 자신이 상대방에게 어떻게 말하는지, 그리고 상호 교류가 어떤 식으로 펼쳐지는지에 대해서는 전반적으로 진지하게 임한다. 특히 중요한 관계일수록 그래야 한다. 당신의 권리와 요구는 합법적이다. 다른 사람들 또한 당신이 요구하는 바대로 똑같은 대우를 바라는 것은 당연하다. 전반적으로 예민하게 굴거나 '소심 끝판왕'이 되어선 안 된다. 자신의 관계와 상호 소통에 있어 보다 큰 선을 추구하고, 스스로 정한 규칙을 기꺼이 지켜야 한다.

43

원하는 바를 말하라

∞

우리는 결핍을 가지고 태어난다. 첫 숨을 쉴 때부터, 안락하기를, 배불리 먹기를, 그리고 다른 사람에게 보살핌받는 느낌을 원한다. 아이들은 부모에게 이런저런 것들을 원하고, 우리도 아이들에게 이런저런 -가령 새벽 3시에 깨 버린 아이들에게 다시 자라고 하는- 것들을 원한다. 결핍은 자연스러운 것이다. 우리는 서로를 의존하기에, 당연히 서로에게 무언가를 원한다.

아동기를 지나 성인으로 접어들면, 우리의 욕구는 점점 더 복잡해진다. 그것들을 표현하는 것이 정서적으로 논란거리가 되거나, 조심스럽거나, 억압될 수 있다. 이런 상황은 일반적이기에, 그것이 관계에 있어 일종의 주요 병목 혹은 장애물이 된다. 자신이 원하는 바가 무엇인지 말하지 않는다면 상대방과의 합의점에 결코 도달할 수 없다.

여기서는 **자신이** 원하는 바를 어떻게 분명히 하고 소통할 수 있는지에 초점을 맞출 것이다. 이것은 상대방이 원하는 바를 더 잘 이해하고 반응하는 것에도 도움을 줄 수 있다. 이 장을 다 읽고 그것을 자신에게 적용하면, 당신의 인생에서 중요한 인물들과 그들이 일반적으로, 특히 당신으로부터, 무엇을 원하는지에 대해 다시 생각해 볼 수도 있다.

원하는 것에 대해 유념하라

어떤 필요에 대해서는 표현하기 수월하다. 가령 "문 좀 열어 주세요."와 같이 말이다. 더 많은 것이 걸려 있는 욕구에 대해서는 그것에 대해 말하는 게 잠재적으로 훨씬 위험할 수 있으므로 표현하기가 훨씬 힘들다. 상황에 따라 다르겠지만 아래의 예가 있을 수 있다.

> "이 팀에서 내가 더 많은 통솔권을 갖고 싶어."
>
> "회사에서 내 성과에 대해 더 많은 보상을 받길 원해."
>
> "대화할 때 당신이 완전히 내게 집중해 주었으면 해."
>
> "잠자리를 함께하고 싶을 때만 다정하게 굴지 말고, 평소에도 애정 표현을 해 줄 수는 없어?"
>
> "혼자 있는 시간이 더 필요해."
>
> "당신의 설거지 할당량을 꼭 지켜 줬으면 해."
>
> "우리 일주일에 한두 번 잠자리를 같이할 수 있을까?"

"아이 갖기를 원하지 않고, 당신도 그렇다는 걸 알아."

"우리 둘 다 은퇴할 때를 대비해서 저축을 더 많이 할 필요가 있어."

"지금 슬픈 기분이어서 뭔가 편안하게 해 줄 것이 필요해."

"온 마음을 다해 당신에게 내 사랑을 주고 싶어."

위의 예들을 읽으면서 당신을 움찔하게 만들거나, 흠칫 뒤로 물러나게 하거나, 가령 '어휴, 나는 저런 말 못 해.' 하는 생각이 들게 만드는 문장이 있을 수 있다. 예를 들면 20대의 나는 사랑받고 싶다는 욕구를 표현하기가 너무나 어려웠다.

자신이 원하는 무언가 중요한 것을 말하려 할 때 올라오는 느낌, 심한 경우 장애들에 대해 유념해 보자. 예를 들면 이렇다.

- 목구멍에 긴장이 느껴지거나, 명치에 구멍이 난 느낌이 들거나, 불안감에 젖어 들거나, 상대방의 반응에 대한 공포가 일어나거나, 갈등이 반복되는 관계에서 미리 패배감을 느낄 수 있다.
- 단도직입적으로 말하지 못하고 빙빙 돌리고 있지 않은지 살핀다. 가령 완곡하게 표현한다든가, 모호하고 추상적인 용어를 쓴다든가, 자신이 진정 관심 있는 것 대신 피상적인 가짜를 이야기하는 것이다(예를 들면 누군가와의 대화에서 전반적으로 더 많은 존중을 보여달라는 위험한 요구를 하는 대신 말에서 틀린 단어 한 개를 지적한다든가).
- 자신이 양육된 방식과 어떤 연관성이 있는지 살핀다. 예를 들

면 돈이나 성관계에 관련된 주제를 회피하는 경향이 있을 수 있다. 당신의 부모님은 원하는 바를 어떤 식으로 표현했는가? 당신이 원하는 바를 표현했을 때 부모님이 어떻게 반응하였는가?

• 성별, 사회 계층, 인종, 종교, 또는 자신이 자라 왔거나 지금 살고 있는 전반적인 문화 배경을 고려해 어떻게 사회화되어 왔는지 고려한다. '당신과 같은' 부류의 사람들이 대개 원하는 바는 무엇이고, 그것을 보통 어떤 식으로 표현하는가?

욕구에 대한 자신의 반응을 알아차리는 것이 깊어짐에 따라, 그것이 당신에게 미치는 힘은 점차 적어지고, 따라서 본인이 진정 원하는 바를 더 잘 말할 수 있게 된다.

무엇을 원하는지 알라

매우 친절하고 힘이 되는 어떤 사람을 —당신이 아는 누군가일 수도 있고, 어떤 선생님일 수도, 영적인 존재일 수도 있다— 상상해 보라. 자신의 인생 전반, 그리고 특정 관계, 상황, 또는 문제를 고려했을 때 무엇을 진정 원하는지 그가 묻는다고 상상해 보는 것이다. 특정 사람들로부터 당신은 무엇을 원하는가? 자신에 대해 그들이 어떻게 느끼기를 바라는가? 그들이 말해 주거나 해 주기를 바라는 것은 무엇인가? 좋지 않게 흘러갔던 과거의 사건들에 대해 생각해 본다. 가령 크게 언쟁했던 일에서 상대방이 어떻게 행동했길, 그리고 앞으로 어떻게 행동하길 바라는가? 충분히 시간을 써서 이들 질문에 대해 생각해 본다. 마음속에, 또는 종이 위에 어떤 대답들이 올라오는가? 이 연습 중에, 안전하고 수용적인 공간 속에서 자신이 원하는 바를 완전히 표현하는 것이 어떤 느낌으로 다가오는가? 이 상상의 인물에게 깊은 속마음까지 들려주는 것은 어떤 느낌인가? 이 느낌을 신뢰하며 그것에 가치를 둘 수 있고, 적어도 그 느낌의 일부라도 함께 공유할 수 있는 사람들을 찾아볼 수 있다. 그들과의 상호 교류를 통해 은근슬쩍 이 느낌을 더 크게 받을 수도 있다.

일반적으로 우리가 원하는 바는 (1) 어떤 **경험**, 그리고 (2) 그 경험의 원인이 되는 어떤 **행위** 또는 **상황**의 두 가지 측면을 갖는다. 여기에서 경험 그 자체는 황금이고, 행위나 상황은 목표에 도달하기 위한 수단이다. 예를 들면 직장에서 누군가가 자기 의견의 가치를 알아주었으면 하고 바랄 수 있다. 이때 칭찬이나 단순히 존중하는 말투를 통하여 의견의 가치를 인정받았다고 느끼는 것은 우리가 가치 있는 사람이라고, 무리의 일원이라고, 또는 필요한 사람이라고 느끼는 경험에 도달하기 위한 방편이다. 이 일견 너무 뻔해 보이는 점이 거대한 의미를 갖는다. 바로 우리가 갈망하는 경험을 갖기 위해 특정 행위나 상황에 너무 종속되어 있다는 것이다. 쓸모 있고, 가치 있고, 배려받고 있다 느낄 수많은 방법이 있을 수 있다. 그런데 욕망하는 경험을 갖기 위해 우리는 특정 사람들이 특정한 말들을 특정한 방법으로 해주는 데 너무 집착한다. 만약 그들이 그대로 해 준다면 좋겠지만, 그렇지 않다면 당신에게 무엇이 남는가? 그렇기 때문에 자신의 욕구에 대해 탐구할 때는 더 깊고, 더 연약한 층까지 포함해 자신이 구하는 **경험들에** 중점을 두어야 한다. 이들 경험을 늘릴, 남들이 해 줄 수 있는 다양한 것들을 확인해 두는 것이 좋다. 그렇게 되면 그것들을 요구하는 데 있어서 좀 더 유연성을 발휘할 수 있다. 그리고 자신이 원하는 경험을 가질 가능성 또한 높아진다.

남들이 **해 주길** 바라는 바에 대해 가능한 한 분명하고 확고히 해두는 편이 도움이 된다. 이 명확함은 아래와 같은 여러 이점을 갖는다.

- 잠재적인 오해의 소지를 줄인다.
- 자신이 진심으로 말해 왔던 바로 자기 존중의 느낌을 준다.
- 본인이 요구하는 바가 어렵지 않다는 점을 남들에게 종종 확인시켜 준다.
- 갈등의 상황에서 상대방으로 하여금 당신이 무엇을 원하는지 알아차리게 만든다. 그럼 당신도 그들이 알고 있음을 분명히 알게 된다.
- 합의에 이르기 위한 견고한 토대를 제공하고, 그 합의가 계속 지켜지는지 편하게 물어볼 수 있게 된다.

어떤 중요한 관계에 대해 생각해 보라. 어쩌면 심각한 갈등에 직면해 있을 수도 있다. 거기에서 상대방이 자신에게 원하는 바를 준다면 어떻게 보이겠는가? 가령 직장에서, 회의 중 무슨 말을 듣길 원하는가? 얼마의 급여를 받기를 원하는가? 회사가 어떻게 지원했으면 하는가? 가정에서 일주일에 몇 번 저녁을 차려 주었으면 하는가? 자녀들이 절대 쓰지 않았으면 하는 말투는 무엇인가? 그들이 당신을 어떤 식으로 접촉했으면 좋겠는가? 언제 사랑을 나누고 싶은가?

모호한 느낌을 특정 요구들로 바꾸려 해 본다. 누군가 옆에 있으면 기분이 '나아지는' 경향이 있다고 해 보자. 그것이 어떤 의미인가? 옆에 있을 때 무엇을 하길래 기분이 좋아지는 걸까? 아마도 더 따뜻한 말투의 목소리, 더 적은 비판, 그리고 자신의 기여에 대한 더 많은 인정 등일 것이다. 대부분의 관계에 있어, 심지어 직장에서도 이런 것들을 요구할 수 있다. 자신의 동료와 배우자가 '더 많이 도와주기'를 바란다고 가정해 보자. 그것이 실제로 어떤 의미인가? 아마도 '더 많이'란 매일 저녁 부엌을 청소하고, 3학년 독서 관련 문제에서 무엇을 해야 할지 앞장서 계획하는 것일 수도 있다.

우리기 다른 사람들에게 원하는 깃 중에는 단순히 밀고, 행동하는 것뿐 아니라, 그들의 마음속에서 어떤 일이 일어나는가도 포함된다. 상황에 따라 다르겠지만, 누군가가 더 참을성 있기를, 더 냉철하기를, 자신의 내면세계에 더 많은 관심을 보이기를, 혹은 어떤 갈등 상황에서 본인의 할당 부분에 대해 더 기꺼이 책임을 지길 원하는 것일 수 있다. 이것이 생각을 감시한다는 의미는 아니다. 스스로 마음속 더 높은 길을 추구할수록, 남들에게도 그와 동일한 수준의 것들을 요구할 수 있는 것이다.

그들에게 말하라

우리는 종종 원하는 것을 함축적으로 표현한다. 배우자가 포옹을 해 주길 원할 때 은근슬쩍 기대는 것 같은 경우이다. 만약 확실한 모습을 보이거나 충분한 힌트를 준다면, 훌륭하다. 하지만 그렇지 않다면, 본인이 더 노골적일 필요가 있다. 다음 장에서는 자신과 상대방이 원하는 바에 대해 어떻게 합의에 이를 수 있는지 탐구하고자 한다. 여기서는 자신이 원하는 바를 어떻게 협상의 테이블에 올려놓는가에 집중하고 있다.

무언가 이야기하기 곤란한 것일수록 이야기를 꺼내기 전에 단단히 준비하는 것이 중요하다. 1부의 여러 장들에서 그런 도구들을 끌어다 쓸 수 있다. 가령 고요한 힘의 느낌을 찾아본다든가, 자신을 수용한다든가, 자신이 선한 사람임을 아는 것이다. 말을 시작하기 전 어떤 지혜로운 존재가 당신과 함께 앉아 있는 상상을 해 보라. 자신을 존중하고 용기를 북돋우며 말이다. 할 수 있다면, 상대방에 대한 자신의 선의를 느껴 본다. 상대방을 괴롭히려는 의도는 없다. 설사 자신이 원하는 것이 상대를 불편하게 만들 수 있을지라도 말이다.

할 수 있는 최대한 상대방과 어떤 토대를 쌓아야 한다. 부부인 존 고트만(John Gottman)과 줄리 고트만(Julie Gottman)의 놀라운 연구를 보면, 어떤 중요한 주제로 더 천천히, 더 부드럽게 옮겨 가는 편이 갑작스럽고 강하게 뛰어 들어가듯 이야기하는 것보다 대개 더 좋은 결과를 이끌어낸다고 한다. 적절하게는, 우선 어떤 정서적 유대관계를 만드는 데 시간을 쓴다. 처음에는 중립적이거나 유쾌한 주제에 대한 이야기를 한다. 상대방에게 이야기해 줄 어떤 따뜻한 말이나 감사할 것이 있는가? 근래 상대는 어떤 상황인가? 본인 말을 잘 들어 주길 원한다면 우선 상대의 말을 경청해 주는 것이 지혜롭다. 이것은 속임수를 포함하는 어떤 조작이 아니다. 당신이 하는 말은 그것이 더 깊은 대화를 위한 토대를 놓을 목적으로 하는 경우라도 진실되다.

명석한 부부 심리치료사인 테리 리얼(Terry Real)은 '너'는 거기 있고 '나'는 여기 있다는 태도 대신 '우리'라는 테두리를 강조했다. 이런 맥락 속에서 자신이 원하는 바에 대한 내용을 꺼내 볼 수 있고, 그것이 서로의 관계를 지지하고 공통의 목표에 부합함을 설명할 수 있다. 만약 직장에서라면 이런 식이 될 것이다.

"저는 우리 업무 관계를 높이 평가하고 있습니다. 여기에서 어떻게 하면 함께, 더 효율적일 수 있는지에 대해 한 가지 제안을 하고 싶습니다. 그것에 대해 이야기해 볼까요? 지금은 곤란하시다면 언제가 더 좋겠습니까?"

배우자와 함께 있을 때는 이렇게 이야기할 수 있다.

"당신은 나에게 정말 중요한 사람이야. 그런데 우리가 서로 이렇게 지내는지는 아이들한테도 영향을 끼친다고 생각해. 최근 내가 조금 불안한 느낌을 받았거든. 그래서 어떻게 하면 서로 좀 더 나아질까 이야기를 나누고 싶어. 괜찮겠어?"

대화의 전 과정에 걸쳐 '우리'라는 테두리를 재정립하는 것은 도움이 될 수 있다. 특히 한쪽 또는 양쪽 모두가 이제 슬슬 떨어져서 방어막을 치고 싶어질 즈음이라면 말이다. 곧장 원하는 주제로 뛰어들기보다는 대화를 시작하기 전 상대방에게 동의를 구하려 해 본다. 상대방은 당신이 원하는 것 안에 어떤 비판이 내재되어 있다고 느낄 수도 있다. 이럴 때 '우리'라는 테두리는 사전에 미리 구한 상대방의 동의와 함께, 그들을 더 편안하고 개방적이게끔 만들어 줄 수 있다. 하지만 만약 상대가 **정말로** 들으려 하지 않을 때일지라도 여전히, 당신은 자신이 원하는 바를 말할 권리가 있다.

원하는 주제로 들어가기 시작할 때, 본인이 찾고 있는 경험들에 대하여 언급하는 것이 도움이 될 수 있다. 이때 그것들이 정상적이고 보편적인 것임을 강조한다. 예를 들면 직장에서 상사에게 다음과 같이 말할 수 있다.

"앞으로 훨씬 더 까다로운 프로젝트를 받고 싶습니다. 저는 스스로 한계를 시험하길 즐기고, 우리 팀을 위해 격차를 만들고 싶습니다."

연인과 함께 있을 때는 이렇게 말할 수 있다.

"당신이 나에게 신경 써 주고 있다는 걸 알아. 그럼에도 난 여전히 사랑한다는 말을 더 많이 듣고 싶어. 그럼 정말 기분이 좋아지거든."

그것이 옳다고 느껴지면, 가슴 깊이 묻어둔 가장 깊은 욕구를 드러내기 충분할 정도로 용기를 낼 수도 있다. 가령 "당신은 나에게 특별해. 그리고 나 또한 당신에게 특별한 사람이라는 걸 느끼고 싶어." 라고 말이다.

필요하다면 과거에 대해 이야기한다. 하지만 가능한 한 과거에 대한 불평을 미래의 요구로 바꾸어 말해야 한다. 누가 무슨 짓을 했는지, 그것이 얼마나 큰일이었는지, 실제로 일어난 일에 대해서라면 사람들은 끝없이 논쟁할 수 있다. 하지만 **지금부터** 본인이 이러이러한 것을 원한다는 말에 동의를 얻기 위해 과거의 일로 싸울 필요는 없다. 정말이지 매우 희망적이다! 더욱이 자신이 원하는 바를 요청의 형태로 바꾸면 거만한 느낌을 주지 않고 편하게 들린다. 사람들에게 무언가를 억지로 하도록 강요하는 것은 보통 불가능하다. 하지만 분명하고, 설득력 있게, 필요하다면 단호하게 부탁하는 것은 가능하다. 어떤 요청을 한다고 해서 만만한 사람이 되라는 것도 아니다. 그들이 어떻게 나오는지 잘 지켜보고, 거기에 맞춰 어떻게 반응할지 결정한다.

상대방이 계속 과거를 들먹이거나 당신을 비난하면, 미래로 다시 초점을 옮겨볼 수 있다. 아래 예시처럼 말이다.

A: 우리가 서로에게 소리 지를 때 정말 싫어. 그런 짓은 그만하고 싶어.

B: 당신이야말로 나한테 항상 소리 지르고 있잖아!

A: [속으로, '정말이지 말도 안 되는군. 하지만 과거에 대해 논쟁하는 건 앞으로 원하는 바를 이야기하는 데 방해만 될 뿐이야.'] 과거에 이런 일이 있었든, 내가 원하는 건 지금 이 순간부터 우리 서로 소리 지르는 걸 멈추자는 거야. 나로서는 그게 정말 화나게 하거든.

B: 너는 또 내가 널 화나게 한다고 비난하는구나.

A: 난 내가 소리 지르는 게 맘에 안 들어. 네가 소리 지를 때뿐만 아니고 말이야. 이제 더 이상 너한테 소리 지르지 않을 거야. 그러니 너도 나한테 그렇지 않으면 좋겠어. 부탁할게.

B: 난 한 번도 소리 지른 적 없어. 네가 과장하는 거지.

A: 좋아. 그럼 서로에게 소리 지르지 않기로 하는 데 아무 문제 없는 거야, 그렇지? 이제 지금부터 소리 지르지 않다?

B: 그래, 물론이지. 아무렴 어때.

A: 이건 정말이지 나한테 중요한 거라고. 네가 나한테 소리 지르지 않는다고 말했다. 그렇게 해 줘서 고마워. 나도 앞으로 너한테 소리

지르지 않을 거야.

B: 넌 항상 나를 조종하려 들어. 애들한테 네가 하듯이 말이야.

A: [속으로, '이건 정말 반칙이지. 애들을 불러 삼자대면을 하고 싶군. 이거 나중에 따질 거리가 벌어지는 것 같은데. 하지만 지금은 소리 지르지 않기에 집중해야지.']
내가 우리 관계에 변화를 줘서 더 이상 소리 지르는 일이 없도록 하려고 애쓰는 건 분명해. 하지만 그걸 조종이라고 하면 곤란하지. 그건 우리 둘 모두에게 적용되는 거라고. 이제부터 우리가 서로에게 소리 지르지 않기로 한 것에 대해 난 그저 기쁠 뿐이야. 이 문제에 대해 네가 나랑 이야기해 줘서 정말이지 고마워. 이게 우리 관계에 있어서도 좋고, 우리 가족을 위해서도 좋을 거라고 생각해.

위 대화 속에서 A는 어떤 부차적인 이슈에 대해서도 좇지 않는다. 그리고 원하는 바 —위의 경우 소리 지르는 것을 끝내는 것— 에 대해 구차하게 굴지도 않는다. 원하는 바를 말하는 것이 무서울 수 있고, 그것을 듣는 상대방도 잠재적으로 위협을 받는다거나 성가시다고 느낄 수 있다. 이야기를 꺼내야 할 만큼 충분히 중요한 사항이라면, 그 안에는 자신과 상대방 모두에게 감정적인 자극을 줄만 한 것이 내재되어 있을 공산이 크다. 그 자극을 마음속에 잘 다독이면서, 원하는 바를 말할 때 스스로 중심을 잡고 차분함을 유지할 수 있다. 그럼 실제로 원하는 바를 얻을 가능성이 커진다.

290

44

합의점에 도달하기

∞

많은 상황에서 합의를 이끌어내는 것은 중요하다. 가령 직장에서 팀 내 역할을 바꾸려 할 때, 자녀 계획을 할 때, 또는 새 룸메이트를 들일 때 등이 있겠다. 대부분의 합의는 그냥 되는 것이 아니다. 우리가 어떤 과정을 거쳐 **쌓아나가야만** 하는 것이다.

좋은 합의를 만들어내고, 필요할 때마다 그것을 수정한다면 관계는 잘 유지될 것이고, 함께 환상적인 것들을 이룩해나갈 수 있다. 하지만 합의에 도달하지 못할 때 갈등은 퍼지고, 기회는 날아간다. 관계는 신뢰를 기반으로 하고, 신뢰의 기본은 상호 합의이다. 합의가 깨져 더 이상 복구가 이루어지지 않을 때, 또는 상대방이 반복적으로 내용을 잘 이해하지 못할 때, 또는 합의에 있어 누군가가 가장 기초적인 것 -합의의 **준수**- 을 이행하지 않으려 한다면 어떤 관계이든 기반이 흔들리고, 때로 종말로 치닫는다.

나는 무언가에 묶이고 조종당하는 느낌을 싫어하는 사람으로서, 합의란 것이 실제 나 자신을 더 자유롭게 할 수 있다는 점을 깨달은

게 도움이 되었다. 합의를 통해 관계 내에서 쓸데없이 시간과 주의를 빼앗길 수 있는 이슈들을 사전에 방지하고, 상대방이 당신의 필요에 집중하도록 해 주며, 신뢰의 거점을 제공해 거기서부터 인생의 또 다른 시작이 가능하게끔 만들어 준다.

How

공통의 기반을 찾아라

직장에서 또는 집에서 무언가에 대해 합의를 만들어내려 애쓰는 전형적인 상황을 상정해 보자. 아이들에게 얼마만큼의 텔레비전 시청을 허용할 것인지, 승진을 위해 직장 상사가 어떻게 도와줄 수 있는지, 또는 더 안전한 동네로 이사를 가야 할지 말아야 할지에 대한 이야기일 수도 있다. 어쩌면 누군가가 혹은 당신이 확신 없는 어떤 일을 강요할 수 있다. 어쩌면 자신에게 필요한 어떤 정서적 지지를 구하고 있을 수도 있다. 상대방에게 원하지만 아직 합의에 이르지 못해 얻지 못한 것에 대하여 생각해 보자. 가령 당신 또는 상대방이 원하는 바를 이미 이야기했다고 해 보자. 그럼 이제 뭘 어떻게 해야 할까?

첫 번째 단계로 좋은 것은 이미 합의한 것들을 강조하는 것이다. 양측 모두가 아는 사실이 무엇이고, 신경 쓰는 것은 무엇이며, 공통으로 두는 가치는 어떤 것인가? 이견을 좁혀나가기 위해서는 서로 간의 유사점을 찾아야 한다. 예를 들면 양측 모두가 효율적인 작업 집단에 소속될 필요를 느낄 수도, 회의 중 좀 더 점잖은 분위기를 원할 수도,

292

또는 건강하고 행복한 아이들로 기르고 싶을 수도 있다. 사람들은 거기 이르는 **방법**들에 대해서는 의견이 달라도 **목표**에 대해서는 일치하는 경우가 흔하다. 그러므로 논의를 시작할 때, 그리고 방법들에 대한 의견 충돌이 있을 때, 서로 공유하는 목표를 강조한다.

만약 또 다른 사람이 어떤 아이디어를 꺼낸다면, 그에 대해 자신이 마음에 드는 부분을 언급함으로써 이야기를 시작할 수 있다. 의견이 일치하지 않는 부분의 범위를 좁혀 좀 더 다루기 쉽게 만든다. 예를 들면 직장에서 다음과 같이 말할 수도 있다. "당신이 말하는 새로운 홍보 전략이 맘에 들어요. 단지 거기에 따르는 비용이 다소 걱정스럽습니다." 서로 이혼한 부부 사이라면, "우리 이제 각자 새로운 사람들과 사귀고 있어. 기분이 묘하군, 인 그래? 하지만 진지한 관계가 되기 전에 그 사람들을 우리 아이들에게 소개하는 것은 이른 것 같아." 친구라면 이렇게 말할 수 있다. "물론 점심 먹으러 가야지. 밖에 나가서 먹을 시간만 있다면 말이야."

나의 경우 꽤 무심하고, 분석적이며, 무언가 즉시 바로 잡지 않으면 안 되는 성향이 있다(당신이 이미 눈치챘을 수도 있지만 말이다). 그래서 나는 필요할 때마다 일종의 주문을 기억하려고 노력한다. 그건 바로 —'**참가함으로써 시작하라**'이다. 공감을 유지하고, 관점과 가치를 공유하며, 이미 합의한 내용은 어디까지인지 주지하고, 남아 있는 문제들을 해결하고 줄여나간다.

효과적으로 협상하라

가장 강력하고 행복한 관계에서조차 늘 협상할 거리가 있기 마련이다. 여기 협상이 잘 진행되게끔 돕는 몇 가지가 있다. 그것들을 능숙하고 의미 있게 만들기 위해, 누군가와 반복적으로 충돌이 일어나는 경우 아래 제안들을 어떻게 적용하면 좋을지 한 번 생각해 보라.

문제는 한 번에 하나씩 다룬다

이 불만에서 저 불만으로 기분 내키는 대로 주제를 옮기거나, 그것들을 한 데 섞거나, 상대방에게 온갖 불평을 한 번에 토해내는 것은 썩 효과적이지 못하다. 대신 한 가지씩 꺼내어 거기에 이름을 붙이고, 그 하나가 충분히 해소될 때까지 초점을 유지한다. 어떤 자연스러운 흐름에 따라, 보다 깊은 층을 다룰 필요가 있을 수도 있지만 여전히 같은 문제를 다루는 것이다. 친구에게 이렇게 말할 수 있다. "네가 내 페이스북에 단 댓글에 상처를 좀 받았어. 하지만 어떤 특정 단어 때문은 아니야. 이건 서로 친절해야 할 친구 사이라는 것에 대한 문제라고." 우선적으로 해소해야 할 또 다른 문제가 나타난다면 그것으로 주제를 옮긴다는 것을 분명히 하고, 이미 다루고 있었던 문제가 완결되지 않아 나중에 다시 이야기해야 할 필요가 있음을 확실히 한다. "그래, 맞다. 우리 차 브레이크 문제를 해결해야 했었지. 하지만 일단 그걸 해결하고 나면 지금 이야기하던 휴가 때 어디로 갈지에 대해 다시 이야기해 봐야 해."

관계에 있어 다루어야 할 문제보다 더 우선시되는 문제가 있다. 바로 문제 제기는 누가 하는가, 누구의 문제에 우선적으로 관심을 주고 해결해야 하는가 하는 점이다. 자신이 제기하고 싶은 문제를 강조하기 위해 할 수 있는 최선을 다하고, 그에 반하는 어떤 내적인, 또는 외적인 압력에 대항한다. **당신도 목소리를 낼 수 있고 상대방이 그것을 들어줄 자격도 충분하다.** 당신은 X에 대해 이야기하고 싶고, 상대방은 Y에 대해 이야기하고 싶다면, 누가 먼저 할지, 양측 모두의 주제에 대한 확실한 이해와 함께 결정한다. 필요하다면 각각의 문제에 대하여 이야기할 때 얼마만큼의 시간을 쓸지 사전에 정한다. 가능하다면 상황을 미리 깔끔하게 정리하고, 최초로 선의를 보이기 위해 상대방의 문제를 먼저 다룸으로써 시작하는 것이 이로울 수도 있다.

혹여 누군가 자꾸만 부차적인 문제를 들먹인다면, 그것을 지적하고 자신의 주제로 되돌린다. 상대방이 주제와는 상관없는 것들, 이를테면 다른 친구에 대한 험담을 늘어놓는다든가, 연관 없는 제안을 이야기한다면 보통은 그냥 흘려듣고 지나치지만, 추후 그에 대해 언급할 수 있도록 기억해 둘 수도 있다. 대화 중 새롭고 훌륭한 합의점에 도달할 여지가 있는 부분이 있었다면, 그 부분으로 계속 되돌아가 이야기한다. 쌍방이 목표로 하는 결과에 초점을 유지한다. 가령 이미 앞으로의 일에 의견이 일치 중인 와중에 과거를 들먹이며 비난할 이유는 없다.

만약 상대방이 어떤 합의도 할 의도가 없는 데다, 마무리하고자 한다는 느낌이 슬슬 들기 시작한다면, 그 점에 대해 한 번 이야기해 보라. 이런 식일 수 있다. "어쩌면 제가 잘못 생각했을 수 있겠네요. 그런데 당신도 실제 여기서 나와 어떤 합의점을 찾아볼 생각 아니었나요? 혹시 아직 화가 안 풀려서 이 문제를 해결하기에 적절치 않은 때인가요? 아니면 그냥 이 문제를 확실히 짚고 넘어갈 생각이 전혀 없는 겁니까?" 희망적인 경우, 이렇게 말함으로써 합의에 도달할 수 있는 대화의 장으로 다시 돌아가는 경우도 있다. 그리고 만약 그렇지 못하다면, 잠시 휴식을 갖고 나중에 이 문제에 대해 다시 이야기한다. 애석하지만 혹 필요하다면 이 관계를 다시 평가해 보고 상대방으로부터의 기대치를 낮추어야만 할는지도 모른다.

문제를 명확하게 밝힌다

형이상학적 가치나 추상적인 개념에 대해서라면 사람들은 영원한 논쟁도 가능하다. 가령 직장에서 **공정함**이란 무엇인가, 부모가 자식에게 얼마만큼 **관대해야** 하는가, 또는 어떤 게 **다정한** 태도인가 하는 주제들이 있겠다. 그러므로 문제를 명확하게 특정지어야 한다. 특히 오해의 소지가 많은 경우, 또는 회피할 여지가 있거나 미덥지 못할 경우라면 더욱 그렇다. 예를 들어 직장에서 회의는 얼마만큼의 시간이 적당한지, 거기에서 무엇을 의제로 삼아야 하는지, 그리고 회의에 참석하는 사람들은 어떤 역할들을 맡아야 하는지 등이다. 가정에서라면, 집안일이나 아이들, 반려동물 문제, 그리고 치약 뚜껑을 닫는 문제와 관련해 서로 무엇을 기대해야 하는지 등을 들 수 있다. 가계부를 합친 커플의 경우라면 어떨까? 처음에는 '구두쇠'와 '물 쓰듯 하는 자'의 차이가 거대해 보일지 모르나, 외식에 쓰려는 금액의 차이가 겨우 20달러 정도에 이를 정도로 간극은 차차 좁혀질 수 있다. 그럼 의견 차이를 다루기가 훨씬 쉬워진다.

요청하는 바를 한정짓고 명확히 하면 상대방 입장에서는 그걸 해 주는 게 그렇게까지 큰일은 아니라고 느껴진다. 어떤 문제를 해소하고 상대방을 행복하게 만드는 것이 종종 놀라울 정도로 쉬울 때가 있다. 예를 들면 배우자가 진지한 대화를 더 많이 원한다고 해 보자. 거기에 일주일에 몇 번씩 20분가량만 할애해도 충분하다. 상대방이 X 또는 Y 또는 Z를 해 주면 매우 흡족할 거라는 식으로 요구하는 바를 분명하게 할 수 있다.

어떤 일을 언제 어떻게 할지 서로에게 명확히 하라. 자신이 생각할 때 의견 조율이 된 부분에 대하여 이야기하고, 상대방에게도 똑같이 해 주길 요구할 수 있다. 명확하지 않거나 애매한 부분은 최소화하도록 노력한다. 그렇지 않으면 결국 누군가는 실망하게 된다.

받기 전에 먼저 주어라

대부분의 관계에서는 이런저런 기대가 발생한다. 초 단위로 일일이 주고받은 수를 세어 보지 않더라도, 길게 보면 이 기브 앤드 테이크(give and take)에는 합리적인 균형점이 존재한다. 그렇기에 필요할 때 자신이 원하는 방향으로 상대가 기꺼이 따라 줄 수 있도록 평소에 어떠한 것을 해 줄 수 있는지 찾아봐야 한다. 친구라면 이렇게 이야기할 수 있다. "운전은 내가 할게. 대신 내가 좋아하는 레스토랑으로 가도 되겠니?" 직장에서라면 이렇게 말할 수도 있다. "이 보고서 작성해 주셔서 고맙습니다. 회의 때 쓸 복사본은 제가 기꺼이 만들겠습니다." 일반적인 경우, 다음과 같은 단순하지만 강력한 질문을 할 수도 있다. "당신에게 무엇을 해 주면 내가 원하는 걸 주는 데 도움이 될까?"

큰 문제들은 종종 서로 연결점이 존재하고, 그것들에 대해 일종의 거래를 해도 문제없다. 예를 들면 애정 관계에 있어 전형적인 패턴이 있으니 바로 **가까워지려는 자 – 거리를 두려는 자**이다. 한쪽이 가까

위지려 노력하면 할수록, 다른 한쪽은 주춤주춤 뒤로 물러난다. 이는 자연스럽게 전자로 하여금 안달이 나도록 만든다. 그래서 가까워지려는 쪽에서는 이렇게 말할 수 있다. "앞으로 너무 치근대지 않고 여유를 좀 둘게." 그럼 거리를 두려는 쪽에서 이렇게 답할 수 있다. "고마워. 그럼 나도 당신에게 편하게 사랑한다 말할게." 부부 사이에 자녀가 있는 경우, 때로 한쪽은 부모로서 역할을 더 강조하고, 다른 한쪽은 예전처럼 연인 같은 관계를 회복하고 싶어 한다. 이 두 가지가 모두 필요하다는 점을 서로 인지하는 것이 도움이 될 수 있다. 자녀가 있는 어떤 부모가 내게 했던 농담을 기억한다. "아침에 배우자가 아이들 점심을 만들어 줄 때 제일 섹시해 보이더라고요."

진지한 관계에서, 자신이 원하는 것이 단지 선호도의 문제일 뿐이라도, 또는 **그것을** 도대체 왜 원하는지 상대방이 이해하지 못한다고 할지라도, 상대방은 여전히 당신이 원하는 것을 줄 수 있다. 왜냐하면 상대도 당신에게 관심이 있기 때문이다. 이러한 접근법을 취하는 것이 자신이 원하는 무언가가 쓸모가 있네, 마네 하는 다툼에서 벗어나는 데 효과적인 방법이며, 그럼으로써 서로 간의 배려를 한 차원 높은 수준으로 올릴 수 있다.

얻은 바는 단단히 굳힌다

문제 하나를 해소시키고 나면, 이어서 또 다른 하나에 눈길이 갈 수 있다. 하지만 그런 행동은 상황이 진정되기 시작하는 와중에 벌집을 건드리는 일일 수 있다. 어떤 문제에 대해 줄곧 이야기하는 것이 제법 스트레스받고 지치는 일일 수 있기에, 자신이 성취한 진척 사항을 확인하는 선에서 멈추는 편이 똑똑한 결정일 수 있다. 상대방을 지치게 만들어 앞으로 다시 있을, 합의를 위한 대화를 주저하도록 만들지 않아야 한다.

보다 큰 문제는 종종 일련의 작은 합의들을 통해 해결되고는 한다. 마음속으로 상호 간에 만들어진 진척 단계에 관한 일종의 지도를 그려 볼 수 있다. 그렇게 동력을 모으고 최종적인 해결로 가는 길에 신뢰를 강화한다.

깨진 합의 다루기

어떤 합의가 깨졌다면, 그런 일이 일어났다고 명확히 이름 붙이는 것이 중요하다. 그렇지 않으면 합의가 깨진 채 그것이 새로운 기준이 되어버리고, 전반적으로 합의를 지키는 일이 관계에 있어 덜 우선시해도 되는 것처럼 보이게 만든다. 합의를 깨 버린 것이 본인이라면 이를 공개적으로 알리고, 다시 합의를 보거나 좀 더 지키기 쉬운 수준으로 바꿔 제안할 수 있다.

합의를 깬 측이 상대방이라면 왜 그랬는지 알아본다. 불같이 몰아붙이며 사안으로 뛰어들지 말고 조심스럽게 시작한다. 정확히 어떤 합의가 이루어졌는지에 대해 근본적으로 오해가 있었던 것은 아닌가? 예를 들어 한쪽은 보고서를 돌려주기로 한 '주말'이 '금요일'을 의미하지만, 상대방은 '일요일 밤'으로 생각할 수 있다. 합의를 지켜 나가는 것을 힘들게 하는 요소들이 있지는 않았는가? 가령 하필 차가 막히는 시간대여서 심부름을 마치는 데 더 오래 걸렸을 뿐이라든지 -그래서 앞으로는 그것을 고려해야 할 필요는 없는가? 혹시 상대가 원래 기억을 잘 잊는 사람인가? 또는 상대방이 애초부터 합의를 진지하게 지켜나갈 생각이 없었는가? 나아가 더 심각하게, 상대방이 약속을 지키는 것에 아무 신경도 쓰지 않는 타입인가? 이런 것들이 고려해 봐야 할 질문들이다.

만약 합의가 깨진 게 오해로 인한 것이거나, 예상치 못한 상황 때문이었거나, 단순히 잊어버렸기 때문이라면, 대개는 곧장 그것을 다시 세우면 된다. 필요한 경우 약간의 수정을 해서 말이다. 하지만 상대방이 합의를 진지하게 생각하지 않는다는 게 분명해진 경우라면 – 이것은 당신과 한 약속을 별것 아닌 취급한다거나, 방어적인 태도를 보이거나, 그것이 일정 부분 이상 당신 책임이라고 하거나, 그들이 저지른 일에 대해 감히 언급한다고 오히려 성을 내는 등으로 알 수 있다 **–그렇다면 바로 그 문제야말로 가장 핵심적으로 다루어야 할 사안으로 삼아야 한다.** 이는 차분하게 (상대적으로!) 그리고 중심을 잘 잡으며 다룰 수 있는데, 이 책에서 그동안 살펴보았던 것들을 써먹을 때인 것이다. 때로 상대방이 투덜대고 불평하며 마지못해 다시 합의를 하는 경우가 있다. 그러고는 실제로 내내 그런 태도를 유지한다면, 필요한 경우 아주 직설적으로 이야기해야 할 수도 있다. 합의에 대해 마치 본인이 더 높은 위치에 있는 듯 꽉 막힌 태도를 가진 사람을 이해시키는 것처럼 어려운 상황이라도 말이다. 만약 직장에서 이러한 상황에 처했다면 다음과 같이 말할 수 있다. "아니야, 난 자네 예전 매니저랑 달라. 자네가 일을 특정 날짜까지 해놓겠다고 말했다면, 당연히 그 날짜에 맞춰 일을 해내는 걸 나는 당연하다고 생각한다네." 배우자의 경우라면 이렇게 말할 수 있다. "나와 아이들과 했던 합의를 진지하게 취급해 줄 수는 없겠어? 당신 직장에서는 안 그렇잖아?" 상황에 따라서는 크게 한 방 먹일 필요도 있을 수 있다. "당신과 했던 합의를 나는 최선을 다해 지키고 있어. 내가 억지로 합의를 지키게끔 만들 방법은 없지. 하지만 만약 당신이 지키지 않는다면 이 관계를 끝내는 수밖에 없어. 솔직히 말하면 이제 당신을 신뢰할 수 있을 것 같지가 않아."

중요한 것은 합의이다. 스스로 만든 합의를 존중하고 살면서 만나는 사람들에게 똑같이 요구하는 것은 자신과 상대방 모두를 존중하는 행위이다.

45

관계의 재설정

∞

관계는 기반을 갖는다. 그 기반은 서로 공유된 가치와 이해를 말한다. 어떤 관계가 그 기반보다 작을 때가 관계를 키울 기회다. 반면 어떤 관계가 실제 기반보다 더 크다면, 당신 그리고 어쩌면 상대방에게까지도 영향을 미치는 위험 요소들이 만들어질 수 있다.

관계의 재설정은 자연스러운 과정이다. 원래 얼굴 정도만 알던 사이였는데 알고 보니 양쪽 모두 건강 문제가 있었고, 그로 인해 관계를 더 깊게 할 기회를 얻을 수도 있다. 한편 본인이 사랑하던 반려견이 죽었을 때 오랜 친구가 그냥 잊어버리라 말한 것으로 인하여 관계가 소원해질 수도 있다. 때로 이 사람과 저 사람 사이에는 근본적인 차이점이 있다. 둘 중 누가 맞거나 틀리다는 이야기가 아니다. 이는 단순히 (굳이 말하자면) 상대방이 죽었다 깨도 당신같이 외향적일 수 없거나, 당신 같이 예술과 음악에 관심을 가질 수 없다는 이야기다. 그러니 그 사람과는 처음부터 시간을 많이 보내기가 힘들어지는 것이다.

다른 사람과 처음 만났을 때 모든 가능성을 나타내는 원이 있다고 상상해 보자. 이제 무언가 일이 발생하면 그로 인해 원 안의 특정 부분이 깎여나가고, 관계의 범위는 줄어들며, 그것이 당신에게 미치는 영향도 작아진다. 예를 들면 이렇다.

"홈, 우린 정치관이 완전히 극과 극이군. 정치 이야기는 조심해야겠어."

"첫 번째 데이트 이후, 여기 로맨스에는 관심이 없어졌어."

"그들이 재밌는 건 맞는데, 같이 술집에 가는 건 좀 그래."

"내가 정말 필요할 때 감정적인 지지를 잘해 주지 않네. 이제 그런 부탁은 하지 말자."

"관계를 끊을 준비가 된 건 아니야. 하지만 이 관계가 결혼까지 갈 수 있을지는 확신이 없어."

"애들이 대학 갈 때까지만 참을 거야. 그러고 나면 이 관계 다 뜯어 고치겠어."

"아빠를 사랑하고 앞으로도 계속 돌보겠지만, 아빤 그냥 우리랑 살 위인이 못 된다고."

관계의 재설정은 실제로 그 관계를 지지한다. 맘에 드는 어떤 관계를 시작하기 위해 다른 모든 접촉을 잘라낼 필요는 없지만 ─물론 굳이 그래야 한다면 그럴 수도 있겠지만─ 그 관계의 크기와 모양새는 자신이 상대방에게서 무엇을 진심으로 신뢰할 수 있고, 무엇을 기대하는가에 달려 있다. 최선을 다해 잘 판단하고, 관계의 크기를 바꿀 권리가 당신에게 있다. 이 권리가 있음을 알면 어떤 관계를 키울 때 좀 더 편안한 마음으로 임할 수 있다. 필요하다면 언제든 다시 축소시킬 수 있음을 알기 때문이다. 특히 관계가 더 한정적일수록 그것을 끝내기보다 유지하기가 더 쉽다.

How

관계의 현 상태를 파악하라

어떤 맥락을 만들어내기 위해 스스로 자문한다. '전반적으로, 상대방이 자신에게 실제로 어떤 대접을 해 주길 바라는가?', '어떤 관계에서 어느 정도의 대접을 받을 자격이 있다고 느끼는가?', '직장에서, 집에서, 친구와 함께일 때, 그리고 이웃 간에 있어서 건강하고, 건전하고, 행복한 관계를 위해 당신은 어떤 비전을 갖는가?'

그러고는 갈등이 많은 어떤 관계에 대해 생각해 본다. 그리고 그 관계를 재설정하면 어떤 이로움이 있을지 따져 본다. 상황에 따라 관계의 재설정은 친지들과의 저녁 식사 시간을 좀 더 짧게 가져가는 것일 수도, 직장에서 따로 누군가를 만날 때 반드시 제삼자를 동반하는 것일 수도, 어떤 친구와는 종교 이야기를 일절 하지 않는 것일 수도, 복도에서 누군가를 지나칠 때 미소 지으며 인사하는 (하지만 그것뿐인) 것일 수도, 어떤 연인 관계를 끝내는 것일 수도, 어떤 특정 인물에게 다시는 약점을 드러내지 않는 것일 수도, 더 이상 누군가의 부재중 전화에 답하지 않는 것일 수도, 어떤 친지와 자신이 화해를 할 수 있다는 희망을 버리는 것일 수도 있다.

　이런 관계에 대해서 여유를 두고 곰곰이 생각해 본다. 어떤 특정 주제가 특히 감정을 격하게 만들고 마찰의 원인이 되는가? 본인은 아예 해 줄 생각이 없는 일을 그들이 자꾸만 부탁하는가? 기껏해야 마지못해 할 게 분명한 일을 해 주길 본인이 바라는가? 특정 상황이 분란의 씨앗이 되지는 않는가? 어떤 방식으로든 상대방의 능력이 못 미침에도 그보다 더 많은 요구를 하고 있는가? 긴장, 좌절, 실망이 반복되는 원인은 무엇인가? 막상 일이 닥쳤을 때, 일이 어려워도 그들이 똑바로 해낼 수 있을까?

　한편 관계가 잘 굴러갈 때는 언제인가? 이야기를 꺼내도 괜찮은 주제는 무엇인가? 그들을 신뢰할 수 있는 부분은 무엇인가? 그들이 어떤 부분에서 당신을 배려하는가? 당신에 대해 그들은 얼마나 충직한가? 이 사람은 삶의 사회적이고, 정서적인 부분에서 성장 가능성이 있는가? 보다 큰 그림으로 조망해 볼 때, 관계를 축소시키지 않고도 문제들을 스스로의 힘으로 −책의 앞선 장들에 소개된 방법들을 써서− 해결할 여지가 있는가?

　이 관계가 실제로 당신에게 얼마만큼 중요한지 고려한다. 일 때문에 또는 가족관계 때문에 (가령 의붓아버지) 좋은 관계를 유지할 필요가 있는가? 반대편 극단으로 가서, 그들을 다시 보지 않아도 괜찮은가? 현재 진행 중인 문제를 고치거나 관리하는 데 얼마만큼의 노력을 들이길 원하는지, 또는 관계의 어떤 부분에 있어서는 차라리 손을 떼는 편이 나은가? 아니면 관계를 완전히 끝내고 싶은가?

　이런 식으로 관계의 극단적인 부분까지 살펴보다 보면 정신이

번쩍 들고, 마음이 어지럽고, 슬프기까지 할 수 있다. 지금 당장 결론을 내라는 것도, 최근의 일로 시야를 흐리게 만들라는 것도 아님을 유의하자. 하지만 그럼에도 불구하고 눈에 보이는 것은 어쩔 수 없는 법. 과거가 쌓여 미래를 만들고, 오래 지속된 경향성은 설사 그것이 바뀐다 해도 전형적으로 느릴 수밖에 없다. 상대방과 현실적으로 어떤 관계와 교류를 나눌 수 있는지 정리할 때, 차분한 명료함을 유지하면서도 감사, 존중, 사랑, 연민을 함께 느낄 수 있다.

고칠 수 있는 것을 고쳐라

위와 같이 관계의 현 상태를 파악했다면, 당신에게 근본적으로 세 가지 선택지가 있다. 상대방의 말과 행동을 받아들이고 있는 그대로 봐 두거나, 무언가 개선하려 하거나, 관계를 축소시키는 것이다. 만약 개선하는 쪽을 선택한다면, 이제껏 우리가 살펴보았던 많은 도구들을 가져다 쓸 수 있다. 예를 들어 특정 영역에서 누군가에게 일상적으로 실망하고 있는 것 같다면 ―회의석상에서 절대 당신에게 뭔가를 맡기지 않는 등― 앞선 두 장에서 논의한 대로 자신이 원하는 바를 말하고 어떤 합의를 끌어내려 노력해 볼 수 있다.

만약 신뢰가 심각하게 무너진 상황이라면 ―가령 거짓말, 불륜, 마약 복용, 또는 자신이 번 돈을 남용하는 등― 그 개선이 의미 있기 위해 상대방의 진지한 반성과 책임이 반드시 따라야 한다고 생각된다. **이런 일이 다시는 일어나지 않으리라** 보장할 무언가를 상대방이 보여 주어야 한다. 당신에게 실제로 한 짓에 대해서 애매한 태도를 취하거나, 그것을 별것 아닌 듯 취급하거나, 그냥 덮어 두자는 식으로 나온다면, 그들을 다시 신뢰할 수 있을지 미지수다. 이런 상황이라면 아마도 관계를 축소시키는 편이 낫다는 의미이다.

두 사람 사이에 무언가에 대해 -가령 공유하는 거처를 얼마만큼 정리 정돈할지, 정서적인 대화를 얼마만큼 깊은 수준까지 나누고 싶은지, 또는 얼마만큼 자주 성관계를 가지고 싶은지- 근본적인 차이를 보인다면 서로 상대방을 위해 얼마나 양보할 수 있는지 살펴 어떤 절충점을 찾아야 한다. 우리에겐 모두 타고난 '설정값'이 존재하지만, 인간은 심리적인 유연성을 가지며 여러 가지 서로 다른 일들에 동시적으로 관심을 둘 수 있다. 이를 알면, 특정 문제 -가령 정리 정돈, 대화, 또는 성관계- 자체는 부차적인 것이 되고, 다음과 같은 질문이 첫 번째가 된다. 니와 우리 관계에 대하여 마음을 누그러뜨릴 정도로 당신은 충분히 배려하는가? 이것이 핵심 사안으로, 상대방도 비슷한 질문을 할 수 있다. 예를 들면 -비난하는 태도가 아닌- 무언가 궁금하다는 태도로 이렇게 말해 볼 수 있다. "당신에게는 우리 관계가 가장 우선이야? 우리가 대화할 때 내가 어떤지 더 많이 물어봐 주면 안 될까? 내 대답에도 관심을 주고.", "일주일에 한 번 이상, 당신이 자발적으로 날 유혹하는 것처럼 느끼게 해 주면서 성관계로 이어질 수 있을까?", "내가 당신에게 소중한 사람이라면, 어머니를 요양 시설에 잘 적응시키는 문제로 골치가 아픈 데 기꺼이 함께 고민해 줄 수 없을까?"

이런 노력을 기울이면 상대방이 실제로 어떻게 나오는지, 그리고 일이 어떻게 진행되는지 보일 것이다. 부탁을 했을 때 상대방이 어떤 종류의 문제들을 (만약 있다면) 다룰 수 있는지 알게 된다. 본인의 부분에 대해 책임감을 갖는다든지, 당신에게 공감한다든지, 점잖음을 유지한다든지, 어떤 문제에 대해 낱낱이 이야기하는 등, 그들이 진짜 고칠 수 있는 능력이 어느 정도인지도 알게 된다. 관계란 본래 개선이 필요한 법이다. 상대방이 개선을 위한 당신의 노력을 무시하거나 오히려 반대한다면, 그건 아무리 중요한 관계일지라도 노란불이 켜졌다는 의미이다. 할 수 있다면, 개선 그 자체에 대해 말해 보고, 그것이 왜 중요한지에 대해서도 이야기를 나누라. 예를 들면 이렇게 말해 볼 수 있다. "난 우리 우정이 아주 값지다고 생각해. 그래서 말인데, 내가 지금 우리 사이에 좀 어색했던 어떤 문제를 해결하려 하고 있어. 내가 말을 꺼내는 건 그 때문이야. 우리가 그에 대해 유의미한 이야기를 나눴으면 해. 그래도 될까? 넌 어떻게 생각하니?" 희망적이게도 당신은 무언가를 고칠 능력이 있다. 하지만 상대방이 **전반적으로** 개선 자체의 부재를 개선하길 거부한다면, 관계에 있어서 그건 확실히 빨간불이고, 대개는 관계를 축소시켜야 한다는 분명한 신호이다.

상실을 슬퍼하라

바라던 사랑을 잃거나, 자녀들이 독립한 후 함께하는 삶을 하지 못하는 경우가 있다. 상대방이 해낼 재능이나 의지가 없어 어떤 사업이나 계획이 무산되는 경우도 있다. 또는 어쩌면 어떤 친구가 당신이 먹는 것에 왜 그렇게 많이 신경 쓰는지 전혀 이해하지 못할 수도 있다. 윗사람이 당신을 절대 승진시키려 하지 않을 수도 있다.

어떤 관계에서 한계에 부딪히면 우리는 화가 나고, 불안하고, 깊은 슬픔을 느낀다. 이런 생각은 종종 고통스럽기에, 사람들은 희망적인 생각으로 관심을 옮기거나 그저 회피하기도 한다. 때로는 일이 저절로 좋아지기도 한다. 하지만 속담에도 있듯, **희망이 계획이 될 수는 없다**. 조금 고통스럽더라도, 꿈에서 깨어 상황을 직시할 수 있게끔 만드는 일종의 건전한 각성이 이롭다.

상황을 겪는 동안, 있는 그대로 느끼면서도 스스로에게 연민과 지지를 보낸다. 정신과 의사인 엘리자베스 퀴블러-로스(Elisabeth Kübler-Ross)가 정리한 죽음을 대면하는 전형적인 단계들이 있다. 이는 그 과정에 대한 대략의 (그리고 단순화시킨) 길 안내를 제공한다. 그것은 부정, 거래, 분노, 절망, 그 뒤 -희망적이게도- 수용이다. 자신의 상실을 인정하라. 그러고 나서, 적절하다 느낄 때 **또한** 진실인 어떤 것으로 방향을 돌린다. 줄곧 자신에게 좋지 않았기에 떠났을지라도, 이 특정 관계 속에서 뭔가 좋은 점으로 방향을 돌리는 것이다. 또 다른 관계들 속에서 좋은 점을 보고, 크게는 이 세상에서 좋은 점을 찾아본다. 그것은 상실의 아픔을 회피하는 것이 아니다. 실제로는 좋은 면으로 방향을 돌림으로써 고통스럽거나 슬픈 것들을 견뎌낼 힘을 더하는 것이다.

본인이 좋아하지 않는 방식으로 상대방 쪽에서 관계를 축소시킬 때 느낄 수 있는 상실감이 있다. 그에 대해 이야기할 수 있고 개선할 여지가 있다면 다행이다. 반면 차갑게, 때로 감정적으로 잔인하게 단칼에 거절되는 경우가 충격적이게도 흔하다. 혹시 누군가와 사귀고 있었는데 일언반구도 없이 잠수를 타는 경험을 했을 수 있다. 또는 아버지가 당신과 아무것도 하고 싶지 않다고 말하거나, 성인이 된 딸이 메시지에 더 이상 답장을 하지 않고, 손녀와 손자를 만나지 못하게 한다. 한편 형제자매가 당신에 대해 지어낸 이야기를 하고 왜 그랬는지 이야기하지 않거나, 어떤 친척이 정치관이 다르다는 이유로 같은 자리에서 식사도 하지 않으려 한다. 이들 방식의 일방적인 — 몇몇은 나 자신도 경험했던— 소원함이 발생하면 다음과 같은 것들이 도움이 된다.

- 이런 일이 왜 일어났는지에 대해 본인이 무엇을 할 수 있는지 찾는다.
- 그게 무엇이 되었든, 문제 안에서 자신이 차지하는 부분을 확인한다. 아무것도 없을 수 있다.
- 상대방이 원하면 그에 대해 이야기해 본다.
- 당신과 무관하게 그들에게 최근 어떤 일이 있었는지 알아본다.
- 상실감을 받아들이려 노력하고, 계속 흘려보내는 작업을 하고, 관계로부터 정서적으로 거리를 둔다.
- 그럼에도 여전히 좋은 것들로 눈길을 돌린다. 예를 들면 당신을 속였던 사람들이 이생에서 진짜 부모가 아님을 깨닫게 될 수도 있다.

이 모든 것에 대해 현명하게 대처하였어도 여전히, 친했던 누군가에게 내침을 당하는 경험은 본질적으로 괴롭다. 그에 대해 일종의 평화를 얻기까지 수년이 걸릴 수도 있다. 때로 당신이 할 수 있는 일이라고는 인생의 다른 부분에서 최선을 다해 잘 지내는 것일 수 있다. 그 사람이 생각날 때마다 올라오는 아픔을 참아내며 말이다.

자신만의 경계를 그려라

관계 재설정의 핵심적인 형태는, 어떤 사람에 대해 전반적으로는 여전히 인정하면서도 관계의 어떤 특정 일면에 대하여 다소간 포기하게 될 때 일어난다. 자신의 기준으로 보자면 거의 모든 사람이 적어도 하나 정도는 아쉬운 법이다(이는 상대방이 자신을 볼 때도 그렇기에, 그런 사실을 마주하면 겸손하고 정직해진다. 어쩌면 그에 대해 직접 이야기해 볼 수도 있다). 관계의 종류에 따라 다르겠지만, 어쩌면 본인이 좋아하는 영적 수행을 함께하는 게 어려울 수도 있다. 사업 프로젝트를 함께하지 못할 수도 있고, 잠자리가 그럭저럭 하지만 썩 대단하지는 않을 수도 있다. 어쩌면 무언가 일어나게 만들려 애쓰는 자신의 노력이 관계에 스트레스를 주고 갈등을 일으킬 수도 있다. 혹은 누군가와 계속 접촉을 유지해야만 하지만 마음속으로는 크게 한 발자국 뒤로 물러나 있는 상황에 처해 있을 수도 있다.

특정 주제에 대해 논쟁하기를, 향후 어떤 프로젝트를 함께 작업하기를, 또는 한 차에 타고 가기를 거절하면서도 적당히 교양 있고 쾌활한 태도를 여전히 유지할 수 있다. 어떤 이들은 말다툼을 통해, 또는 상대의 감정을 자극함으로써 소통하려 든다. 만약 그렇다면, 그들의 각본대로 역할을 해 주길 거부하고 방향을 틀어버릴 수 있다. 진행 과정에서 그들이 던지는 미끼와 예전에 본인이 어떻게 그것을 덥석 물었는지, 그리고 이제부터는 그런 주고받음을 잘 피해 어떻게 깔끔하게 진행할 수 있을지 생각해 본다. 명절 식사 모임 같은 특정한 경우 꼭 참가해야 할 수도 있다. 그때 사람들이 너무 취했다고 판단되면 언제든 자리를 뜰 생각을 하고 일어나면 된다.

우리가 설정하는 경계들은 많은 경우 암묵적이다. 상대에게 선언하거나 설명하지 않는다는 말이다. 보통 아무 문제 없고 적절하다. 부분적으로는 당신이 왜 그렇게 경계를 설정했는지에 대한 논란을 피할 수 있기 때문이다. 반면 스스로 선언하길 원할 수도 있다. 만약 그렇다면, 경계에 대해 언급하고 논쟁을 피해 그냥 그대로 두는 편이 가장 간단하겠지만, 본인이 이 수순을 밟는 이유를 밝히는 선택을 할 수도 있다. 관계에 따라 다르겠지만 다음과 같이 말할 수 있다.

"아이들과 저녁 식사 약속이 있어 오후 다섯 시 반에는 나가야 합니다."

"이제 더 이상 돈을 빌려 줄 여유가 없어."

"당신이 좋아하지 않는다는 걸 알지만, _____와 친구 관계는 계속 유지하겠어."

"다시 한 번 그런 말을 쓰면 내가 떠나겠어."

"그렇게 날 때릴 듯 행동하면 경찰을 부르겠어."

"집안일을 반 이상은 절대 하지 않겠어."

"우리가 더 친밀해지려면 선제 조건으로 당신에게 사랑받고 있다는 느낌이 필요해. 이건 성관계에 관한 이야기가 아니라고."

"아니, 부활절에 삼촌을 만나지 않겠어. 그가 나를 성추행했었잖아."

"손자들을 보시는 건 좋아요. 하지만 아이들에게 줄 음식은 저희가 정한 규칙을 따라 주세요."

"네 방에서 마약이 한 알이라도 나오면 전부 변기에 버리겠어."

"이제 하나님 이야기는 더 이상 하고 싶지 않네."

"난 축구 경기 보는 걸 좋아하지 않아. 아무 문제 될 것 없잖아."

어떤 경계에 대해 누군가와 이야기를 나누고 싶다면, 말하기 전마음속에 (그리고 필요하면 종이 위에) 할 말을 깔끔하게 정리하는 편이좋다. 당신에게는 근본적으로 경계를 설정하고 관계를 재설정할 권리가 있다. 과거에 자신의 경계를 존중받지 못했다면, 이 권리를 –솔직히 말해 이 권력을– 주장하는 것이 특히 중요하다. 네드라 타와브(Nedra Tawwab)의 저서 『Set Boundaries, Find Peace』■는 경계–설정에 있어 뛰어난 안내서이다. 이 책은 내적인 태도와 외적인 방법론 양측에서 모두 훌륭하고, 내용은 저자의 관계 전문가로서 그리고 심리치료사로서의 깊이 있는 배경에서 비롯되있다.

관계 재설정을 하다 보면 보복하거나 처벌하고픈 유혹이 일어날수 있다. 단기적으로 보면 이게 기분이 좋을 수 있겠지만, 길게 보면반드시 후회한다. 바로 내가 그랬었다. 다른 사람과 완전히 결별할 필요가 있다 하더라도, 나중에 길거리에서 마주쳐도 기분이 전혀 상하지 않을 그런 태도로 일을 진행하려 노력하라.

■ [편집자 주] 네드라 타와브의 저서 『Set Boundaries, Find Peace』는 2021년 『나는내가 먼저입니다』로 국내에 번역·출간되었다.

46

용서하라

∞

용서에는 두 가지 분명한 의미가 있다.

- 분노 또는 분함을 포기함.
- 무례함에 대한 사면. 단죄할 빌미를 찾는 것을 멈춤.

이 중 첫 번째 것에 초점을 맞춰 보고자 한다. 이는 누군가에게 아직 완전한 용서를 베풀 준비는 되지 않았지만, 그럼에도 일어난 일에 대해 평온하기를 원하는 상황까지 포함된다. 용서를 구하는 것은 정의를 추구하는 것과 맥을 같이한다. 어떤 행위를 도덕적으로 비난 받을 만한 것으로 보는 것과 그 일을 저지른 사람에 대한 분노를 흘려보내는 것은 동시에 가능하다. 자신을 포함한 다른 사람들에게 가해진 충격에 대해 여전히 슬픔을 느끼면서 —그리고 그런 일이 다시는 일어나지 않도록 어떤 행동을 취하면서— 동시에 더 이상 분개하거나, 비난하거나, 복수심에 불타지 않을 수 있다.

용서란 것이 무언가 거창한 것으로 보일는지도 모르겠다. 범죄나 불륜 같은 큰일에나 적용되는 것으로 느낄 수 있다는 말이다. 하지만 대부분의 용서는 일상에서 소소하게 상처받았을 때, 다른 사람이 자신에게 실망을 안겼을 때, 좌절을 주거나 귀찮게 할 때, 또는 잘못된 방식으로 속을 긁을 때를 위한 것이기도 하다.

용서로 인해 가장 큰 이득을 보는 사람은 종종 용서한 사람 본인이다. 때로 누군가를 용서했음에도 용서했다는 사실을 당사자가 모를 때도 있다. 심지어는 우리가 그들이 잘못을 저질렀다고 느낀다는 사실조차 모를 수도 있다! 용서는 분노와 앙갚음의 굴레로부터 당신을 해방시킨다. 또한 마음속 상대방과 관련된 사건과 과거에 대한 집착으로부터 놓일 수 있게 만든다. 용서를 실천할 때, 자신의 깊고 사연스러운 선함이 점차 드러난다.

How

용서를 **억지로** 할 필요는 없다. 용서가 강제되거나, 마지못한 행동이거나, 진심이 아니라면, 그건 용서라 할 수 없다. 때로 아직 용서할 준비가 되지 않았을 뿐인 경우가 있다. 너무 이르거나 일어난 일이 용서가 불가능할 수도 있다. 본인의 진심이 아닌 상황에서 남들이 용서를 강요하도록 허락지 말라. 누군가에 대해 직감적으로 결국 용서를 할거라는 느낌은 있지만, 마음속 어딘가에 용서를 막는 무언가가 있는 것 같다면 그것이 무엇인지 살펴보라. 가령 기분을 털어버리기 전에 상대방의 동기가 무엇이었는지 알고 싶을 수도 있고, 아니면 그들이 저지른 일에 대해 한번 제대로 화를 낼 필요가 있을 수도 있다. 용서를 할지, 아니면 말지 정하는 데에 충분히 시간을 써도 좋다. 그리고 그렇게 하기로 했을 때 아래 제안들을 실천해 보라.

스스로를 배려하라

압도되는 기분을 느끼거나 현재 당하고 있는 와중에 용서하기는 어렵다. 자신과 다른 사람들을 보호하기 위해 할 수 있는 일을 하라. 최대한 피해를 복구하고, 필요하다면 관계를 재설정한다. 건강한 삶을 계속 유지하라. 만약 관계가 끝장나는 상황이 아니라면 관계가 축소되면서 용서도 이루어질 수 있다.

지지를 구하라

그동안 당신이 어떤 식으로 잘못된 대우를 받았는지 잘 아는 사람들이 함께 해 주면 대개는 용서가 쉽다. 지지자들이 일어난 일에 대해 아무것도 해 줄 수 없더라도, 당신이 목격한 바를 그들도 보았고, 그들이 당신을 챙기고 있다는 사실을 아는 것만으로도 엄청난 도움이 된다.

온전히 느끼도록 허용하라

용서하라는 말은 자신의 감정적 반응을 억제하라는 뜻이 아니다. 자신의 생각과 느낌, 그리고 욕구들이 충분히 표출될 여유 공간을 허용하고, 시간이 흐르면서 그것들이 자연스러운 주기에 따라 밀물과 썰물처럼 들어왔다 사라지길 기다린다. 주의 깊은 알아차림(mindful awareness)의 상태로 자신의 경험 전체를 판단 없이 지켜보는 행위는 일어난 일에 대하여 **스스로에게** 어떤 완결감과 해소되는 느낌을 준다. 그 자체로도 본질적으로 좋지만, 이는 용서를 유도하는 데에도 도움을 준다.

본인의 이야기를 확인하라

일이 얼마나 끔찍했는지, 얼마나 심각했는지, 또는 얼마나 용서할 수 없었는가에 대해 마음이 과장하고 있지는 않은지 주의한다. 상대방의 의도에 대해 속단하고 있는 건 아닌지도 조심한다(20장 「덜 사적으로 받아들이라」). 현대의 삶에서는 많은 이들이 스트레스를 받고 장시간 산만한 상태로 있다. 그러니 어쩌면 당신은, 불행하게도 누군가의 운수 나쁜 날에 말려들었을 뿐일 수도 있다. 사건에 이런 관점을 적용한다. '그게 그렇게 큰일이었나?' 어쩌면 그랬을지도 모른다. 하지만 그렇지 않았을 수도 있다.

용서의 가치를 파악하라

'내 원망, 내 비난으로 나는 어떤 대가를 치르는가?', '그것들이 내가 아끼는 사람들에게는 또 어떤 대가를 물리는가?', '그 짐들을 내려놓으면 어떨까?' 이렇게 자문해 보자.

정말로 자신에게 이득이 되는 것이 무엇인지 생각해 보라. 자신의 분개, 격분, 억울함을 짊어지고 있는 돌덩이들을 상상하고, 그것이 얼마나 무거운지 알아차려 본다. 그러고는 그것들을 바다에 던져버린다고 상상해 본다. 자, 이제 기분이 어떠한가?

큰 그림을 보라

자신에게 상처를 주었던 사람들의 과거력에서 볼 수 있는 많은 요인들을 고려한다. 가령 그들의 어린 시절, 부모, 재정 상태, 기질, 건강 등등 말이다. 이는 그들이 저지른 일들을 축소시키거나 그 책임을 가볍게 여기라는 뜻이 아니다. 이는 **본인을 위해** 보다 큰 맥락으로 사건을 바라보라는 말이다. 상대방에게 미치고 있는 여러 영향력들을 일부라도 보게 되면, 그들의 행위를 좀 더 객관적으로 이해할 수 있고, 그러면 비록 계속 탐탁치 않을지라도 그들이 찔러대는 가시가 좀 덜 아프게 느껴질 수 있다. 상대방이 저지른 일에도 불구하고 영향받지 않고 여전히 좋은, 인생의 수많은 ─지금, 과거에, 그리고 미래를 볼 때─ 것들이 있음을 볼 수 있도록 한다.

살다 보면 상처받기 마련임을 받아들이라

선(禪)의 일화 중 하나에서 운문 선사가 질문을 받는다. "나무가 시들고 잎이 떨어졌을 때는 어떻습니까?" 그가 답했다. "체로금풍(體露金風), 금빛 바람에 나무의 본체가 완연히 드러나는구나."

　　이 가르침 속에는 내가 여전히 탐구해야 할 깊은 의미들이 있으리라. 하지만 한 가지는 분명한 듯 보인다. 관계에서 누릴 수 있는 그 모든 좋은 것들, 즉 금빛 바람을 즐기려면 스스로를 노출시켜야 한다는 점이다. 상처받을 위험에도 예외 없이 말이다. 우리 모두는 이런저런 식으로 상처받는다. 우리는, 이제 겨우 나무에서 내려 온 덩치만

커진 원숭이일 뿐이다. 때로 사람들은 형편없는 짓을 하곤 한다. 이는 변명하자는 게 아니고, 그 현실을 깨닫기 위함이다. 때로 사람들은 당신에게 부당한 짓을 하고도 아무렇지 않게 빠져나간다. 잘못된 일이지만 우리 모두가 그런 경험을 한다. 이런 식으로 보면, 그게 그렇게 사적인 일도 아니다. 그게 바로 인생인 것이고, 그게 다른 인간들과 함께 일하고 살아가는 모습이다. 일이 생겼을 때 그 부당함에 맞서면서도 동시에 얼마든지 상황을 조망하는 느낌을 가질 수 있다.

스스로에게 말하라 – 가능하면 그들에게도

누군가를 용서할 준비가 되었다 느끼면, 우리는 스스로에게 말해 어떻게 느껴지는지 볼 수 있다. 예를 들면 "넌 용서하겠어. 그 일은 그냥 흘려보내겠어. 여전히 그게 잘못된 일이었다고 생각하지만, 더 이상 그에 휘둘리지 않을 거야."와 같이 자신만의 적절한 말들을 찾아본다.

그러고 나서 원한다면 그들에게 말한다. 바라건대 그들은 수용적일 수 있다. 만약 그렇지 못하다 해도, 본인은 –이제 상대방을 더욱 분명하게 볼 수 있으면서– 가슴속에 용서의 이로움이 여전히 남는다.

319

6부

세상을 사랑하라

47

진짜를 사랑하라

∞

나는 자라 오며 내 가족과 학교에 대해 마치 지진이 난 땅을 밟고 있는 느낌이 들었다. 어째서 그토록 자주 내 부모님과 많은 아이들이 그런 식으로 반응했는지 이해하지 못했다. 그들은 내가 보기에 별것 아닌 일에 크게 화를 내거나 두려워하곤 했다. 그런 상황은 나의 내면도 흔들어댔고, 그런 나 자신의 느낌과 반응도 이해할 수 없었다. 안팎으로 모두, 마치 하늘 높이 돌개바람에 휩쓸린 듯 불안했다.

그리하여 단단한 기반을 찾아보기 시작했다. 무엇이 진실된 것인지 이해하고 알아차리려 노력했다. 집 근처에 펼쳐진 오렌지 나무숲과 언덕이 자연스럽고 편안했기에, 시간이 나면 언제나 그곳을 찾곤 했다. 과학 소설을 읽기 시작하면서, 어째서 우주선이 고장이 났는지 그리고 어떻게 하면 고칠지 늘 알 수 있는 그 질서 정연한 세계관을 좋아했다.

또한 나와 다른 사람들의 내면에서 무엇이 진실인지 알아차리려고도 애썼다. "우리 엄마는 왜 저렇게 짜증을 낼까? 오, 아빠한테 화가 난 거로군.", "이 자식은 왜 나만 못 살게 굴지? 오, 이 녀석 친구들

앞에서 대단해 보이려 하는 거군.", "저 여자애는 왜 나한테 새침한 거지? 오, 내가 뭔가 못된 짓을 했군.", "왜 나는 여럿이 함께할 때 부끄러움을 느낄까? 오, 내가 한 말을 비웃을까 두렵군."

수년이 지난 뒤, 진실은 나의 가장 주요한 시금석이자 안식처가 되었다. 물론 풀지 못한 미스터리들이 남아 있고, 무엇이 진실인가에 대한 우리의 서술은 불완전하고 문화적 배경에 종속될 수밖에 없다. 그럼에도 불구하고, 우리는 **많은** 것들을 여전히 **알아낼 수** 있다. 장내 세균과 자신의 기분에서부터, 두 개의 블랙홀이 충돌하며 생긴 시공간상의 충격파에 이르기까지 말이다.

무엇이 진실인지 아는 것과는 별개로, 동시에 우리는 그것들을 **사랑할** 수 있다. 그런 것이 존재함에 깜짝 놀라지만, 속아 넘어가거나 현혹되는 대신 분명히 살핌으로써 안심한다. 본인의 호불호를 떠나, 그 진실됨 자체를 사랑할 수 있다.

건강하지 못한 개인, 부부, 가족, 조직, 그리고 정부, 이 모든 것들에 공통적으로 있는 한 가지가 무엇인가? 그것은 진실을 숨기거나, 왜곡하거나, 공격한다는 것이다. 예를 들면 '가족 간의 비밀'은 문제의 전형적인 신호다. 나쁜 진실들을 좋게 포장해서 숨긴다. 이를 테면 '엄마가 술을 그렇게까지 많이 마시는 편은 아니지.', '오, 밥 삼촌이 그렇게 이상한 건 아니야. 그냥 너무 다정할 뿐이지.'와 같이 말이다.

다른 한편, **건전한** 개인, 부부, 가족, 조직, 정부가 공통으로 갖는 것은 무엇일까? 모두 진실된 것을 기반으로 삼는다는 점이다. 스스로 진실을 구하고 남들이 그렇게 하는 것을 돕는다. 진실을 말하며, 할 수 있는 최대한 진실만을 다룬다.

324

손에 쥔 돌멩이, 물 한 잔, 탁자 위의 책 같은 물리적인 대상에서 시작해 보자. 지각이 이 대상에서 저 대상으로 옮겨 가도록 둔다. 보이는 것이든, 들리는 것이든, 만져지는 것이든, 또는 상상한 것이든 하나하나, 모두 진짜이다. 돌멩이를 쥔 손이 지각되면 뇌는 그 모양과 질감의 느낌을 구성한다. 그리고 이 모든 건 진짜다! 잠시 진짜인 것들에 차례차례 주의를 기울여 본다. 동물과 식물, 포크와 스푼, 하늘과 땅, 저 위의 별들과 발아래 벌레들… 너무나 많은 진짜인 것들. 열린 마음으로 이완하며 이것들에 주의를 기울이다 보면, 일종의 기이한 황홀감이 거품처럼 끓어오를 수 있다. 무언지 모를 감사함과 경외이다.

　우리는 각자 셀 수 없이 많은 진짜인 것들로부터 지원을 받고 있다. 예를 들면 앉아 있을 때, 서 있을 때, 또는 걸을 때, 얼마나 많은 뼈들이 당신을 지탱하고 있는지 알아차려 보라. 주의 깊게 자세를 바꾸면서 올곧고 강력하게, 몸이 굳건히 지지받고 있는 것을 느껴 보라. 물리적 지지 그 자체인 이 모든 경험을 온전히 진심으로 새겨 본다. 견고한 벽이나 전깃불로부터 꽃병 속의 꽃들 또는 친구의 사진에 이르기까지, 본인을 보호하거나, 돕거나, 기쁘게 하는 많은 것들을 볼 수 있다. 본인을 지지하는 누군가를 마음속에 떠올려, 잠시 이 사람이 진짜 존재함을, 이 사람이 나를 돕는 게 생생한 현실임을 느껴 보라. 본인을 지지하지 않는 사람들을 포함해, 살면서 힘든 일을 마주할 때 자신이 찾을 수 있는 진짜 지지를 알아보고 감사하는 것이 중요하다.

어떤 신성한 것도 진짜이다. 그것이 종교 또는 영성과 연관되었을 수도 있지만, 오래된 삼나무, 아이의 눈동자에 담긴 빛, 인간의 마음속 본연의 선량함 등 본인이 소중히 여기는 무엇과 관련되었을 수도 있다. 당신도 나와 같다면, 자신이 가장 친애하는 무엇이라 할지라도 늘 그것을 인지하고 있지는 않을 것이다. 하지만 문득 생각날 때면 ―가령 어떤 결혼식 또는 장례식에서, 아니면 바다 끝자락에 서 있을 때― 거기엔 뭐랄까, 마치 내 집에 돌아온 느낌이 있다. "그래, 이거야." 하는, **이것이야말로** 진짜로 나에게 중요하고 내 사랑을 받을 자격이 있음을 아는 그 무엇 말이다.

진짜인 무엇을 사랑한다는 말은 존재하는 **모든 것**, 그리고 **스스로** 존재함에 대한 근본적인 감사이다. 거기엔 받아들임, 겸허함, 존경이 있다. 진짜인 것들 중 또한 많은 어떤 것들은 부당하고 스트레스를 준다. 그런 일들이 우리 앞에 나타나지 않길 빌고, 원하는 바도 아니지만, 그럼에도 불구하고 이런 일들까지 포함한 진짜인 모든 것들을 여전히 사랑할 수 있다.

진짜를 사랑하면 본인이 짐짓 외면하고픈 무엇인가를 똑바로 대면하기 편해진다. 가령 건강, 재정, 인간관계, 또는 마음속 저 깊은 곳에서 일어나는 사실인 어떤 일들 같은 것들 말이다. 내가 뒤늦게나마 그러했듯이 당신도 다른 사람들을 향한 마음에 연민을 추가할 때와 분노를 추가할 때 그 진짜 효과가 어떻게 다른지, 그리고 이 삶에서 남은 날들을 어떻게 쓰면 가장 좋을지에 대해 진짜 선택지는 무엇인지 곰곰이 생각해 볼는지도 모르겠다. 진짜에 대한 사랑을 뭔가 중요한 것을 마주하고 다룰 때 쓸 수 있을까?

진짜인 것을 사랑하는 한 가지 방법은 다른 사람들로부터 오는 신호를 찾고 거기에 귀 기울이는 것이다. 친구들과 가족들의 진짜 속마음은 무엇일까? 그들이 뭘 필요로 하는가? 어떤 부분이 상처가 되는가? 자신의 경험이 진짜인 것과 똑같이, 남들의 경험 또한 치열하고, 때로 아프기까지 한 **그들에게는** 생생한 현실이다. 그들의 내면세계의 무게감을 느껴볼 수 있다. 비록 누군가의 의식의 흐름을 딱히 좋아할 수는 없을지라도, 그 진실성에 대한 존중은 가능하다 -그럼으로써 그것을 훨씬 더 편하게 대할 수 있게 된다.

가정에서든 국가적인 차원에서든, 진실만을 말하는 것이 -그리고 그렇게 하는 다른 사람들을 지지한다면- 진짜인 것을 사랑하는 능동적이고, 용감한 방법이다. 가령 어떤 공개적인 반대에 대해 정부가 제재를 가하는 것처럼, 때로 이것이 위험할 수도, 때로 그것이 적절치 않을 수도 있다. 나이 든 부모님들께 자신이 어렸을 적 그들로부터 받은 충격에 대하여 사실대로 전부 말해 짐을 얹어 드리길 원하지 않듯 말이다. 하지만 마음이라는 성역 안에서 **스스로에게만은** 언제나 진실만을 말할 수 있다.

진실은 소중한 피난처이다. 우리는 거기 의지할 수 있다. 우리들 각자의 내면에 존재하는 진짜 선함을 포함해서 말이다. 다른 사람을 위한 진심 어린 기원, 매일 기울이는 진짜 노력들, 그리고 본래 그러할 뿐인 내재된 각성 상태. 먼저 **자신** 안의 진짜인 것들을 사랑할 수 있다면, 그 사랑 안에서 온 세상의 모든 진짜인 것들을 향하는 길을 찾을 수 있다.

48

마음을 다져라

∞

나는 **마음을 다지라**는 말을 아래와 같은 의미로 쓴다.

- 심장을, 가슴을 느낀다.
- 선한 모든 것들 안에서 격려를 찾는다.
- 스스로의 따뜻함, 연민, 친절함에 안거한다. 자신을 향한 남들로부터의 배려에 안주한다. 다가오는 것은 물론, 떠나가는 것도 사랑한다.
- 용감하고, 온전하고, 굳센 마음을 지닌다. 비록 불안할지라도 현명하게 나아간다. 본인의 진심과 진실됨을 알고, 가능한 최대한 그에 대해 말한다.

마음을 다질 때, 노화, 질병, 트라우마, 또는 남들과의 갈등 같은 도전을 더 잘 다룰 수 있다. 또한 자신감과 근성으로 기회를 더 잘 잡을 수 있다.

평범한 때에도 마찬가지이다. 하지만 정말로 어려운 때라면 그때를 견디고, 극복하기 위해 특히 마음을 다질 필요가 있다. 개인적으로 어려운 때란 건강에 문제가 있음을 알았을 때, 부모님이 돌아가셨을 때, 또는 누군가 배신했을 때 같은 것일 수 있다. 아니면 나라나 세상의 변화와 연관된 일일 수도 있고, 자신과 사람들에게 그것이 미칠 영향에 대한 걱정일 수도 있다.

명예로운 사람들이 존엄과 원칙과 용기를 위협받는 커다란 어려움에 직면하는 수많은 예들이 있다. 하지만 그들은 해냈다. 우리도 해낼 수 있다.

How

우선 당장 내리는 폭우부터 피한다. 큰일이 일어났을 때 ─그게 아이들 운동장이든, 지구 반대편 난민캠프이든─ 그 일로 충격을 받고 혼란스러운 것은 당연하다. 그럴 때는 원초적인 경험에 머무는 것이 도움이 된다. 이를테면 몸의 감각들이라든가 깊은 느낌, 마음을 뒤흔드는 두려움이나 분노 ─강박적으로 생각에 매몰되지 말고─ 자체에 머문다. 무엇이 되었든, 그것은 **자신만의** 경험이고, 다른 사람들보다 더 휘둘린다고 해서 문제될 것은 없다. 의식의 광활한 공간을 어떤 경험이 지나가는지 염두에 두고, 그것에 압도됨 없이 관찰하는 것이다.

기반이 무너지면, 다시 중심 잡고 발을 디딜 자리로 돌아오는 데 도움을 줄 수 있는 단순한 것들을 한다. 예를 들면 침구 정리를 한다던가 친구를 부른다. 훌륭한 식사를 준비해서 본인 몸을 잘 챙기고 잠도 충분히 자도록 한다. 심호흡을 하거나 가령 명상을 해 볼 수도 있다. 현재 자신이 근본적으로 괜찮음이 분명 느껴진다면 −여전히 숨쉬고, 여전히 심장이 뛰고 있고, 완전히 압도된 건 아님을 안다면− 지금 이 순간, 여전히 아무 문제가 없음을 알아차려 본다. 어디서든 작은 즐거움을 찾아본다. 가령 어딘가로부터 풍기는 오렌지 향이라든가, 얼굴에 닿는 온수의 따뜻한 느낌…, 하늘과 나무를 바라보고, 차 한 잔 즐기면서 텅 빈 공간을 응시한다.

쓸모없는 일에 정신을 빼앗기지 말고, 본인의 관심을 잘 보호하고 인도하라. 실제 사실들을 인지하고 할 수 있는 한 최선의 계획을 짜는 것이 중요하다. 하지만 다른 사람들이나 어떤 뉴스에 발끈하거나 마음을 빼앗기면 인생에 도움이 되지 않는다.

좋은 일에서라면 얼마든지 마음을 다해도 좋다. 바깥으로, 다른 이들의 친절, 나뭇잎 하나에서도 볼 수 있는 아름다움, 아무리 가려져도 여전히 빛나는 별들. 이 책을 읽고 있는 바로 지금, 세상 곳곳에서 일어나는 일들. 기쁨에 겨워 웃는 아이들, 식사를 위해 둘러앉은 가족, 지금 막 태어나는 아기들, 사랑하는 사람에게 안겨 죽어가는 사람들. 안으로, 자신이 가진 연민, 진심 어린 노력, 행복한 기억들, 여러 능력들… 그 외에도 많고 많다.

다른 사람과 함께할 때도 마음을 다져라. 걱정을 나누고, 지지하고, 우정을 쌓아라.

할 수 있는 일을 실천한다. 사건들이 휘몰아치면 칠수록, 여기저기 경고음이 울리고 자신의 통제를 벗어날수록, 어떤 방식으로든

가용한 안정감, 안전함, 그리고 어떤 공공기관을 찾아보는 것이 중요하다.

용기를 가져라. 힘이 강한 자들은 늘 다른 이들을 혼란스럽게 만들고 겁박하려 해 왔다. 그런 와중에도 내면의 힘을 보존하며, 마음속 깊은 중심에서는 절대 굽히거나 꺾이지 않을 수 있다.

마지막으로, 나의 경우 이런 관점을 가지는 것이 큰 도움이 되었다. 일어난 끔찍한 일을 일절 과소평가하지 않을지라도, 나와 당신 같은 평범한 사람들도 이 행성에 30만 년 동안 잘 살아왔다. 눈에 보이는 나무들, 대지, 그리고 태양 —여기 이 모든 것이 나에 앞서 존재했고 내 이후에도 오래도록 존재할 것이다. 제국에도 흥망성쇠가 있다. 때로는 중심이 잘 잡히지 않고 —몸에서든, 결혼 관계에서든, 한 국가에서든— 흔들릴 때가 있는 법이다. 그럼에도 여전히 사람들은 서로 사랑하고, 새로운 낯선 이를 찾아 밖에 나가고, 무지개를 보며 경이로워한다. **그 어떤 것도** 이를 바꾸지 못한다. 우리는 길을 따라 계속 한 걸음 한 걸음 나아갈 뿐이다.

49

투표하라

∞

수십억이 살고 있는 이 세상에서도, 우리 각자가 하는 일이 서로에게 영향을 미친다. 그것이 좋든 나쁘든 말이다. 우리는 다른 모든 인간들과 연결되어 있다. 다른 이들을 어떻게 다루고 반응하는가를 다룬 어떤 책에서는, 우리가 공유하는 집단 내 정치적인 관계를 고려하는 게 적절하다고 말한다. 어떤 통치 체제를 원하는가 하는 선택이 일견 추상적이고 나와는 먼 일처럼 보이지만, 실제로는 그 선택의 결과가 나와 밀접하고 개인적이다.

경제 상황, 태풍, 기후 변화에 따른 가뭄, 또는 범세계적으로 퍼진 새로운 질병 등에 걱정할는지도 모르겠다. 세상 어딘가에 생겨난 권위적인 정부에 경각심을 가질 수도 있다. 여기 미국에 살고 있는 나처럼, 오랜 역사를 지닌 노예제도, 인종 차별, 사회적 불의에 대해 끔찍해할지도 모른다. 우리 아이들, 아이들의 아이들이 물려받을 세상에 깊이 걱정할 수도 있다.

이를 테면 백인 경찰에 의해 흑인이 사망하는 사건 같은 일이 일어나면, 어안이 벙벙하고, 충격받고, 무력감을 느끼는 것이 당연하다. 분노가 치밀고 주체할 수 없는 슬픔을 느낀다. 하지만 이 모든 일의 한복판에서도 당신은 주의 깊고, 현재에 집중할 수 있다. 감정에 휩쓸리지 않은 채 말이다. 순간 심호흡을 한 번 하고 주위를 둘러보며 어떻게 할지 궁리해 보는 것이다.

해야 할 한 가지는 **투표**이다. 우리는 다양한 방법으로 투표한다. 투표함 앞에서 하는 그것 외에도, 어떤 탄원서에 서명하는 일, 특정 사안이나 후보에게 후원금을 보냄으로써 일종의 투표 −모종의 결과에 이르는 어떤 선택− 를 하는 셈이다. 넓은 의미로 보면, 누군가 부당한 대우를 받았을 때 그를 위해 목소리를 높이는 것 또한 투표이다. 마음속으로 어떤 도덕적 입장을 취할 때도 일종의 투표를 하고 있는 셈이다. '**투표**(vote)'의 어원은 '**맹세**(vow)'이다. 어떤 약속을 하는 것, 본래 자신의 것인 권력을 주장하고, 그것을 사용하는 것이다.

누군가는 말할 것이다.

"아무 상관 없잖아. 그깟 한 번의 맹세, 그깟 한 번의 투표, 그저 바닷속 물 한 방울에 지나지 않는다고."

하지만 각각의 모든 선택이 그것을 만든 사람에게는 소중한 법이다. 자신이 뭔가를 약속했음을 알고 스스로 그 말을 지킨다면, 이는 곧 언행이 일치된 자신인 것이고, 그 자체로 떳떳하고 좋다. 거기에 더해, 이는 무력감과 절망에 대한 강력한 해독제이다.

더 나아가, 행동을 취하는 당신의 모습이 누군가에게 영감을 불러일으키고, 그들도 동참하게 만들 수 있다. 이렇게 많은 작은 노력들이 하나하나 모이면 천천히 축적되어 어떤 장대한 물줄기가 될 수도 있다. 나의 경우 1960년대 후반을 경험한 세대로서 전 생애에 걸쳐 인권, 환경, 동성애자 결혼, 여성 권리 등의 문제가 개선되는 모습을 목격해 왔다. 이들 변화는 오랜 시간에 걸쳐 쌓인, 셀 수 없이 많은 '투표'의 결과였다.

여전히 아직 갈 길은 멀다. 우리가 행사하는 투표가 —말로 하는, 행동으로 하는, 그리고 진짜 투표가— 성공하리라는 보장은 없다. 하지만 투표하지 않는다면, 계속 반복될 결과는 실패뿐이다.

How

사실에 근거해 투표하라

실제 사실에 어둡다면 그건 마치 눈을 가리고 운전하는 것과 같다. 누군가는 말한다. 우리 같은 평범한 사람들로서는 국가 행정이나 기후 변화 같은 큰일에 대해 그 내막을 알기가 실로 어렵다고 말이다. 하지만 내 생각에는 그저 게으른 것일 뿐이다. 일의 기본적인 틀은 대개 너무나 파악하기 쉽다. 누가 더 부자가 되고, 누가 더 가난해지는가? 정말 빙하가 녹고 있는가? 누가 민주주의를 강화시키고 있고, 누가 더 약화시키고 있는가? 온라인으로 일이십 분가량만 검색해 봐도 엄청난 양의 정보를 알아낼 수 있다. 이는 특히 양측이 서로 일관되게 주장하는 경우 특히 그렇다. 사안에 따라 다르겠지만, 대중을 위해 잘 요약한 정보들을 온갖 곳에서 찾을 수 있다. 대학 기관, 과학 및 전문가 조직, 초당적 비영리기관, 위키피디아, 그리고 BBC나 뉴욕타임즈 같은 주요 언론매체로부터 말이다. 이들 정보처는 완벽하지 않지만, 그들끼리 서로 정확성을 다투는 관계여서, 무언가 부족하다 싶으면 계속 교정해 나가기에 공신력을 갖는다.

우리는 실제로 일어난 사건에 긴밀하게 영향을 받는다. 집안 복도에서 일어난 사건에 영향을 받는 정도만큼 권력의 무대에서 일어난 사건도 마찬가지의 영향력을 갖는다고 봐야 한다. 누군가 당신에게, "걱정하지 마. 진실은 알 필요도 없어, 그런 걸 뭐 하러 걱정해."라고 이야기하면, 보통 당신은 그에 순응한다. 자신의 권위를 유지하기 위해 거짓말을 하는 사람들은 진실을 알리는 행동을 불법화한다. 어떤 개인, 단체 또는 정부든 사실 자체는 상관없다고 이야기하거나, 더 찾아내기 어렵게 만들거나, 대중에게 진실과는 먼 거짓 정보들을 흘린다면, 그것은 모든 건전한 관계를 그 토대부터 흔드는 행위이다.

투표소로 돌아가라

투표는 참여에 관한 것이다. 그리고 **참여 그 자체는 당파적인 행위가 아니다.** 미국 대통령 선거에서, 대략 다섯 명 중 두 명 정도는 투표에 관심이 없다. 특히 젊은이들, 즉 18세에서 25세 사이의 사람들은 그보다 더 적게 참여하는 편이다. 범지구적 온난화, 부의 불평등, 그 밖에 심각한 사회 문제들에 가장 직접적인 영향을 받을 세대인데도 말이다. 투표는 신성하다. 존 루이스(John Lewis) 대표는 사망하기 며칠 전 이렇게 썼다.

"민주주의란 어떤 상태가 아니다. 그것은 어떤 행동이다."

335

잘못된 신념에 맞서라

선한 신념을 가지고 정치에 관해 논쟁하는 것은 좋다. 그런 상황이라면 실제 사실들에 대해 관심을 공유하며, '**네가** 선을 넘지 않는다면, 좋아, **나 또한** 선을 넘지 않을게.'라는 합의가 존재한다. 이제껏 우리가 살펴보았듯이, 진실을 말하고 공정한 게임을 하는 것은 모든 관계의 초석이다. 연인 사이는 물론 나라 안 수백만의 사람들 모두 똑같다. 거짓말과 속임수는 스포츠나 비즈니스에서 용납되지 않는다. 그런데 어째서 정치에서만은 그걸 참고 있는 걸까?

당신의 행동은 상황에 따라 다르다. 페이스북에서 누군가 한바탕 소동을 벌이고 있다면 무시할 수도 있다. 또는 관점이 다른 어떤 친구와 정치에 대해 대화할 때 좀 다른 방법으로 할 수는 없을지 부드럽게 제안할 수도 있다.

또는 상대방이 선한 신념을 가지고 하는 대화에 전혀 관심이 없다는 게 분명해지면 즉시 이렇게 말할 수도 있다. "여기서 당신의 진짜 목적이 뭐죠? 당신은 내가 이야기하고 있는 것과 무관하거나 사실이 아닌 것들만 이야기하고 있군요. 그저 주제를 바꾸려고만 하고 내가 말하는 바를 진지하게 다루려 하지 않아요." 그 사람과 어떤 결론에 이르지 못했다 해도, 이는 우선적으로 시간 낭비를 멈춘 셈이고, 거기에 더해 그런 모습을 지켜보는 다른 사람들에게 좋은 영향을 끼칠 수도 있다.

다른 이들을 위해 나서라

열 살 무렵, 뼛속까지 사무치도록 충격을 받았던 기억이 떠오른다.

1963년 노스캐롤라이나의 어느 주유소 화장실에 갔다가 이렇게 적혀 있는 세 개의 문이 있는 것을 보았다. 남성, 여성, 유색인종. 내 인생도 나름 질곡이 있었지만, 백인 남성으로서 어떤 방식으로든 혜택을 누려 왔다. 나의 집과 저축한 돈을 보며, 그것들이 세 가지 것들의 결과임을 안다. 개인적인 노력, 운(좋든 나쁘든, 유전적 복권을 포함해), 그리고 **다른 이들의 불이익**으로 나에게 돌아오는 혜택. 내가 소유한 것들의 일정 부분은 역사적으로 존재했고, 지금도 진행 중인 여성, 유색인종, 기타 주변부에 속한 집단에 대한 차별로 인한 것이다. 그 지분이 100퍼센트는 아니겠지만, 0퍼센트가 아님도 확실하다. 얼마가 되었든 그것은 옳지 못한 이득이다.

작정하고 남들에게 불이익을 주려 하는 사람들은 거의 없다. 이것은 슬픔, 떳떳함, 연민, 그리고 정의를 향한 헌신에 관한 이야기이다. 나와 같이 구조적인 유리함으로부터 혜택을 받아 온 사람들이라면, 특히 할 수 있는 최대한 책임감을 가져야 한다고 생각한다. 생각을 통해, 말을 통해 일종의 투표를 할 때, 본인이 뱉은 말의 무게감을 느끼고, 상대방을 경청하며, 추정하지 말고 알아가려 노력하고, 다른 이들에게 미치는 충격을 (애초 우리의 의도가 어떠했든 상관없이) 알아차리고, 어떤 동맹이 되어 주겠다는 진지한 마음을 가지며, 그 마음을 계속 발전시켜나가길 노력할 수 있다. 투표소에서 진짜 투표를 한다면, 우리 중 가장 젊은 세대를 보호하고, 인종적인 불평등을 다루고, 우리 한 명 한 명까지 골고루 기회가 돌아가게끔 하는 정책과 정치인을 고를 수 있다.

자신을 위해 투표하라

마음속 깊이, 우리 각자는 스스로 볼 힘을, 스스로 판단할 힘을, 그리고 자신만의 계획을 만들어낼 힘을 가지고 있다. 이를 큰소리로 말하는 것은 안전하지 않거나 유용하지 않을 수 있다. 하지만 자신에게만은 언제나 말할 수 있다.

그게 바로 일종의 투표이다. 저 바깥세상에서 무슨 일이 일어나든 상관없이 마음속으로 언제나 투표할 수 있다. 이는 마치 각자의 내면에 일종의 투표소가 있는 것과 같다. 그곳에서 우리가 무슨 일을 하는지 확실히 앎으로써 그것을 피난처로 삼을 수 있다.

나의 경우 나보다 훨씬 더 큰 어려움에 직면한 사람들로부터 힘을 얻고 길 안내를 받는다. 그들은 스스로 고통과 고난을 견뎌내며 만들어진 권위로 우리가 내면에서 어떤 일을 할 수 있는지에 대해 말한다. 이런 사람들 대부분은 그리 유명하지 않지만, 그럼에도 그들의 말에는 엄청난 무게가 실린다. 달라이 라마처럼 일부 잘 알려진 사람들도 있다. 그가 어떤 인터뷰를 통해 티베트에서 자행되는 자국민에 대한 끔찍한 학대에 대해 서술한 모습을 기억한다. 그의 표정과 말투와 단어 선택에는 모든 존재에 대한 연민이 담겨 있으면서, 스스로 선택하고, 본래 가졌던 권리를 주장하고, 그것을 -가급적 잘- 행사할 신성한 자유가 모든 사람에게 있음을 표현하는 듯했다.

50

지구를 소중히 하라

∞

우리 뇌에는 세 가지 주요 동기 부여 체계가 있다. 해로운 것을 피하고, 보상을 따라가며, 자신이 애착하는 것에 들러붙는 것이다. 이런 목적을 달성하기 위해 많은 신경망에 의지한다. 최근 나는 어쩌면 네 번째 동기 부여 체계가 발견될 수도 있다는 생각이 들기 시작했다.

수렵 채집 생활을 했던 조상들은 자신들의 세상에 해를 끼칠 능력도 많지 않았거니와, 그것이 끼치는 영향력에 대한 이해도 없었을 것이다. 하지만 지금, 인류에게는 돕거나 해를 끼칠 수 있는 광대한 힘이 갖추어져 있다. 또한 우리가 이 고향 별에 무슨 짓을 하고 있는지 잘 알고 있고, 그것을 외면하기 힘들다. 80억이라는 인구는 지구라는 구명보트가 지탱하기에는 너무 많다. 이 행성이 점차 달궈지면서, 많은 종들이 절멸하고, 또한 깨끗한 물과 같은 자원들이 급격히 고갈되면서, 우리 종이 생존하고 번성하기 위해 문화적이고, 어쩌면 생물학적일지도 모를 어떤 진화가 절실히 필요할지도 모른다. 바로 **지구를 소중히 여기는 것**이다.

우리가 공유하는 지구와 우리 각자의 관계가 모두에게 가장 기초적인 관계이다. 따라서 이 책의 마지막 장에서 다룰 주제로 안성맞춤이지 않을까 생각된다.

How

섭취하는 음식, 숨 쉬는 공기, 살아가는 곳의 날씨와 기후를 통해 세상은 당신과 밀접하게 닿아 있다. 범위를 넓혀 보면, 이는 하늘과 땅, 그리고 바닷속 생명체들의 복잡한 관계망을 포함한다. 우리가 지구를 소중히 여긴다면, 그것들이 제공하는 것에 **감사하면서** 동시에 그것을 **돌본다**.

그러므로 자연에서 즐기면서 무언가 다른 가치를 부여할만한 기회를 찾아보라. 이는 가까이 있는 것부터 -피어나는 꽃들, 시원한 그늘을 주는 나무들, 여기저기 날아다니는 꿀벌들- 우리가 공유하는 광대한 보금자리, 가령 동물과 식물이 상호 간에 제공하는 산소와 이산화탄소의 교환 같은 것까지 다양하다. 태양계 형성 초기에 이 암석 덩어리 행성이 살아남을 수 있었던 기막힌 행운, 거기다 다행히 적절한 궤도를 가져 액체 상태의 물이 존재할 수 있었던 우연에 대해 감사할 수 있다. 그리고 이 우주가 빅뱅으로 탄생할 수 있었다는 훨씬 더 대단한 우연, 이는 모든 것 중 가장 큰 보금자리, 그 안에서 우리가 일상을 살아가는 비범한 기적이다.

이 소중하고 취약한 세상을 보호하고 가꿀 수 있는 방법들을 찾아볼 수 있다. 무언가를 정제하는 시스템과 그에 따른 공해, 그 밖에 인류가 셀 수 없이 많은 다른 종들에게 끼치는 막중한 민폐들, 이 모든 것에 우리 모두가 관여되어 있다. 누구도 모든 걸 할 수는 없지만, 누구든 무언가는 할 수 있다. 자신이 중요하다고 생각하는 무언가를 고른다. 가령 육류를 덜 먹거나 아예 안 먹는다든지, 불필요한 조명을 끈다든지, 자신의 활동으로 인해 하늘에 뿌려지는 이산화탄소를 줄이는 데 매일 천 원 정도를 쓴다든지 하는 게 있겠다. 나무를 심고, 가능하면 재활용하고, 지구 온난화를 막고 결국 되돌릴 정책들에 진심인 인물과 정당을 지지하라.

가장 핵심적인 관점에서 볼 때, 이 행성과 우리는 어떤 관계라고 생각하는가? 이용할 어떤 대상, 씨름할 상대, 또는 관계기 먼 이는 사람 정도로 생각하는가? 아니면 친구로서, 망가지기 쉬운 안식처로서, 애정하는 내 집이라 생각하고 소중히 하는가?

여기저기 모든 곳, 사랑해 마지않는 이 세상 속에서 다 같이 살아보자.

감 사 의   말

우리는 관계를 가졌던 모든 이들로부터 관계에 대해 무언가를 배운다. 그렇기에 나는 그들 모두에게 적절한 감사를 하는 게 가능하지 못할까 두렵다. 다만 내 아내와 아이들이 나의 가장 큰 스승이었다는 말을 간략하게 전하고 싶다.

친애하는 친구들로부터도 많은 것을 배웠다. 아디무티 빅쿠니, 피터 바우만, 스튜어트 벨, 톰 보울린, 타라 브랙, 존 케이시, 카렌 콜, 마크 콜먼, 앤디 드레이서, 대니얼 엘렌버그, 팸 핸들먼, 존 클라이너, 마크 레서, 로비 맥켈리, 릭 멘디우스, 존 프렌더게스트, 헨리 슈크먼, 마이클 타프트, 밥 트루오그가 그런 친구들이다. 수줍고 어색했던 나의 UCLA 학부 시절, 결정적인 영향을 주셨던 몇몇 스승들도 계신다. 언급하자면, 캐롤 헤트릭, 척 러시, 마이크 반 호른, 줄스 젠트너 같은 분들이다.

심리학 영역에서는 관계에 대해 깊이 있는 탐구가 이루어져 왔는데, 이 책에서는 -개인과 부부들을 대상으로 한 35년간의 내 임상 경험과 함께- 애착 이론, 가족 체계 이론, 그리고 비폭력대화를 참고했다. 나를 심리상담사로서 신뢰하고 이야기를 털어놓았던 모든 이들에게 깊은 고마움을 느낀다. 전통적인 명상법들, 특히 개인적으로 가장 잘 알고 있는 초기불교와 같은 것들로부터 얻은 실질적인 지혜들 또한 지분이 크다. 레슬리 부커와 맘펠라 람펠레는 내가 자신의 특권과 편견을 더 잘 알아차릴 수 있고 더 능숙한 소통을 할 수 있게끔 도와주었다.

이 책에는 나의 무료 주간 뉴스레터 〈Just One Thing〉에 쓴 짤막한 에세이에서 가져온 내용들도 많다. 수년에 걸쳐 많은 독자들로부터 도움이 되는 답글들을 받아 왔다. 모두들 고맙습니다!

샬롯 누에슬은 책에 대해 유용한 지적을 해 주었고, 내 환자이자 지혜로운 편집자인 도나 로프레도 또한 많은 소중한 제안과 교정을 해 주었다. 다이애나 드류는 이 책의 세심한 퇴고를 맡아 주었고, 펭귄랜덤하우스 출판사의 모든 이들과 함께한 작업은 진심으로 즐거운 일이었다. 일을 진행하는 내내, 내 친구이자 에이전트인 에이미 레너트는 전문성과 친절함의 절묘한 혼합으로 나를 잘 안내해 주었다. 빙웰 주식회사(Being Well, Inc.) 안에 있는 우리 팀, 스테파니 베일런을 비롯, 포레스트 핸슨, 미셸 케인, 수이 오클랜드, 폴 반 데 리엣, 매리언 레이놀즈, 그리고 앤드류 슈만 −당신들과 맺은 인간관계는 우리가 함께했던 첫날부터 최고였습니다!

마지막으로 여러분 모두에게 감사를 드린다. 우리의 진심 어린 노력이 세상에 도움이 되어 함께 평화롭게 살 수 있기를 기도하는 바이다.

관계에
능숙해지는 법

쿨하고 단단한 인간관계를 위한 신경심리학자의 지혜

2024년 8월 31일 초판 1쇄 발행

지은이 릭 핸슨 Ph. D. • 옮긴이 김윤종
발행인 박상근(至弘) • 편집인 류지호 • 편집이사 양동민
책임편집 김재호 • 편집 양민호, 김소영, 최호승, 하다해, 정유리
디자인 쿠담디자인 • 제작 김명환 • 마케팅 김대현, 이선호 • 관리 윤정안
콘텐츠국 유권준, 정승채, 김희준
펴낸 곳 불광출판사 (03169) 서울시 종로구 사직로10길 17 인왕빌딩 301호
　　　 대표전화 02) 420-3200 편집부 02) 420-3300 팩시밀리 02) 420-3400
　　　 출판등록 제300-2009-130호(1979. 10. 10.)

ISBN 979-11-7261-046-3 (03180)

값 21,000원